1 MONTH OF
FREE
READING

at

www.ForgottenBooks.com

By purchasing this book you are eligible for one month membership to ForgottenBooks.com, giving you unlimited access to our entire collection of over 1,000,000 titles via our web site and mobile apps.

To claim your free month visit:

www.forgottenbooks.com/free392118

ISBN 978-0-656-66934-9
PIBN 10392118

MOLIÈRE

MIT

DEUTSCHEM COMMENTAR, EINLEITUNGEN UND EXCURSEN

HERAUSGEGEBEN

VON

DR. ADOLF LAUN.

PROFESSOR.

III.

LE TARTUFFE OU L'IMPOSTEUR.

BERLIN
G. VAN MUYDEN
II. CARLSTRASSE II.

PARIS
SANDOZ & FISCHBACHER
37. RUE DE SEINE 37

1873.

MOTTO.

Ein Drama muss symbolisch sein, jede Handlung muss an sich bedeutend
sein. Der Tartüff von Molière ist in dieser Hinsicht ein grosses Muster.

Goethe's Gespräche mit Eckermann I. 251.

EINLEITUNG.

Der Tartüff ist von allen Molière'schen Stücken das be-
kannteste, populärste und noch heutigen Tages in Frankreich am meisten gespielte; es hat auch in allen Cultur-
ländern Europas die meiste Verbreitung und eine sprichwörtliche Bedeutung gewonnen. Der Name Tartüff gilt
überall für synonym mit Heuchler, er kann sich als Typus
mit Don Quichote, Don Juan, Hamlet und Faust messen,
diesen Geschöpfen der dichterischen Einbildungskraft, die
für die Culturgeschichte und Psychologie so wichtig wurden,
als wären sie empirische Menschen gewesen. Woraus ist
die unermessliche, stets andauernde Popularität des Tartüff
zu erklären? Aus seinen poetisch-dramatischen Vorzügen,
aus der hohen Bedeutung seines Themas, aus den histori-
schen Zuständen, denen er seinen Ursprung verdankt, und
aus den Schwierigkeiten, mit denen der Dichter zu kämpfen
hatte, bis er ihn vor die Oeffentlichkeit bringen konnte.
Sein Kampf und Sieg sind ein wichtiges Moment in seiner
Lebens- und zugleich in Frankreichs Culturgeschichte.
Gutzkow hat daraus den Stoff zu seinem pikanten Lustspiel „das Urbild des Tartüff" geschöpft, dem es nur
allzusehr an historischer Wahrheit im Einzelnen fehlt, und

Le Tartuffe. I

das sich mehr Entstellungen längst aufgeklärter Thatsachen erlaubt, als nöthig war.

Da der Commentar und der Anhang sich bestreben, die oben bezeichneten Punkte, auf denen die in der allgemeinen Theatergeschichte fast beispiellose Bedeutung und Wirksamkeit des Tartüff beruht, im Einzelnen nachzuweisen, so darf sich die Einleitung auf Allgemeines beschränken.

Molières Tartüff resumirt mehr wie seine anderen versificirten Charactercomödien seine gesammte dramatische Kunst, denn er enthält, wenn dieselben ihm auch in manchen Punkten überlegen sind — der Misanthrop ist es an feinerer psychologischer Nüancirung, die *Femmes savantes* sind es an durchgängiger vis comica und sprachlicher Vollendung — die meisten dramatischen und theatralisch wirksamen Eigenschaften. Er ist in gleichem Maasse Character-, Conversations- und Sittencomödie und hat eine in höherem Grade bewegte, auch äusserlich spannende Handlung, deren Schlagkraft sich noch heute und überall bewährt. Exposition, Fortgang und Steigerung der Conflicte und des Interesses bis zur viel angefochtenen Katastrophe (s. d. Note zum letzten Act) und zur Lösung des Knotens, das Alles ist vortrefflich gehandhabt. In diesem Stücke verschmelzen sich in bewunderungswürdiger Weise das Portraitartige mit dem Typischen, das temporär und local Gültige mit dem ewig und überall Gültigen, Characterdarstellung und Zeit- und Sittenschilderung mit Handlung und Bühnenwirkung, Tendenz und Didactik mit Natürlichkeit und Wahrheit, Naivetät und Kraft des Ausdrucks mit Eleganz und Harmonie des Verses.

Das Stück hat ganz die Wirkung eines spannenden und rührenden Dramas und biegt doch immer wieder zum Lustspiel hinüber. Die moralisch-didactische Tendenz, der ernste Stoff konnten den Dichter leicht zu der Weise der sogenannten *comédie larmoyante* eines De la Chaussée, Diderot und Destouches, die im Tartüff ihre erste Anregung gefunden haben, zum Rührspiel eines Iffland und Kotzebue verleiten, aber der Komiker bricht bei ihm immer wieder durch, vor allem da, wo er uns die leichtgläubigen Opfer seines Heuchlers im Kampfe mit der ihn durchschauenden Gegenpartei vorführt. Ja, er weiss selbst diesen, der vermöge seiner moralischen Hässlichkeit der komischen Darstellung zu entschlüpfen scheint, in Situationen zu bringen, wo er ihr anheimfällt. Wo Tartüff unwillkürlich die Maske lüftet und der Gegensatz zwischen Wahrheit und Schein sich kundgiebt, ist auch er eine Figur, die uns, wenn nicht lachen, doch lächeln macht. — Das Stück hat mit jedem Worte eine locale und zeitliche Beziehung und verfolgt eine scharf ausgesprochene Tendenz, die sich häufig in philosophischer Dialectik, in Sentenzen und im Wortgefecht kundgiebt, aber nirgends den Lauf der Handlung hemmt. Diese an und für sich würde auch ohne alle Bezugnahme spannen und interessiren. Der Aufbau derselben, der sich ganz an die klassische Tradition anschliesst, ist wie der aller Molière'schen Stücke äusserst einfach, klar und übersichtlich. Einem Menschen ohne Geld, Stand und Herkunft ist es durch gleisnerische Frömmigkeit gelungen, sich im Hause eines gutmüthigen, aber in seiner Beschränktheit leichtgläubigen und eigensinnigen Bürgers einzunisten; er bringt in dasselbe mit der Religion der Liebe Hass und Zwietracht, die bis dahin ruhig und glücklich lebende Familie theilt sich in zwei Parteien, der einen ist er der Mann Gottes, der anderen ein abgefeimter Schurke. Das Schmarozieren und Regieren genügt ihm aber nicht, er will mehr, er will die Tochter und ihre Mitgift heirathen und nebenbei seine Leidenschaft für die Mutter befriedigen, das aber ist zu viel, er fängt sich im eignen Netze und wird von seinem

nun enttäuschten Beschützer fortgejagt. Dies macht den
sinnlichen Egoisten zum pflicht- und dankvergessenen
Schurken, der seinen Wohlthäter beim Könige verräth, sich
aber dabei zum zweiten Male fängt und im Augenblicke,
wo er hämisch triumphirt, der gerechten Strafe anheimfällt.
Das sittliche Bewusstsein wird befriedigt, aber nicht auf
Kosten der Poesie. Der Fuchs fängt sich in der eignen
Schlinge, das fabula docet tritt klar heraus. — Soviel über
die dramatische Seite des Stückes, ohne die es keine so
gewaltige Wirkung gehabt, ohne die der Name Tartüff
keine Waffe, kein Schreck- und Warnungszeichen für alle
Zeiten geworden sein würde.

Was es dadurch verlor, dass es später kam, als Pascal's provinzialische Briefe, brachte es durch die Popularität der Bühne, für die Alles mit starken, oft über-
vollen Pinselstrichen gemalt ist, wieder ein. Jene geist-
reiche Schrift gegen den Jesuitismus kennen nur die Gelehrten, aber den Tartüff kennt jedermann.. La Bruyère
meinte in seinem Onuphrius ein feineres Bild des Heuchlers
entworfen zu haben, aber ist der Onuphrius zum Sprichwort geworden?

Der Tartüff ist nicht allein ein vollendetes Kunstwerk,
bei dem man vor allem nicht ausser Acht lassen darf, dass
Vieles, was uns dort zu crass erscheint, der Zeit ange-
hört und vom Dichter für die Bühnenperspective, die er
genau kannte, berechnet war, sondern auch eine grosse
sittliche That, ein Zeugniss mannhaften Muthes. — Alles,
was er bis dahin in Verspottung seiner thörichten Zeitgenossen gewagt hatte, war nichts gegen die Kühnheit,
mit der er hier die Heuchelei im Gewande der Frömmigkeit angriff. Hier galt es, einen Feind zu bekämpfen, der
mit allen Waffen des Ansehens, der Klugheit, List und Ver-
läumdung sich zu vertheidigen suchte. Es war der Kampf

des Weltkindes gegen den Heiligen, des Histrionen gegen
den Priester, der Freigeisterei und des Atheismus gegen
die feste Burg des Glaubens und der Religion, so wenigstens konnte es aufgefasst und dargestellt werden und
wurde es von seinen Gegnern aufgefasst und dargestellt.
Dass Mol. aus diesem Kampfe siegreich hervorging, war
die grösste Freude seines Lebens, der höchste Triumph
seiner Kunst. Nur wenigen Dichtern ist das Glück zu
Theil geworden, dass ihrer Schöpfung gleich der des Tartüff
nicht allein eine unvergängliche künstlerische, sondern
auch eine practische Nachwirkung bleibt. So lange es
Fromme giebt, wird es auch Heuchler geben, und wird
man den Tartüff gegen sie ins Feld schicken.

Dass er heutiges Tags beim heiss entbrannten Kampf
zwischen Staat und Kirche, Ultramontanismus und Geistes-
freiheit wieder am Platze ist, liegt auf der Hand.

Der Dichter, den als excommunicirten Schauspieler auch
ein persönliches Pathos beherrschte, hatte sich schon seit
lange mit dem Thema der Scheinheiligkeit, die er rings
umher in immer bedenklicherer Weise emporwuchern sah,
getragen und war sich des Eindrucks, den sein Stück
machen würde, wohl bewusst. Als Boileau ihn wegen des
Misanthrop belobte, sagte er zu demselben: „Warte nur,
du wirst noch ganz andere Dinge erleben". Sein Werk
war, wie meistens die epochemachenden Schöpfungen, zugleich der Abschluss, das letzte Wort einer ganzen Reihe
von dichterischen Darstellungen desselben Gegenstandes.

Seit Verbreitung des Christenthums bekämpfte besonders
im Süden Europas, in der romanischen Welt, die Litteratur
die Sinnlichkeit und Fleischeslust der Mönche und Geistlichen, welche sich ins Gewand der Heiligkeit und Ascese
zu hüllen pflegte. Wie ein rother Faden zieht sich diese
Satire, der Ausdruck des empörten Volksbewusstseins, durch

die Dichtung des Mittelalters bis in die des siebzehnten Jahrhunderts. Der Heuchler sucht listig, kühn und frech seine sinnlichen Begierden unter dem Deckmantel seines geistlichen Ansehens zu befriedigen, fällt aber schliesslich in die Schlinge, die er selbst gelegt hat, wird entlarvt und verhöhnt. In den Fabliaux, im Roman du Renard, im Roman de la Rose, in Machiavel's Mandragore, im Boccaz, im Rabelais, in der *Farce des Brus*, in der *Satyre Ménippée*, in Régniers *Macette*, in Scarrons *Hypocrites* wird dies Thema ebenso cynisch, wie drastisch und witzig behandelt; auch Lafontaines lustige *Contes* behandeln es fortwährend in ihrer naiv-schalkhaften Weise.

Seit dem Jahre 1664 hatte Molière den Tartüff etwa so wie er uns vorliegt vollendet. Die drei ersten Acte desselben waren bei den Festen, die in diesem Jahre unter dem Namen *les fêtes de l'Ile enchantée* in Versailles gegeben wurden (s. I. Placet) aufgeführt und dann bei Monsieur, dem Bruder des Königs, zu Villers-Cotterets. Der Prinz von Condé, Molières besonderer Freund und der Beschützer alles dessen, was von geistiger Unabhängigkeit und Kühnheit zeugte, hatte sich das ganze Stück im Raincy vorspielen lassen. Aber dieselben Leute, die es dahin gebracht hatten, dass vier Jahre früher Pascals *lettres provinciales* verbrannt wurden, hintertrieben die öffentliche Vorstellung. Der König selber hatte sich dahin ausgesprochen, es müsse erst von urtheilsfähigen Leuten geprüft und ganz vollendet sein, ehe er seine Erlaubniss zu einer öffentlichen Aufführung geben könne, wenn er auch persönlich nichts dagegen habe (s. das I. Placet und die Note dazu). Der noch junge Ludwig XIV., im ersten freien Aufschwung seines Geistes nach dem Tode Mazarins, weltlicher Pracht und

Freude hingegeben, war nichts weniger als devot, wollte es
aber nicht mit der Geistlichkeit verderben und wünschte
schon jetzt, wie es ein hervorstechender Zug seines Alters
war, dass in seiner Umgebung die nöthige kirchliche Observanz beobachtet würde, daher seine Bedenken wegen
der öffentlichen Aufführung des Tartüff, die er sonst seinem
Lieblingsdichter, dem er gerade um diese Zeit so viel Freude
und Erheiterung verdankte, gern gegönnt hätte. Während
Molière darauf bedacht war, sein Stück so zu modificiren,
dass es darstellbar würde, cursirte es in Abschriften unter
der Hand, und er las es vor, wo es ihm beliebte, er führte
es auch noch zweimal beim Prinzen von Condé, das letzte
Mal in Chantilly am 4. März 1666 in Gegenwart der Pfalz-
gräfin auf.

Indess diese Privatvorstellungen und Vorlesungen ge-
nügten ihm nicht und konnten ihn nicht wegen des Ver-
botes, das er mit Recht der geistlichen Kabale zuschrieb,
trösten; er rächte sich im *Festin de Pierre*, das er 1665
aufführen liess und in dem er dem Helden des Stückes,
Don Juan, der für einige Zeit aus Zweckmässigkeitsrück-
sichten den Heuchler spielt, Worte wie die folgenden in
den Mund legte: „Die Heuchelei ist jetzt ein modisches
Laster, und alle modischen Laster gelten für Tugenden. —
Dies Handwerk bringt jetzt ausserordentliche Vortheile. —
Alle anderen Laster sind dem Tadel ausgesetzt, aber die
Heuchelei ist ein privilegirtes Laster, das allen Leuten den
Mund stopft und sich in Ruhe einer absoluten Straflosig-
keit erfreut. — Weit entfernt davon, meine süssen Gewohn-
heiten abzulegen, sorge ich nur, dass sie verborgen bleiben
und amüsire mich im Stillen." — Sein Diener antwortet
darauf: „Das fehlte nur noch, dass Ihr ein Heuchler wurdet,
um Euch ganz zum Teufel zu schicken, das ist die Krone
aller Eurer Scheusslichkeiten."

Wem blickt hier nicht der zurückgetretene Tartüff entgegen? Die Devoten begriffen das Manöver des Dichters
sogleich und verdoppelten ihre Angriffe. Ein Pfarrer von
Paris (s. I. Placet) rief laut die Hülfe des Königs an gegen
einen Hanswurst, der mit der Religion Spott treibt,
der eine Schule der weltlichen Lust gestiftet hat,
gegen jenes Ungeheuer Molière, der das Modell
zum Don Juan ist. Aehnlich nannte ihn der Sieur de
Rochemont in seinen *Observations sur le Fest. d. Pierre* 1665
einen eingefleischten Dämon, der es verdiente,
lebendig verbrannt zu werden.

Solche Angriffe veranlassten den Dichter, seine erste
Bittschrift (s. I. Placet ohne Datum) im Moment an den
König zu richten, wo dieser zu der Armee von Flandern
abreiste. Er erhielt die Erlaubniss zur Aufführung, aber
es war nur eine mündliche. Das Stück wurde am 5. August
1667 gespielt. Es hiess nun *Panulphe ou l'Imposteur*, und
manche zu Missdeutungen Anlass gebende Stelle war darin
verändert worden. Indess der Präsident de Lamoignon
(s. Anh. II.) glaubte wegen des ungeheuren Aufsehens,
wegen des Scandals, den diese erste Vorstellung verursachte,
eine Wiederholung desselben verbieten zu müssen.

Der Dichter sendete drauf sogleich zwei seiner Schauspieler an den König, und diese überbrachten demselben
das II. Placet (s. unten), erhielten aber eine dilatorische
Antwort (s. ebendaselbst). Molière hatte nun noch einen
beinahe zweijährigen Kampf zu bestehen, ehe er durch-
drang. Nach dieser ersten öffentlichen Aufführung verdoppelten sich die Angriffe seiner Gegner. Die höchste
geistliche Autorität trat hinzu und der Erzbischof Har-
douin erliess am 11. August, sechs Tage nach der
Aufführung des Stückes, ein Mandat, in dem er jeden
excommunicirte, der den Tartüff läse oder spielen sähe,

weil dies Stück unter dem Vorwande, die falsche Frömmigkeit zu verdammen, Veranlassung giebt, solche Leute derselben anzuklagen, welche die ächte besitzen und dieselben dem Spotte der Welt Preis giebt. Aehnlich sprach sich der berühmte Kanzelredner und Jesuit Bourdaloue aus. Bei diesem Sturme verhielt sich der Dichter im Bewusstsein seiner guten Sache ganz ruhig; dass er selber die vierzehn Tage nach der Aufführung des *Panulphe* erschienene *Lettre sur la comédie de l'Imposteur*, deren der Commentar öfter erwähnt, verfasst habe, ist nicht anzunehmen, jedenfalls ist sie aber von befreundeter Hand und beruht auf speciellen Mittheilungen von seiner Seite. Sie ist eine sehr geschickte Vertheidigungsschrift und diente durch die eingehende Analyse des Stückes, die sie von jeder Scene gab, dazu, alle, welche der Aufführung nicht beigewohnt hatten, mit demselben genau bekannt zu machen. Dass Molière, wie Grimarest behauptet, die Sache bereut haben soll, ist nicht anzunehmen. Aus seinen Placets geht hinreichend hervor, wie sehr er die Freilassung des Tartüff wünschte. An gelegentlichen Sarcasmen, wie sie in den Placets zu finden sind, liess er es auch in der Unterhaltung nicht fehlen. Hier ein Beispiel: Als man ihm einst vorwarf, er entwürdige das Heilige, indem er es auf die Bühne brächte, war seine Antwort: „Warum soll es mir nicht gestattet sein, auf der Bühne Predigten zu halten, wenn man dem Pater Mainbourg gestattet, auf der Kanzel Possen zu machen?" Während des achtzehnmonatlichen Interdicts wuchs das Ansehen des Dichters, der schon vor demselben den Misanthrop aufführen liess, in dem eine Anspielung auf ein schmähliches Libell enthalten ist, das man verrätherischer Weise unter seinem Namen cursiren liess, immer mehr, er hatte den *Amphitryon*, den *George Dandin* und den *Avare* gebracht. Mit dem Tode der Königin Mutter (1666) hatte die Partei des alten Hofes, die sehr der frommen Observanz huldigte, eine bedeutende Stütze verloren, der Friede von Aachen war im Mai 1668 geschlossen, die Zerwürfnisse mit dem Papste waren beigelegt, es war ein Moment allgemeiner Beruhigung eingetreten, und Ludwig, jetzt 30 Jahre alt, stand auf dem Hochpunkt seines Glückes und seines Glanzes, er gab nun, der Intriguen gegen den Dichter überdrüssig, im Vollgefühl seiner Unabhängigkeit die Erlaubniss zur Aufführung des Tartüff, der, wieder unter seinem ursprünglichen Namen, am 2. Februar 1669 über die Bühne des *Palais royal* schritt.

Ich glaubte die Unterdrückungsgeschichte des Stückes hier nur in den allgemeinsten Umrissen geben zu müssen, der Commentar zu den Placets und zum Stück, wie auch der Anhang giebt die Ausführung des Bildes in Einzelheiten, die hier die Uebersichtlichkeit gestört haben würden.

Man schlug sich an den Thüren des Theaters. Robinet in seiner am 5. Februar erschienenen *Lettre en vers* schrieb:

> *Et que maints coururent hazard,*
> *D'être étouffés dedans la presse,*
> *Où l'on oyoit crier sans cesse:*
> *„Je suffoque, je n'en puis plus,*
> *Hélas, Monsieur Tartuffius!*
> *Faut-il que de vous voir l'envie*
> *Me coûte peut-être la vie?"*

Nach ihm sind im Tartüff,

> *Qui charme tous les vrais dévots*
> *Comme il fait enrager les faux*

die Charactere so vortrefflich dargestellt,

Que jamais nulle comédie
Fut aussi tant applaudie.

Der Erfolg war ein ausserordentlicher, der Zulauf ein anhaltender, die Einnahmen waren nach dem Register von La Grange, der für jede der ersten Vorstellungen über 2000 Franken verzeichnet, nach damaligem Maassstabe sehr bedeutend. Vierundvierzig nahe aufeinander folgende Vorstellungen entschädigten den Dichter für die erlittene Unbill, für seine Sorgen, Kämpfe und Mühen. Die Freude über die Auferstehung seines Stückes malt sich im dritten Placet. Dasselbe wurde nicht, wie es bei der *École des femmes* der Fall gewesen, auf der Bühne seiner Nebenbuhler angegriffen, sondern nur auf einem Privattheater bei einem *grand seigneur* in der Rue St. Honoré in einem kleinen 1669 gedruckten Stücke: *La critique du Tartuffe*, das eine alberne, kaum verständliche Parodie enthielt und mit einer *Lettre critique* voll salzloser Platitüden versehen war.

Man liest unter anderem darin:

> *Molière plaît assez, son génie est folâtre,*
> *Il a quelque talent pour le jeu du théâtre,*
> *Et pour en bien parler, c'est un bouffon*
> *Qui divertit le monde en le contre-faisant.*

Fast unmittelbar nach der Aufführung liess der Dichter das Stück drucken. Der Titel der ersten Ausgabe, die im März 1669 erschien, war:

> *Le Tartufe ou l'Imposteur, comédie par J. B. de Molière imprimée aux dépens de l'Autheur. Et se vend à Paris, chez Jean Ribou, au Palais, vis-à-vis de l'Église de la Sainte Chapelle à l'image de St. Louis. Avec privilège du Roy.*

Die zweite Ausgabe, die in weniger als drei Monaten darauf erschien und vom 6. Juni 1669 datirt, führt denselben Titel, nur ist das ausschliessliche persönliche Verlagsrecht des Autors auf sechs Jahre aufgehoben und statt des *Extrait du privilége* gesetzt: *Le sieur Molière a cédé son privilége à Jean Ribou, libraire à Paris pour en jouir suivant l'accord fait entre eux.* Diese zweite Ausgabe, für die Mol. 200 Pistolen erhielt, brachte zum ersten Mal die drei Placets mit dem *Avis du libraire* (s. u.).

Man braucht aus dem Umstande, dass Mol. die erste Ausgabe auf seine Kosten drucken liess, nicht zu schliessen, es habe sich kein Buchhändler Anfangs mit der Herausgabe befassen wollen; wahrscheinlich glaubte der Dichter bei dem grossen Aufsehen, welches das Stück machte, der vorläufige Selbstverlag sei ihm pecuniär nützlich.

Die dritte Ausgabe datirt von 1673: *Le Tartufe ou l'Imposteur, comédie par J. B. P. Molière. A Paris, chez Claude Barbin au Palais sur le second perron de la S. Chapelle. Avec privilége du roi.* Sie enthält Alles, was die zweite Ausgabe enthielt. Einige Exemplare sind mit einem Kupferstich verziert, der den Orgon darstellt, wie er unter dem Tisch hervorkriecht. Der darauf gedruckte Text ist der in der Ausgabe Molière's von La Grange und Vinot 1682 enthaltene. Die Varianten zwischen der ersten und zweiten Ausgabe sind sehr unerheblich und haben keinen Einfluss auf den Sinn. Mol. hatte gleich die erste Ausgabe mit einer Sorgfalt hergestellt, die er bei andern Stücken vermissen liess.

Die Verspottung pfäffischer Sinnlichkeit und Heuchelei, in der sich das empörte Volksbewusstsein Luft machte, war, wie Eingangs bemerkt wurde, schon seit Jahrhunderten ein in der mannichfachsten Weise behandeltes Thema, aber nirgends war ihr eine so ernste, sorgfältige Darstellung zu

Theil geworden, nirgends war die Scheinheiligkeit in so handgreiflicher, zugleich typischer und individueller Gestalt den Menschen vorgeführt worden, wie in Molières Tartüff. Derselbe gehört dem Dichter ganz und Molière ist der eigentliche Schöpfer dieses Characters, nach welchem alle späteren Scheinheiligen der dramatischen Litteratur gebildet sind, der zugleich eine grosse bühnengeschichtliche Bedeutung hat, denn dieser Character ist eine ebenso schwierige, wie belohnende Rolle, in der alle grossen Schauspieler in und ausserhalb Frankreichs zu glänzen gesucht haben. Noch in neuerer Zeit widmeten bei uns ein Dawison und Döring ihr das sorgfältigste Studium.

Dass Molière, *qui prit son bien où il le trouva*, für diese und jene Einzelheit manches Fremde benutzt hat, weist der Commentar nach. Auch die italienischen, der Sinnlichkeit und Heuchelei der Geistlichen geltenden Possen waren ihm bekannt, nennt er doch selbst in seiner Vorrede den *Scaramouche hermite*. Der etwa hundert Jahre ältere *Ipocrito* des berüchtigten Italieners Aretin, der ihm vorgeschwebt haben soll, kann ihm nicht viel geboten haben, denn der complicirte Inhalt des Stückes ist ein ganz verschiedener. Der Tugendheuchler in Shakespeare's „Maass für Maass" war ihm, wie Shakespeare überhaupt, gänzlich unbekannt geblieben. Kurz die Conception des Characters, wie des ganzen Stückes, ist sein eigenstes Eigenthum.

Es würde den mir gegönnten Raum überschreiten, wollte ich die vielen directen und indirecten Nachahmungen, die der Tartüff in und ausserhalb Frankreichs hervorgerufen hat und hervorzurufen fortfährt, hier alle vorführen. Nur einige der wichtigsten seien erwähnt.

Unmittelbar an Molières Vorbild schliesst sich der *Hypocrite* des Engländers Bickerstaff an. Er wurde 1768

mit vielem Beifall gegeben, kann sich aber ebenso wenig
da, wo er sich genau an den Tartüff hält, als da, wo er
sich von ihm entfernt, mit demselben messen.

Im Jahre 1711 übersetzte der Italiener Girolmo Gigli
den Tartüff, gab ihm den Namen *Il Don Pilone*, reducirte
ihn auf drei Acte und machte ihn seinen Landsleuten
mundgerecht.

In Spanien verwandelte der jüngere Moratin, der in
seinen dramatischen Reformbestrebungen zugleich mit Iriarte
besonders den Spuren Molières folgte, den Heuchler in eine
Heuchlerin: *La Mogigata.* In Frankreich, dessen komische
Bühne eine ganze Reihe von Anlehnungen an den Tartüff
enthält, beruht nach Picards eignem Geständniss sein *Médiocre et Rampant,* den Schiller in seiner Uebersetzung den
Parasit nannte, auf diesem Vorbilde. Aus neuerer Zeit
sind Madame de Girardins *Lady Tartuffe* und *Le mari
à la campagne,* das bei uns unter dem Titel „Er muss
aufs Land" gegeben wird, als von Molière inspirirt, her-
vorzuheben.

Gottscheds Frau machte in Deutschland gleichfalls aus
dem Heuchler eine Heuchlerin: Die Pietistin im Fisch-
beinrock, oder die doctormässige Frau in einem
Lustspiel vorgestellt. Rostock auf Kosten guter
Freunde (Leipzig 1736). Auch Immermanns „Schule der
Frommen" (1829) in Alexandrinern beruht auf dem Tartüff. In der nordischen Litteratur, besonders in Dänemark,
Russland und Polen, finden sich manche Anlehnungen an
dies Vorbild.

In Deutschland, wo schon von Veltheim 1699 eine
Uebersetzung Molières herausgegeben hatte, erschien 1722
eine anonyme Uebersetzung des Tartüff bei Herold in
Hamburg, die 1729 in verbesserter Ausgabe noch einmal
erschien. 1787 wurde in Berlin der „Scheinheilige Bet-·

bruder", der in Deutschland mit deutschgewordenen Namen spielt, veröffentlicht. Aehnlich ist es mit Zschockes „Tartüff in Deutschland" (1805), Molières Lustspiele und Possen für die Deutsche Bühne; sie ist sehr frei und verlegt Alles nach Deutschland.

Unter den anderen Uebersetzungen, von denen einige im Commentar mit Anführung von Proben citirt werden, wäre noch die Schmidt'sche in freien Versen zu nennen, weil sie noch mitunter für unsre Bühne benutzt wird.

Hinsichtlich der höchst willkührlichen Verdeutschung und Umarbeitung des Tartüff vom verstorbenen Hofschauspieler Grunert in Stuttgart (1863) hat Paul Lindau in seinen „Litterarischen Rücksichtslosigkeiten" hinreichend das Verfehlte nachgewiesen.

Ueber vieles andere, das die Oeconomie und Uebersichtlichkeit der Einleitung gestört haben würde, über das etwaige Urbild des Tartüff, über die zeitgeschichtlichen Bezüge und Anspielungen, über die Polemik und die Urtheile, die er hervorgerufen hat, siehe den Commentar und den Anhang.

PRÉFACE.

Diese Vorrede steht an der Spitze der ersten der beiden Ausgaben des Tartüff vom Jahre 1669, sie wurde also später geschrieben als díe beiden Placets (s. weiter unten), einige Monate nach der zweiten Aufführung und zwei Jahre nach der ersten.

Sie zeigt, mit welch klarem Bewusstsein der Dichter über die Aufgabe seiner Kunst und den sittlichen Einfluss der Bühne dachte; sie ist mit solcher Feinheit, Mässigung, Concision und Kraft geschrieben, dass man seinen Styl bewundern und bedauern muss, nicht mehr Documente, in denen sich seine dramaturgischen Ansichten kundgeben, von ihm zu besitzen, sie sind ausser einigen Vorreden und den im *Impr. d. Vers.* und in der *Crit. de l'Éc. d. femm.* an dramatische Personen vertheilten Raisonnements, das Einzige, was wir Derartiges von ihm haben.

Der erste Blick in die Sprache der *Lettre sur l'Imposteur* (sie datirt 14 Tage nach der ersten öffentlichen Aufführung), die ähnliche Ansichten und Argumente enthält, zeigt eine solche Verschiedenheit von Molières Styl, dass man diese *Lettres* wohl einer befreundeten Feder, aber nicht, wie oft geschieht, der Molières zuschreiben darf.

Voici une comédie dont on a fait beaucoup de bruit, qui a été longtemps persécutée; et les gens qu'elle joue ont bien fait voir qu'ils étaient plus puissants en France que tous ceux que j'ai joués jusques ici. Les marquis, les
5 précieuses, les cocus et les médecins ont souffert doucement qu'on les ait représentés, et ils ont fait semblant de se divertir, avec tout le monde, des peintures que l'on a faites d'eux; mais les hypocrites n'ont point entendu raillerie;

ils se sont effarouchés d'abord, et ont trouvé étrange que
j'eusse la hardiesse de jouer leurs grimaces et de vouloir 10
décrier un métier dont tant d'honnêtes gens se mêlent.
C'est un crime qu'ils ne sauraient me pardonner; et ils se
sont tous armés contre ma comédie avec une fureur épouvantable. Ils n'ont eu garde de l'attaquer par le côté qui
les a blessés: ils sont trop politiques pour cela, et savent 15
trop bien vivre pour découvrir le fond de leur âme. Suivant leur louable coutume, ils ont couvert leurs intérêts de
la cause de Dieu; et *le Tartuffe*, dans leur bouche, est une
pièce qui offense la piété. Elle est, d'un bout à l'autre,
pleine d'abominations, et l'on n'y trouve rien qui ne mérite 20
le feu. Toutes les syllabes en sont impies; les gestes
même y sont criminels; et le moindre coup d'oeil, le
moindre branlement de tête, le moindre pas à droite ou
à gauche, y cache des mystères qu'ils trouvent moyen d'expliquer à mon désavantage. 25

J'ai eu beau la soumettre aux lumières de mes amis et
à la censure de tout le monde: les corrections que j'y ai
pu faire, le jugemeut du roi 'et de la reine qui l'ont vue;
l'approbation des grands princes et de messieurs les mi-
nistres qui l'ont honorée publiquement de leur présence; 30
le témoignagne des gens de bien qui l'ont trouvée profitable, tout cela n'a de rien servi. Ils n'en veulent point
démordre; et, tous les jours encore, ils font crier en public
des zélés indiscrets, qui me disent des injures pieusement,
et me damnent par charité. 35

Je me soucierais fort peu de tout ce qu'ils peuvent

---

18) *Le Tartuffe, dans leur bouche* heisst hier nicht: wenn
sie ihn recitiren, sondern: wenn sie von ihm reden. *cf. Dép.
am. II.* 1. *Dans ma bouche une nuit cet amant trop aimable. || Crut
rencontrer Lucile à ses voeux favorable. Dans ma bouche* hier
so viel wie: als er mich reden hörte.

27) Var. *les corrections que j'ai pu faire* (1682).

28) Mol. stützt sich hier auf das günstige Urtheil der Königin.
Rochemont in seinen *Observations sur le Fest. de P.* behauptet da-
gegen, dieselbe hätte sich gegen Mol. und seinen Tartuff erklärt;
entweder ist die Behauptung falsch oder die Königin war andern
Sinnes geworden, denn sonst hätte Mol. sich nicht auf ihre
Billigung berufen dürfen.

Le Tartuffe.

dire, n'était l'artifice qu'ils ont de me faire des ennemis que je respecte, et de jeter dans leur parti de véritables gens de bien, dont ils préviennent la bonne foi, et qui,
40 par la chaleur qu'ils ont pour les intérêts du ciel, sont faciles à recevoir les impressions qu'on veut leur donner. Voilà ce qui m'oblige à me défendre. C'est aux vrais dévots que je veux partout me justifier sur la conduite de ma comédie; et je les conjure de tout mon cœur de ne
45 point condamner les choses avant que de les voir, de se défaire de toute prévention, et de ne point servir la passion de ceux dont les grimaces les déshonorent.

Si l'on prend la peine d'examiner de bonne foi ma comédie, on verra sans doute que mes intentions y sont
50 partout innocentes, et qu'elle ne tend nullement à jouer les choses que l'on doit révérer; que je l'ai traitée avec les précautions que me demandait la délicatesse de la matière; et que j'ai mis tout l'art et tous les soins qu'il m'a été possible, pour bien distinguer le personnage de l'hypo-
55 crite d'avec celui du vrai dévot. J'ai employé pour cela deux actes entiers à préparer la venue de mon scélérat. Il ne tient pas un seul moment l'auditeur en balance; on le connaît d'abord aux marques que je lui donne; et, d'un bout à l'autre, il ne dit pas un mot, il ne fait pas une
60 action qui ne peigne aux spectateurs le caractère d'un méchant homme, et ne fasse éclater celui du véritable homme de bien que je lui oppose.

Je sais bien que, pour réponse, ces messieurs tâchent d'insinuer que ce n'est point au théâtre à parler de ces
65 matières; mais je leur demande, avec leur permission, sur quoi ils fondent cette belle maxime. C'est une proposition qu'ils ne font que supposer, et qu'ils ne prouvent en aucune façon; et, sans doute, il ne serait pas difficile de leur faire voir que la comédie, chez les anciens, a pris son ori-
70 gine de la religion, et faisait partie de leurs mystères; que les Espagnols, nos voisins, ne célèbrent guère de fête où la comédie ne soit mêlée; et que, même parmi nous, elle doit sa naissance aux soins d'une confrérie à qui appartient encore aujourd'hui l'Hôtel de Bourgogne; que c'est un lieu
75 qui fut donné pour y représenter les plus importants my-

stères de notre foi; qu'on en voit encore des comédies im-
primées en lettres gothiques, sous le nom d'un docteur de
Sorbonne; et, sans aller chercher si loin, que l'on a joué,
de notre temps, des pièces saintes de M. Corneille, qui ont
été l'admiration de toute la France.   80

Si l'emploi de la comédie est de corriger les vices des
hommes, je ne vois pas par quelle raison il y en aura de
privilégiés.   Celui-ci est, dans l'État, d'une conséquence
bien plus dangereuse que tous les autres; et nous avons
vu que le théâtre a une grande vertu pour la correction. 85
Les plus beaux traits d'une sérieuse morale sont moins
puissants, le plus souvent, que ceux de la satyre; et rien
ne, reprend mieux la plupart des hommes que la peinture
de leurs défauts. C'est une grande atteinte aux vices, que
de les exposer à la risée de tout le monde.   On souffre 90
aisément des répréhensions, mais on ne souffre point la
raillerie.   On veut bien être méchant, mais on ne veut
point être ridicule.

On me reproche d'avoir mis des termes de piété dans
la bouche de mon imposteur. Hé! pouvais-je m'en em- 95
pêcher, pour bien représenter le caractère d'un hypocrite?
Il suffit, ce me semble, que je fasse connaître les motifs
criminels qui lui font dire les choses, et que j'en aie re-
tranché les termes consacrés, dont on aurait eu peine à
lui entendre faire un mauvais usage. — Mais il débite au 100
quatrième acte une morale pernicieuse. — Mais cette morale est-elle quelque chose dont tout le monde n'eût les

---

79) *Polyeucte* und *Théodore, Vierge et Martyre.*

85) Dass das Theater einen grossen Einfluss auf die
Besserung der Sitten hat. *vertu* wird öfter in dem Sinne
gebraucht.

100) Anspielung auf den Vers (III. 7), in dem Tartüff gesagt
hatte: *O ciel! pardonne-lui comme je lui pardonne,* und den Mol.
modificirt hatte. Mol. hatte vielleicht noch mehrere Modificationen
gemacht, deren Tradition sich verloren hat; so ist z. B. auffällig,
dass im Tart. immer *ciel* statt *dieu* steht.

101) Diese Moral ist die der Molinisten über die „*manière de
diriger l'intention*". Mol. hatte Recht zu sagen, dass den
Leuten die Ohren davon klängen, *que les gens en ont
les oreilles rebattues.*

oreilles rebattues? Dit-elle rien de nouveau dans ma comédie? Et peut-on craindre que des choses si généralement
105 détestées fassent quelque impression dans les esprits; que
je les rende dangereuses en les faisant monter sur le théâtre;
qu'elles reçoivent quelque autorité de la bouche d'un scélérat? Il n'y a nulle apparence à cela, et l'on doit approuver
la comédie du *Tartuffe* ou condamner généralement toutes
110 les comédies.

C'est à quoi l'on s'attache furieusement depuis un temps;
et jamais on ne s'était si fort déchaîné contre le théâtre.
Je ne puis pas nier qu'il n'y ait eu des Pères de l'Église
qui ont condamné la comédie; mais on ne peut pas me
115 nier aussi qu'il n'y en ait eu quelques-uns qui l'ont traitée
un peu plus doucement. Ainsi, l'autorité dont on prétend
appuyer la censure est détruite par ce partage, et toute
la conséquence qu'on peut tirer de cette diversité d'opi-
nions en des esprits éclairés des mêmes lumières, c'est
120 qu'ils ont pris la comédie différemment, et que les uns
l'ont considérée dans sa pureté, lorsque les autres l'ont
regardée dans sa corruption, et confondue avec tous ces
vilains spectacles qu'on a eu raison de nommer des spectacles de turpitude.

125 Et, en effet, puisqu'on doit discourir des choses et non
pas des mots, et que la plupart des contrariétés viennent
de ne se pas entendre et d'envelopper dans un même mot
des choses opposées, il ne faut qu'ôter le voile de l'équivoque, et regarder ce qu'est la comédie en soi, pour voir
130 si elle est condamnable. On connaîtra sans doute que,
n'étant autre chose qu'un poème ingénieux, qui, par des
leçons agréables, reprend les défauts des hommes, on ne
saurait la censurer sans injustice; et, si nous voulons ouïr
là-dessus le témoignage de l'antiquité, elle nous dira que
135 ses plus célèbres philosophes ont donné des louanges à la
comédie, eux qui faisaient profession d'une sagesse si
austère, et qui criaient sans cesse après les vices de leur
siècle. Elle nous fera voir qu'Aristote a consacré des veilles

---

115) *pas me nier aussi* für *non plus* oft bei Mol. u. Zeitgen.
117) *par ce partage* durch diesen Zwiespalt der Ansichten.

au théâtre, et s'est donné le soin de réduire en préceptes
l'art de faire des comédies. Elle nous apprendra que de 140
ses plus grands hommes, et des premiers en dignité, ont
fait gloire d'en composer eux-mêmes; qu'il y en a eu d'autres qui n'ont pas dédaigné de réciter en public celles
qu'ils avaient composées; que la Grèce a fait pour cet art
éclater son estime, par les prix glorieux et par les superbes 145
théâtres dont elle a voulu l'honorer; et que, dans Rome
enfin, ce même art a reçu aussi des honneurs extraordi-
naires: je ne dis pas dans Rome débauchée, et sous la
licence des empereurs, mais dans Rome disciplinée, sous la
sagesse des consuls, et dans le temps de la vigueur de la 150
vertu romaine.

J'avoue qu'il y a eu des temps où la comédie s'est
corrumpue. Et qu'est-ce que dans le monde on ne corrompt point tous les jours? Il n'y a chose si innocente où
les hommes ne puissent porter du crime; point d'art si sa- 155
lutaire dont ils ne soient capables de renverser les intentions; rien de si bon en soi qu'ils ne puissent tourner à
de mauvais usages. La médecine est un art profitable, et
chacun la révère comme une des plus excellentes choses
que nous ayons; et cependant il y a eu des temps où elle 160
s'est rendue odieuse, et souvent on en a fait un art d'em-
poisonner les hommes. La philosophie est un présent du
ciel; elle nous a été donnée pour porter nos esprits à la
connaissance d'un Dieu, par la contemplation des merveilles
de la nature; et pourtant on n'ignore pas que souvent on 165
l'a détournée de son emploi, et qu'on l'a occupée publiquement à soutenir l'impiété. Les choses même les plus
saintes ne sont point à couvert de la corruption des
hommes; et nous voyons des scélérats qui, tous les jours,
abusent de la piété et la font servir méchamment aux 170

---

158) So hatte Mol. früher nicht über die Arzneiwissenschaft gesprochen, die bekanntlich seine *bête noire* war und gegen die
er auch später zu Felde zog. Noch im *Fest. de P.* hatte er sie
une des grandes erreurs qui soient parmi les hommes
genannt. Es scheint, dass er hier einen Waffenstillstand mit den
Medicinern wünschte, denn er hatte genug mit den Theologen zu
schaffen.

crimes les plus grands. Mais on ne laisse pas pour cela
de faire les distinctions qu'il est besoin de faire. On n'en-
veloppe .point dans une fausse conséquence la bonté des
choses que l'on corrompt avec la malice des corrupteurs.
175 On sépare toujours le mauvais usage ´d'avec l'intention de
l'art; et, comme on ne s'avise point de défendre la médecine pour avoir été bannie de Rome, ni la philosophie pour
avoir été condamnée publiquement dans Athènes, on ne
doit point aussi vouloir interdire la comédie pour avoir été
180 censurée en de certains temps. Cette censure a eu ses
raisons qui ne subsistent point ìci. Elle s'est renfermée
dans ce qu'elle a pu voir; et nous ne devons point la tirer
des bornes qu'elle s'est données, l'étendre plus loin qu'il
ne faut, et lui faire embrasser l'innocent avec le coupable.
185 La comédie qu'elle a eu dessein d'attaquer n'est point du
tout la comédie que nous voulons défendre. Il se faut
bien garder de confondre celle-là avec celle-ci. Ce sont
deux personnes de qui les mœurs sont tout à fait opposées.
Elles n'ont aucun rapport l'une avec l'autre que la ressem-
190 blance du nom; et ce serait une injustice épouvantable que
de vouloir condamner Olympe, qui est femme de bien,
parce qu'il y a une Olympe qui a été une débauchée.
De semblables arrêts, sans doute, feraient un grand désordre
dans le monde. Il n'y aurait rien par là qui ne fût con-
195 damné; et, puisque l'on ne garde point cette rigueur à tant
de choses dont on abuse tous les jours, ´on doit bien faire
la même grâce à la comédie, et approuver les pièces de
théâtre où l'on verra régner l'instruction et l'honnêteté.
    . Je sais qu'il y a des esprits dont la délicatesse ne peut
200 souffrir aucune comédie, qui disent que les plus honnêtes
sont les plus dangereuses; que les passions que l'on y dé-
peint sont d'autant plus touchantes qu'elles sont pleines de
vertu, et que les âmes sont attendries par ces sortes de

---

192) Man vermuthet, dass Mol. hier in dem wie zufällig ihm in
die Feder gekommenen Namen Olympe Donna Olympia Mal-
dachini gemeint habe. Sie war die Schwägerin des 1655 gestor-
benen Papstes Innocenz X., gegen den man in Frankreich sehr
erbost war, wegen seiner Bulle gegen die Jansenisten. Man be-
schuldigte sie sogar incestuösen Umgangs mit dem Papste.

représentations. Je ne vois pas quel grand crime c'est
que de s'attendrir à la vue d'une passion honnête, et c'est 205
un haut étage de vertu que cette pleine insensibilité où ils
veulent faire monter notre âme. Je doute qu'une si grande
perfection soit dans les forces de la nature humaine; et je
ne sais s'il n'est pas mieux de travailler à rectifier et à
adoucir les passions des hommes, que de vouloir les re- 210
trancher entièrement. J'avoue qu'il y a des lieux qu'il
vaut mieux fréquenter que le théâtre; et, si l'on veut blâmer
toutes les choses qui ne regardent pas directement Dieu
et notre salut, il est certain que la comédie en doit être,
et je ne trouve point mauvais qu'elle soit condamnée avec 215
le reste; mais supposé, comme il est vrai, que les exercices de la piété souffrent des intervalles, et que les hommes
aient besoin de divertissement, je soutiens qu'on ne leur
en peut trouver un qui soit plus innocent que la comédie.
Je me suis étendu trop loin. Finissons par un mot d'un 220
grand prince sur la comédie du *Tartuffe*.

Huit jours après qu'elle eut été défendue, on représenta,
devant la cour, une pièce intitulée *Scaramouche hermite;*
et le roi, en sortant, dit au grand prince que je veux dire:
Je voudrais bien savoir pourquoi les gens qui se scandalisent 225
si fort de la comédie de Molière ne disent mot de celle de
Scaramouche; à quoi le prince répondit: *La raison de cela,*
c'est que la comédie de Scaramouche joue le ciel et la religion,
dont ces messieurs-là ne se soucient point; mais celle de Mo-
lière les joue eux-mêmes; c'est ce qu'ils ne peuvent souffrir. 230

---

221. Dieser grosse Prinz war der Prinz von Condé, gewöhnlich *le grand Condé* genannt.
223. Die Posse *Scaramouche hermite* stellte unter anderen
indecenten Scenen auch die dar, wo ein Mönch den Balcon einer
verheiratheten Frau ersteigt und auf demselben von Zeit zu Zeit
wieder erscheint, indem er sagt: *Questo e per mortificar la carne.*

PREMIER PLACET

Présenté au roi.

Sur la comédie du TARTUFFE, qui n'avait pas encore été représentée
en public.

SIRE,

Le devoir de la comédie étant de corriger les hommes
en les divertissant, j'ai cru que, dans l'emploi où je me
trouve, je n'avais rien de mieux à faire que d'attaquer, par
des peintures ridicules, les vices de mon siècle; et, comme
235 l'hypocrisie, sans doute, en est un des plus en usage, des
plus incommodes et des plus dangereux, j'avais eu, SIRE,
la pensée que je ne rendrais pas un petit service à tous
les honnêtes gens de votre royaume, si je faisais une comédie qui décriât les hypocrites, et mît en vue, comme il
240 faut, toutes les grimaces étudiées de ces gens de bien à
outrance, toutes les friponneries couvertes de ces faux mon-
nayeurs en dévotion, qui veulent attraper les hommes avec
un zèle contrefait et une charité sophistique.

Je l'ai faite, SIRE, cette comédie, avec tout le soin,
245 comme je crois, et toutes les circonspections que pouvait
demander la délicatesse de la matière; et, pour mieux conserver l'estime et le respect qu'on doit aux vrais dévots,

---

Diese drei Placets stehen zum ersten Mal in der zweiten
Ausg. des Tart. (bei Ribou 1669) und sind in den Ausg. v. 1673
und 1678 reproducirt worden. Der Buchhändler hatte folgenden
Avis davorgesetzt: *Le libraire au lecteur. Comme les moindres
choses qui partent de la plume de Mons. de Mol. ont des beautés que
les plus délicats ne se peuvent lasser d'admirer, j'ai cru ne devoir
pas négliger l'occasion de vous faire part de ces placets et qu'il
était à propos de les joindre au Tartuffe, puisque partout il y est
parlé de cette incomparable pièce.*
Dies erste Placet datirt aus dem Schluss des Jahres 1664. Es
ist zugleich eine Antwort auf das Buch des Pfarrers von St. Barthélémy vom vorhergehenden Sommer.
232. *dans l'emploi où je me trouve*, in meiner Stellung als
Schauspieldirector. Mol. Truppe hatte den Titel einer
Königlichen erhalten.
243. *Var. sophistiquée* (1682).

j'en ai distingué, le plus que j'ai pu, le caractère que
j'avais à toucher; je n'ai point laissé d'équivoque; j'ai ôté
ce qui pouvait confondre le bien avec le mal, et ne me 250
suis servi, dans cette peinture, que des couleurs expresses
et des traits essentiels qui font reconnaître d'abord un véritable et franc hypocrite.

Cependant toutes mes précautions ont été inutiles. On
a profité, SIRE, de la délicatesse de votre âme sur les ma- 255
tières de religion, et l'on a su vous prendre par l'endroit
seul que vous êtes prenable, je veux dire par le respect
des choses saintes. Les tartuffes, sous main, ont eu
l'adresse de trouver grâce auprès de Votre Majesté; et les
originaux, enfin, ont fait supprimer la copie, quelque inno- 260
cente qu'elle fût, et quelque ressemblante qu'on la trouvât.

Bien que ce m'ait été un coup sensible que la sup-
pression de cet ouvrage, mon malheur pourtant était adouci
par la manière dont Votre Majesté s'était expliquée sur ce
sujet, et j'ai cru, SIRE, qu'elle m'ôtait tout lieu de me 265
plaindre, ayant eu la bonté de déclarer qu'elle ne trouvait
rien à dire dans cette comédie qu'elle me défendait de
produire en public.

Mais, malgré cette glorieuse déclaration du plus grand
roi du monde et du plus éclairé, malgré l'approbation en- 270
core de M. le légat et de la plus grande partie de nos
prélats, qui tous, dans les lectures particulières que je leur
ai faites de mon ouvrage, se sont trouvés d'accord avec
les sentiments de Votre Majesté; malgré tout cela, dis-je,
on voit un livre composé par le curé de . . . . qui donne 275

---

256. *par l'endroit seul que vous êtes prenable* müsste
heissen *par lequel vous êtes prenable.*

258. *les tartuffes* bedeutet hier schon die Heuchler
(s. Anh. I.).

268. In der *relation sur les Plaisirs de l'Ile enchantée*,
der königlichen Feste zu Versailles, wo die drei ersten Acte
des Tartüff zur Aufführung kamen, heisst es: *Quoique la pièce
eût été trouvée fort divertissante . . . et quoiqu'on ne doutât point
des bonnes intentions de l'auteur, le roi la défendit pourtant en
public et se priva soi-même de ce plaisir pour n'en pas laisser abuser
à d'autres moins capables d'en faire un juste discernement.*

275. Dieser Pfarrer, dessen Name beim Druck des Placet aus-

hautement un démenti à tous ces augustes témoignages.
Votre Majesté a beau dire, et M. le légat et messieurs
les prélats ont beau donner leur jugement, ma comédie,
sans l'avoir vue, est diabolique, et diabolique mon cerveau;
280 je suis un démon vêtu de chair et habillé en homme, un
libertin, un impie digne d'un supplice exemplaire. Ce n'est
pas assez que le feu expie en public mon offense, j'en
serais quitte à trop bon marché; le zèle charitable de ce
galant homme de bien n'a garde de demeurer là; il ne
285 veut point que j'aie de miséricorde auprès de Dieu, il veut
absolument que je sois damné, c'est une affaire résolue.

Ce livre, SIRE, a été présenté à Votre Majesté, et,
sans doute, elle juge bien elle-même combien il m'est
fâcheux de me voir exposé tous les jours aux insultes de
290 ces messieurs; quel tort me feront dans le monde de telles
calomnies, s'il faut qu'elles soient tolérées, et quel intérêt
j'ai enfin à me purger de son imposture et à faire voir
au public que ma comédie n'est rien moins que ce qu'on
veut qu'elle soit. Je ne dirais point, SIRE, ce que j'aurais
295 à demander pour ma réputation, et pour justifier à tout
le monde l'innocence de mon ouvrage; les rois éclairés
comme vous n'ont pas besoin qu'on leur marque ce qu'on
souhaite; ils voient, comme Dieu, ce qu'il nous faut, et
savent, mieux que nous, ce qu'ils nous doivent accorder.
300 Il me suffit de mettre mes intérêts entre les mains de
Votre Majesté, et j'attends d'elle, avec respect, tout ce qu'il
lui plaira d'ordonner là-dessus.

---

gelassen ist. war der Pfarrer von St. Barthélémy, Pierre Roulès,
der eine schwulstige Schmeichelschrift über Ludwig XIV. unter
dem Titel *Le roi glorieux au monde ou Louis XIV., le plus
glorieux des rois du monde* verfasst hatte, in der Mol. wegen
seines Tartuffe auf's Wüthendste angegriffen wurde.

DEUXIÈME PLACET

Présenté au roi, dans son camp devant la ville de Lille en
Flandre, par les sieurs La Thorillière et La Grange, comédiens
de Sa Majesté, et compagnons du sieur Molière, sur la défense
qui fut faite le 6 août 1667 de représenter LE TARTUFFE jusques
à nouvel ordre de Sa Majesté.

SIRE,

C'est une chose bien téméraire à moi que de venir
importuner un grand monarque au milieu de ses glorieuses
conquêtes, mais, dans l'était où je me vois, où trouver, 305
SIRE, une protection qu'au lieu où je la viens chercher?
et qui puis-je solliciter contre l'autorité de la puissance qui
m'accable, que la source de la puissance et de l'autorité,
que le juste dispensateur des ordres absolus, que le souverain juge et le maître de toutes choses?   310

Ma comédie, SIRE, n'a pu jouir ici des bontés de Votre
Majesté.   En vain je l'ai produite sous le titre de *l'Imposteur* et déguisé le personnage sous l'ajustement d'un
homme du monde.   J'ai eu beau lui donner un petit chapeau, de grands cheveux, un grand collet, une épée et des 315
dentelles sur tout l'habit; mettre en plusieurs endroits des
adoucissements, et retrancher avec soin tout ce que j'ai
jugé capable de fournir l'ombre d'un prétexte aux célèbres
originaux du portrait que je voulais faire; tout cela n'a de

---

312. Aus dieser Stelle (*j'ai déguisé le personnage sous
l'ajustement d'un homme du monde*) geht hervor, dass Mol.
sein Urbild des Tartüff ursprünglich unter den Geistlichen aus-
gewählt und dass er die Absicht gehabt hatte, dem Imposteur,
wie er Anfangs den Helden des Stückes genannt hatte, ein geist-
liches Costüm zu geben.   Dieser Umstand trug natürlich viel zur
allgemeinen Aufregung von Seiten der Kirche gegen das Stück
bei.   Seit aber der Tartüff als solcher auf der Bühne in der vom
Dichter angegebenen Kleidung und mit seinen Heirathsansprüchen
erschienen war, ist und bleibt es verkehrt, ihn, was früher mitunter in Deutschland geschah, in geistlicher Kleidung darzu-
stellen; ein gewisser frommer ascetischer Schnitt ist ja durch die
weltliche nicht ausgeschlossen.

320 rien servi. La cabale s'est réveillée aux simples conjectures
qu'ils ont pu avoir de la chose. Ils ont trouvé moyen de
surprendre des esprits, qui, dans toute autre matière, font
une haute profession de ne se point laisser surprendre.
Ma comédie n'a pas plus tôt paru, qu'elle s'est vue fou-
325 droyée par le coup d'un pouvoir qui doit imposer du
respect; et tout ce que j'ai pu faire en cette rencontre,
pour me sauver moi-même de l'éclat de cette tempête, c'est
de dire que Votre Majesté avait eu la bonté de m'en per-
mettre la représentation, et que je n'avais pas cru qu'il
330 fût besoin de demander cette permission à d'autres, puisqu'il n'y avait qu'elle seule qui me l'eût défendue.

Je ne doute point, SIRE, que les gens que je peins
dans ma comédie ne remuent bien des ressorts auprès de
Votre Majesté, et ne jettent dans leur parti, comme ils
335 l'ont déjà fait, de véritables gens de bien, qui sont d'autant
plus prompts à se laisser tromper, qu'ils jugent d'autrui
par eux-mêmes. Ils ont l'art de donner de belles couleurs
à toutes leurs intentions. Quelque mine qu'ils fassent, ce
n'est point du tout l'intérêt de Dieu qui les peut émouvoir;
340 ils l'ont assez montré dans les comédies qu'ils ont souffert
qu'on ait jouées tant de fois en public sans en dire le
moindre mot. Celles-là n'attaquaient que la piété et la
religion, dont ils se soucient fort peu; mais celle-ci les
attaque et les joue eux-mêmes, et c'est ce qu'ils ne peu-
345 vent souffrir. Ils ne sauraient me pardonner de dévoiler
leurs impostures aux yeux de tout le monde; et, sans
doute, on ne manquera pas de dire à Votre Majesté que

---

320. *La cabale s'est réveillée aux simples conjectures
qu'ils ont pu avoir de la chose;* das *avoir* ist auffällig, *former*
oder *tirer* wäre angemessener gewesen.
321. Hier und im folgenden Satze ist Herr v. Lamoignon,
der erste Präsident des Parlaments von Paris, gemeint, den Gutzkow in seinem Urbild des Tartüff so unbegreiflicher Weise
zum Urbild gestempelt hat. Dies Verbot der Aufführung des
Tartüff gehörte ganz in die Competenz des Präsidenten.
342. Dieser Satz enthält fast wörtlich die Antwort, die der
Prinz von Condé dem Könige hinsichtlich des Scaramouche
(s. oben *Préface*) gegeben hatte. Mol. setzte voraus, dass der
König sich der Worte Condés erinnern würde.

chacun s'est scandalisé de ma comédie. Mais la vérité
pure, SIRE, c'est que tout Paris ne s'est scandalisé que de
la défense qu'on en a faite; que les plus scrupuleux en 350
ont trouvé la représentation profitable, et qu'on s'est étonné
que des personnes d'une probité si connue aient eu une
si grande déférence pour des gens qui devraient être l'horreur de tout le monde, et sont si opposés à la véritable
piété dont elles font profession.   355

J'attends, avec respect, l'arrêt que Votre Majesté daignera
prononcer sur cette matière: mais il est très-assuré, SIRE,
qu'il ne faut plus que je songe à faire des comédies, si
les tartuffes ont l'avantage; qu'ils prendront droit par là de
me persécuter plus que jamais, et voudront trouver à redire 360
aux choses les plus innocentes qui pourront sortir de ma
plume.

Daignent vos bontés, SIRE, me donner une protection
contre leur rage envenimée! et puissé-je, au retour d'une
campagne si glorieuse, délasser Votre Majesté des fatigues 365
de ses conquêtes, lui donner d'innocents plaisirs après de
si nobles travaux, et faire rire le monarque qui fait trembler
toute l'Europe.

---

368. Dies Placet war um zwei Jahre früheren Datums als die
Vorrede.

Die Register der *Comédie Française* von Lagrange erzählen
die Ueberreichung dieses Placets in folgender Weise: *Le lendemain 6, un huissier de la cour du parlement est venu, de la part
du premier président, M. de Lamoignon, défendre la pièce. Le 8,
le sieur de la Thorillère et moi de la Grange sommes partis de
Paris en poste pour trouver le roi au sujet de la dite défense. S. M.
était au siège de Lille en Flandre, où nous fûmes très bien reçus.
Monsieur nous protégea à son ordinaire, et sa majesté nous fit dire
qu'à son retour à Paris elle ferait examiner la pièce de Tartuffe,
et que nous la jouerions. Après quoi nous sommes revenus.
Le voyage a coûté* 1000 *francs à la troupe. La troupe n'a point
joué pendant notre voyage; et nous avons recommencé le* 22 *de
Septembre.* Erst zwei Jahre später erhielt Mol. vom Könige die
schriftliche Erlaubniss zur Aufführung des Tartüff.

TROISIÈME PLACET

Présenté au roi le 5 Février 1669.

SIRE,

370   Un fort honnête médecin, dont j'ai l'honneur d'être le malade, me promet et veut s'obliger, par-devant notaire, de me faire vivre encore trente années, si je puis lui obtenir une grâce de Votre Majesté. Je lui ai dit, sur sa promesse, que je ne lui demandais pas tant, et que je 375 serais satisfait de lui, pourvu qu'il s'obligeât de ne me point tuer. Cette grâce, SIRE, est un canonicat de votre chapelle royale de Vincennes, vacant par la mort de ....

Oserais-je demander encore cette grâce à Votre Majesté, le propre jour de la grande résurrection de Tartuffe, res- 380 suscité par vos bontés? Je suis, par cette première faveur, réconcilié avec les dévots; et je le serais, par cette seconde, avec les médecins. C'est pour moi, sans doute, trop de grâces à la fois, mais peut-être n'en est-ce pas trop pour Votre Majesté; et j'attends, avec un peu d'espérance re- 385 spectueuse, la réponse de mon placet.

---

369. Dies Placet drückt in sinnreicher Weise die Dankbarkeit des Dichters aus und giebt uns ein hübsches Bild von der Art und Weise, wie er zum König stand, es zeigt uns, in wie familiairem Tone er mit dem stolzen Ludwig sprechen durfte.

370. Dieser Arzt hiess Mauvilain. Einst sagte Ludwig XIV. zu Mol., indem er von ihm sprach: Ihr habt da einen Arzt, was fängt er mit Euch an? — Sire, wenn er kommt, plaudern wir zusammen, er schreibt ein Recept auf, ich lasse es liegen und werde gesund.

385. Mol. erlangte das erbetene Canonicat.

VERZEICHNISS
DER
AM HÄUFIGSTEN VORKOMMENDEN ABKÜRZUNGEN.

M. od. *Mol.* = Molière.
Pasc. = Pascal.
Corn. = Corneille.
Rac. = Racine.
Mass. = Massillon.
Bourd. = Bourdaloue.
Boss. = Bossuet.
Laf. = Lafontaine.
Volt. = Voltaire.
Mont. = Montaigne.
I. 1. = Erster Act, erste Scene etc.
V. = Vers.
Var. = Variante.
Am. méd. = l'Amour médecin.
Amph. = Amphitryon.
Am. m. = Les Amants magnifiques.
Av. = l'Avare.
B. g. = Le Bourgeois gentilhomme.
C. d. E. = Comtesse d'Escarbagnas.
E. d. F. = l'École des femmes.
Ec. d. m. = l'École des maris.
Crit. d. l'Éc. d. f. = Critique de l'École des femmes.
Et. = l'Étourdi.
Dép. am. = Le Dépit amoureux.
Fest. d. P. = Le Festin de Pierre.
Fâch. = Les Fâcheux.
Fourb. d. Sc. = Les Fourberies de Scapin.
Fem. sav. = Les Femmes savantes.
G. D. = George Dandin.
Imp. d. V. = l'Impromptu de Versailles.
Mar. f. = Le Mariage forcé.
Mal. im. = Le Malade imaginaire.
M. m. l. = Le Médec. malgré lui.
Mis. = Le Misanthrope.
Pr. d'É. = La Princesse d'Élide.
Préc. rid. = Les Précieuses ridicules.
Ps. = *Psyché.*
Sg. = Sganarelle.
Sic. = Le Sicilien.
Tart. = Le Tartuffe.

LE
TARTUFFE ou L'IMPOSTEUR.

COMÉDIE EN CINQ ACTES.

1667.

Le Tartuffe.

PERSONNAGES.

Mad. PERNELLE, mère d'Orgon.
ORGON, mari d'Elmire, bon bourgeois.
ELMIRE, femme d'Orgon.
DAMIS, fils d'Orgon.
MARIANE, fille d'Orgon et amante de Valère.
VALÈRE, amante de Mariane.
CLÉANTE, beau frère d'Orgon.
TARTUFFE, faux dévot.
DORINE, suivante de Mariane.
M. LOYAL, sergent.
UN EXEMPT.
FLIPOTE, servante de Mme. Pernelle.

La scène est à Paris.

ACTE PREMIER.

SCÈNE I.

MADAME PERNELLE, ELMIRE, MARIANE, CLÉANTE, DAMIS, DORINE, FLIPOTE.

MAD. PERNELLE.

Allons, Flipote, allons; que d'eux je me délivre.

ELMIRE.

Vous marchez d'un tel pas, qu'on à peine à vous suivre.

MAD. PERNELLE.

Laissez, ma bru, laissez; ne venez pas plus loin;
Ce sont toutes façons dont je n'ai pas besoin.

ELMIRE.

De ce que l'on vous doit envers vous on s'acquitte;   5
Mais, ma mère, d'où vient que vous sortez si vite?

MAD. PERNELLE.

C'est que je ne puis voir tout ce ménage-ci,
Et que de me complaire on ne prend nul souci.
Oui, je sors de chez vous fort mal édifiée:
Dans toutes mes leçons j'y suis contrariée;   10

V. 2. *on a peine à*, häufig bei Mol. und Zeitgen. für *de la peine. Comment, il semble que vous ayez peine à me suivre?* (*Pourc. I.* 6.) *J'ai peine à contempler son grand cœur.* (Boss.) Pascal hat *faire peine.*

V. 4. *ce sont toutes façons*, lauter Förmlichkeiten. Vgl. u. V. 152 *toutes inventions*, lauter Erfindungen.

V. 10. *j'y suis contrariée.* *y* geht auf *chez vous* V. 9.

3*

On n'y respecte rien, chacun y parle haut,
Et c'est tout justement la cour du roi Pétaud.

DORINE.

Si...

MAD. PERNELLE.

Vous êtes, mamie, une fille suivante,
Un peu trop forte en gueule, et fort impertinente;
15 Vous vous mêlez sur tout de dire votre avis.

DAMIS.

Mais ..

MAD. PERNELLE.

Vous êtes un sot en trois lettres, mon fils;
C'est moi qui vous le dis, qui suis votre grand'mère;
Et j'ai prédit cent fois à mon fils, votre père,
Que vous preniez tout l'air d'un méchant garnement,
20 Et ne lui donneriez jamais que du tourment.

MARIANE.

Je crois ...

MAD. PERNELLE.

Mon dieu! sa sœur, vous faites' la discrète,

V. 12. *Le roi Pétaud*, das Haupt der Bettlerzunft,
wird abgeleitet von *peto*. Fritsche (Namenb. zu Mol. p. 110)
beanstandet diese Ableitung, weiss aber auch keine erschöpfende
Erklärung des Namens zu geben. Das Sprichwort heisst *c'est la
cour du roi Pétaud où tout le monde est maître.* Es ging bei den
Versammlungen der Bettler und Strolche sehr anarchisch zu; *pétaudière, c'est une vraie pétaudière* (sprichwörtl.).
V. 13. *mamie*, die neueren Ausgaben schreiben *ma mie;*
mamie in einem Worte ist die Contraction von *ma amie*, wie man
sonst sprach. In alten Büchern steht *m'amie* mit einem Apostroph,
um die Elision anzudeuten.
V. 16. *sot en trois lettres*, sprichwörtl. weil *sot* drei Buch-
staben enthält, erinnert an *fur, homo trium litterarum;* man sagt
auch *sot fieffé*, ein Einfaltspinsel. Le Pays, ein schlechter
Scribent, den Boileau durchgehechelt hat, sagte einst zum Dichter
Linières: *Vous êtes un sot en trois lettres*, und dieser antwortete:
Vous en êtes un en mille que vous avez composées, Anspielung auf
seine Sammlung alberner Briefe: *Amitiés, amours et amou-
rettes.*

Et vous n'y touchez pas, tant vous semblez doucette;
Mais il n'est, comme on dit, pire eau que l'eau qui dort,
Et vous menez, sous chape, un train que je hais fort.

ELMIRE.

Mais, ma mère ...

MAD. PERNELLE.

Ma bru, qu'il ne vous en déplaise,   25
Votre conduite, en tout, est tout à fait mauvaise;
Vous devriez leur mettre un bon exemple aux yeux;
Et leur défunte mère en usait beaucoup mieux.
Vous êtes dépensière; et cet état me blesse,
Que vous alliez vêtue ainsi qu'une princesse.   30
Quiconque à son mari veut plaire seulement,
Ma bru, n'a pas besoin de tant d'ajustement.

V. 22. *Vous n'y touchez pas. Il n'a pas l'air d'y toucher,
on ne dirait pas qu'il y touche* wird von versteckt schlauen Personen gesagt.

V. 23. Sprichwort, unser Stille Wasser sind tief, das lateinische *Altissima flumina minimo sono labuntur.* In den Distichen des Cato (160 n. Ch.) findet sich im vierten Buche:

Demissos animo et tacitos vitare memento:
Quod flumen tacitum est forsan latet altius unda.

V. 24. *sous chape,* so haben die Originalausg., jetzt *sous cape,* im Stillen; *cape,* ein Mantel mit der Kapuze, die man herabzog, um nicht erkannt zu werden.

V. 27. *mettre aux yeux* für *sous l. y.* häufig: cf. *Mis. I,* 2. *Mél. II.* 1.

V. 29 u. 30. *état,* Putz, entsprechend unserm Staat. *Où pouvez-vous donc prendre de quoi entretenir l'état que vous portez? Av.* 1. 2, häufig b. Mol. u. Zeitgen. *Cet état me blesse que vous alliez* etc. ist jedenfalls eine gewundene Construction. In der Conversationssprache könnte man höchstens sagen: *cela me blesse que vous alliez.*

V. 32. Der Vorwurf bezieht sich nicht auf den Moment, wir erfahren ja später, dass Elmire leidend ist, deshalb darf die Darstellerin der Rolle auch nicht geputzt erscheinen. Ein elegantes Négligé mit feinen Spitzen, die Tartüff im dritten Act betastet (so war auch Mlle. Mars gekleidet), ist das richtige Costüm. Mol. Frau, die diese Rolle spielte, verfiel aus Putzsucht in diese Verkehrtheit. „Was willst du mit dem Putz,“ sagte ihr Mol., der in ihre Loge trat, „gehe gleich hin und kleide dich um“. Beinahe wäre die erste Vorstellung an der Widersetzlichkeit Armandens gescheitert.

CLÉANTE.

Mais, madame, après tout ...

MAD. PERNELLE.

Pour vous, monsieur son frère,
Je vous estime fort, vous aime, et vous révère,
35 Mais enfin, si j'étais de mon fils son époux,
Je vous prierais bien fort de n'entrer point chez nous.
Sans cesse vous prêchez des maximes de vivre
Qui par d'honnêtes gens ne se doivent point suivre,
Je vous parle un peu franc; mais c'est là mon humeur,
40 Et je ne mâche point ce que j'ai sur le cœur.

DAMIS.

Votre monsieur Tartuffe est bien heureux, sans doute ...

MAD. PERNELLE.

C'est un homme de bien qu'il faut que l'on écoute;
Et je ne puis souffrir, sans me mettre en courroux,
De le voir querellé par un fou comme vous.

DAMIS.

45 Quoi! je souffrirerai, moi, qu'un cagot de critique

V. 35. *si j'étais de mon fils* = *à la place de m. f.* gewöhnlich: *que de.* cf. *Fem. sav. IV. 2. Mal. im. II.* 7 etc.

V. 37. *prêcher des maximes de vivre* = *donner des
règles de conduite; maximes de vivre,* möge man *vivre* für Subst.
oder Zeitwort halten, ist auffällig.

V. 38. Die Umsetzung des Passiv *ne doivent point être suivis*
ins reflexive Zeitw. *ne se doivent point suivre* ist hier wegen des *par*
störend und geschah wohl des Verses wegen.

V. 39. *franc* = *franchement,* häufig *tout franc.* cf. Mis.
I. I. *Je vous dirai tout franc.*

V. 40. Sprichwörtl. Wendung, unser Ich nehme kein
Blatt vor dem Mund.

V. 44. Var. *de le voir quereller* (spät. Ausg.), was ganz
unnöthig.

V. 45. *cagot de critique,* wie *idole d'époux, marmots d'enfants (Fem. sav. I. I)* ist hier ein Genitiv der Apposition, ähnlich
unserm ein Schurke von einem Menschen: dieser heuch-
lerische Kritiker. Gewöhnliche Ableitung vom Goth. *cao
goth,* so viel wie gothischer Hund. Die Cagots als Volks-
stamm gehören zu den *races maudites,* zu den *crétins,* deren es so
viele am Saume der Pyrenäen giebt.

Vienne usurper céans un pouvoir tyrannique;
Et que nous ne puissions à rien nous divertir,
Si ce beau monsieur-là n'y daigne consentir?

DORINE.

S'il le faut écouter, et croire à ses maximes,
On ne peut faire rien, qu'on ne fasse des crimes;   50
Car il contrôle tout, ce critique zélé.

MAD. PERNELLE.

Et tout ce qu'il contrôle est fort bien contrôlé.
C'est au chemin du ciel qu'il prétend vous conduire;
Et mon fils à l'aimer vous devrait tous induire.

DAMIS.

Non, voyez-vous, ma mère, il n'est père, ni rien,   55
Qui me puisse obliger à lui vouloir du bien:
Je trahirais mon cœur de parler d'autre sorte.
Sur ses façons de faire à tous coups je m'emporte:
J'en prévois une suite, et qu'avec ce pied-plat
Il faudra que j'en vienne à quelque grand éclat.   60

DORINE.

Certes, c'est une chose aussi qui scandalise,
De voir qu'un inconnu céans s'impatronise;
Qu'un gueux, qui, quand il vint, n'avait pas de souliers,
Et dont l'habit entier valait bien six deniers,

V. 46. *céans* hier im Hause, im Gegensatz zum alten *léans*
dort. Das Wort findet sich in diesem Stück unzählige Male.
Man sagt noch wohl *le maître de céans*.

V. 54. *induire* lat. *inducere* = *engager*, veraltet.

V. 55. Myrtil in *Mélic.* sagt in ähnlicher Stimmung:
  Non, chère Mélicerte, il n'est père, ni dieux,
  Qui me puissent forcer à quitter vos beaux yeux.

V. 57. *Je trahirais mon coeur*, ich würde meine Gesinnung verleugnen, wenn ich anders spräche, in demselben Sinne *Mis.* I. 1.

V. 59. *pied-plat* Lump. *Mis.* I. 1. ursprüngl. von platt-
füssigen Bauern gebraucht

V. 62. *s'impatroniser*, sich als Herr und Meister auf-
spielen.

65 En vienne jusques-là que de se méconnaître,
De contrarier tout, et de faire le maître.

MAD. PERNELLE.

Hé! merci de ma vie! il en irait bien mieux
Si tout se gouvernait par ses ordres pieux.

DORINE.

Il passe pour un saint dans votre fantaisie:
70 Tout son fait, croyez-moi, n'est rien qu'hypocrisie.

MAD. PERNELLE.

Voyez la langue!

DORINE.

A lui, non plus qu'à son Laurent,
Je ne me fierais, moi, que sur un bon garant.

MAD. PERNELLE.

J'ignore ce qu'au fond le serviteur peut être;
Mais pour homme de bien je garantis le maître.
75 Vous ne lui voulez mal et ne le rebutez
Qu'à cause qu'il vous dit à tous vos vérités.
C'est contre le péché que son cœur se courrouce,
Et l'intérêt du ciel est tout ce qui le pousse.

DORINE.

Oui; mais pourquoi, surtout depuis un certain temps,
80 Ne saurait-il souffrir qu'aucun hante céans?

V. 65. Dass er dahin käme, so seine Stellung zu ver-
kennen; *jusqu'à se méconnaître* oder *jusque-là qu'il se méconnaisse*
wäre dem heutigen Gebrauch entsprechender.

V. 67. *merci de ma vie*, damals häufiger Ausruf des Un-
willens und der Ungeduld, bei Lafont. *merci de moi*, hier etwa
unser: Herr meines Lebens, oder auch: Ja, dass weiss
Gott! Jetzt veraltet.

V. 71. Der Name Laurent für Tartüffs Diener hat seinen
Grund. St. Laurent war ein berühmter Heiliger.

V. 78. *est tout ce qui le pousse*, ist was ihn einzig
treibt.

V. 80. *hanter*, häufig aus- und eingehen. V. 87 ist es
transitiv im Sinne von frequentiren.

En quoi blesse le ciel une visite honnête,
Pour en faire un vacarme à nous rompre la tête?
Veut-on que là-dessus je m'explique entre nous? ...
(montrant Elmire.)
Je crois que de madame il est, ma foi, jaloux.

MAD. PERNELLE.

Taisez-vous, et songez aux choses que vous dites.   85
Ce n'est pas lui tout seul qui blâme ces visites:
Tout ce tracas qui suit les gens que vous hantez,
Ces carrosses sans cesse à la porte plantés,
Et de tant de laquais le bruyant assemblage,
Font un éclat fâcheux dans tout le voisinage.   90
Je veux croire qu'au fond il ne se passe rien:
Mais enfin on en parle, et cela n'est pas bien.

CLÉANTE.

Hé! voulez-vous, madame, empêcher qu'on ne cause?
Ce serait dans la vie une fâcheuse chose,
Si, pour les sots discours où l'on peut être mis,   95
Il fallait renoncer à ses meilleurs amis,
Et quand même on pourrait se résoudre à le faire,
Croiriez-vous obliger tout le monde à se taire?
Contre la médisance il n'est point de rempart.
A tous les sots caquets n'ayons donc nul égard;   100
Efforçons-nous de vivre avec toute innocence,
Et laissons aux causeurs une pleine licence.

DORINE.

Daphné, notre voisine, et son petit époux,
Ne seraient-ils point ceux qui parlent mal de nous?

V. 84. *Je crois que de madame il est, ma foi, jaloux.*
Diese wie gelegentlich hingeworfenen Worte deuten zum Voraus
den Inhalt des Stückes an.
    V. 103. Diese und die vorhergehende Rede Dorinens waren
ursprünglich für Cléant geschrieben, für den sie besser passen.
Wahrscheinlich hat die Oeconomie des Dialogs die Veränderung
veranlasst.
    Daphné et son petit époux soll eine Anspielung auf die
Gräfin von Soissons, Olympia Mancini, und ihren Mann, der klein

105 Ceux de qui la conduite offre le plus à rire
    Sont toujours sur autrui les premiers à médire:
    Ils ne manquent jamais de saisir promptement
    L'apparente lueur du moindre attachement,
    D'en semer la nouvelle avec beaucoup de joie,
110 Et d'y donner le tour qu'ils veulent qu'on y croie;
    Des actions d'autrui, teintes de leurs couleurs,
    Ils pensent dans le monde autoriser les leurs,
    Et, sous le faux espoir de quelque ressemblance,
    Aux intrigues qu'ils ont donner de l'innocence,
115 Ou faire ailleurs tomber quelques traits partagés
    De ce blâme public dont ils sont trop chargés.

MAD. PERNELLE.

Tous ces raisonnements ne font rien à l'affaire.
On sait qu'Orante mène une vie exemplaire;
Tous ses soins vont au ciel; et j'ai su par des gens
120 Qu'elle condamne fort le train qui vient céans.

---

von Gestalt war, sein. Olympia rächte sich für die Untreue des Königs, der sie wegen der de la Valière verlassen hatte und hinter-brachte der Königin dies neue Verhältniss; sie wurde vom Hofe verbannt.

V. 108. *l'apparente lueur*, fast pleonastisch: der blosse Schein.

V. 110. *qu'ils veulent qu'on y croie (quem volunt credi)*, ähnliche Wendungen häufig bei Mol., *Fem. sav. IV. 2, le lâche tour que l'on voit qu'on me fait*, Ibid. III. 5, *ces vers que mot à mot il est besoin qu'on pèse*; für das höchst unklare *le tour qu'on y croie* schlägt Auger vor *qu'on y voie*.

V. 114 ff. *aux intrigues qu'ils ont:* das *qu'ils ont* ist jedenfalls eine durch den Vers hervorgerufene *cheville*, es erinnert an Göthe's: Gieb sie dem Kanzler, den du hast. Der Sinn ist: Sie hoffen ihren Liebesverhältnissen den Schein der Unschuld zu geben, oder die Pfeile des Tadels, den sie mit Anderen theilen, anderswo hinzulenken.

V. 118. *Orante, l'austère personne*, die früher sehr lustig gelebt hatte, soll auf die Herzogin von Navailles gehen, *qui censurait tout et ne pardonnait à rien.*

V. 120. *Le train qui vient céans*, soll es heissen: Die vielen lärmenden Besuche, so passt *qui vient*, aber nicht, wenn es heissen soll: *le train qu'on mène ici*, das Leben, das man hier führt.

DORINE.

L'exemple est admirable, et cette dame est bonne!
Il est vrai qu'elle vit en austère personne;
Mais l'âge dans son âme a mis ce zèle ardent,
Et l'on sait qu'elle est prude, à son corps défendant.
Tant qu'elle a pu des cœurs attirer les hommages, 125
Elle a fort bien joui de tous ses avantages:
Mais, voyant de ses yeux tous les brillants baisser,
Au monde qui la quitte elle veut renoncer,
Et du voile pompeux d'une haute sagesse
De ses attraits usés déguiser la faiblesse. 130
· Ce sont là les retours des coquettes du temps:
Il leur est dur de voir déserter les galants.
Dans un tel abandon, leur sombre inquiétude
Ne voit d'autre recours que le métier de prude:
Et la sévérité de ces femmes de bien 135
Censure toute chose, et ne pardonne à rien;
Hautement d'un chacun elles blâment la vie,
Non point par charité, mais par un trait d'envie
Qui ne saurait souffrir qu'une autre ait les plaisirs
Dont le penchant de l'âge a sevré leurs désirs. 140

MAD. PERNELLE, à Elmire.

Voilà les contes bleus qu'il vous faut pour vous plaire,
Ma bru. L'on est chez vous contrainte de se taire;

V. 124. *à son corps défendant*, wider ihren Willen,
eigentlich wenn man bei einer Vertheidigung Jemanden tödtet oder
verwundet. Schon Régnier hatte den sprichwörtlichen Ausdruck:
> *Or si parfois j'écris suivant mon ascendant,*
> *Je vous jure, encore est-ce à mon corps défendant.*

V. 127. *baisser* und *brillants* stimmt nicht zusammen.
s'éteindre wäre passender gewesen. Ueber *brillants* siehe *Mis.*
III. 5 und *Fem. sav.* III. 2.

V. 131. *les retours des coquettes*, wohl nicht, wie übersetzt zu werden pflegt, List und Ränke, vielleicht besser: Um-
schlag der Gesinnung aus dem Weltlichen ins Fromme.

V. 136. *ne pardonne à rien* für *rien;* bei Personen steht
gewöhnlich der Dat. *pardonner qlqch à qlq.* Racine hat *pardonnez à
son ombre*, aber *ombre* ist hier persönlich gedacht.

V. 139 u. 140. Dass Andere noch die Freuden geniessen, deren der Abhang *(penchant = déclin)* des Alters
sie beraubt hat, jedenfalls eine etwas geschraubte Wendung.

Car madame, à jaser, tient le dé tout le jour,
Mais enfin je prétends discourir à mon tour:
145 Je vous dis que mon fils n'a rien fait de plus sage
Qu'en recueillant chez soi ce dévot personnage;
Que le ciel au besoin l'a céans envoyé
Pour redresser à tous votre esprit fourvoyé;
Que, pour votre salut, vous le devez entendre;
150 Et qu'il ne reprend rien qui ne soit à reprendre.
Ces visites, ces bals, ces conversations,
Sont du malin esprit toutes inventions.
Là, jamais on n'entend de pieuses paroles;
Ce sont propos oisifs, chansons et fariboles:
155 Bien souvent le prochain en a sa bonne part,
Et l'on y sait médire et du tiers et du quart.
Enfin les gens sensés ont leurs têtes troublées
De la confusion de telles assemblées:
Mille caquets divers s'y font en moins de rien;
160 Et, comme l'autre jour un docteur dit fort bien,
C'est véritablement la tour de Babylone,

V. 143. *madame*, ironisch, geht auf Dorine. Baudissin:
Die junge Frau, sie ist aber eine Jungfer. *tient le dé*, ist
immer bei der Hand, um darein zu reden. *avoir le dé*,
beim Würfelspiel zuerst an der Reihe sein. *il veut
toujours tenir le dé* (sprichwörtl.), will immer das grosse
Wort führen.

V. 146. *qu'en receuillant* für *que de receuillir*, als wäre
vorausgegangen *mon fils a sagement agi*, wo *en receuillant* am
Platze gewesen wäre. *chez soi.* Mol. und Zeitgen. gebrauchen
soi und *lui promiscue;* cf. *Ec. d. f.* V. 2.
    C'est une fille à nous que sous un don de foi
    Un Valère a séduite et fait entrer chez soi.
D. G. II. 5. *Amph.* I. 1. Dagegen *lui* wo wir *soi* setzen würden. (*Mélic.*
II. 2.) *Mais, il (l'amour) traîne après lui des troubles incroyables.*

V. 154. *chansons et fariboles* (baskisch *farfulla* u. *farbulla*).
Mol. hat es öfter. *chansons* nicht lustige Lieder. wie E.
Schroder hat, sondern Geschwätz und Nichtigkeiten.

V. 156. *médire du tiers et du quart* (sprichwörtl.), von
allen Leuten übel reden.

V. 161. *La tour de Babylone*, gewöhnl.: *la tour de Babel.*
Der Pater Caussin sagt in seiner *Cour Sainte, que les hommes
ont bâti la tour de Babel, et les femmes la tour de Babil* (Geschwätz).
Vielleicht hat dem Dichter dieser Scherz vorgeschwebt.

Car chacun y babille, et tout du long de l'aune;
Et, pour conter l'histoire où ce point l'engagea ...

(Montrant Cléante.)

Voilà-t-il pas monsieur qui ricane déjà!
Allez chercher vos fous qui vous donnent à rire,   165

(à Elmire.)

Et sans ... Adieu, ma bru; je ne veux plus rien dire.
Sachez que pour céans j'en rabats de moitié,
Et qu'il fera beau temps quand j'y mettrai le pied.

(donnant un soufflet à Flipote.)

Allons, vous, vous rêvez, et bayez aux corneilles.
Jour de dieu! je saurai vous frotter les oreilles.   170
Marchons, gaupe, marchons.

V. 162. *tout du long de l'aune* (sprichwörtl.), nach Her-
zenslust. *il en a eu tout l. l. d. l'.*, auch *tout du long et du
large*, er ist gehörig durchgewalkt worden. *(Le Roux,
Dict. comique.)*

V. 163. *où ce point l'engagea*, als er, der *docteur* (der
Kanzelredner) auf dies Kapitel kam. *point*, Abschnitt in
der Predigt. *Il était éternellement divisé en trois points* (St. Simon).

V. 164. *voilà-t-il pas?* Häufige Auslassung des *ne* bei
Fragen s. u. II. 3. *L'Et.* IV. 5 *ai-je pas réussi? Ec. d. M.* II. 3.
Valère est-il pas votre nom? Ibid. II. 1. G. D. I. 2 etc. etc. Voltaire hat: *Voilà-t-il pas de vos fredaines?* Vaugelas findet *ont-ils-
pas* angemessener, als *n'ont-ils-pas?*

V. 167. *j'en rabats de moitié*, ich halte mit der Hälfte
dessen, was ich *pour céans* (hinsichtlich des Treibens
allhier) noch auf dem Herzen hatte, zurück, doch könnte
es auch bedeuten: Wisst, dass ich Euch, was die Wirth-
schaft hier anbetrifft, um die Hälfte weniger schätze.
Ich wage nicht zu entscheiden. Die Ausg. v. 1673 hat *la moitié.*

V. 168. *il fera beau temps* (sprichwörtl.), Ihr könnt
lange warten.

V. 169. *bayer aux corneilles*, Chasles: *rester béant du
latin beare, rester la bouche béante en regardant les corneilles.*
Maulaffen feil haben.

V. 171. *gaupe*, Schlampe, Vettel, altfr. *waupe. Roque-
fort Glossaire: femme indolente et paresseuse.*

Göthe (Eckermanns Gespräche mit G. I. p. 251) sagt:
„Jede Handlung muss an sich bedeutend sein und auf eine noch
wichtigere hinzielen. Der Tartüff von Mol. ist in dieser Hinsicht
ein grosses Muster. Denken Sie nur an die eiste Scene, was das
für eine Exposition ist! Alles ist sogleich von Anfang an sehr

SCÈNE II.

CLÉANTE, DORINE.

CLÉANTE.

Je n'y veux point aller,
De peur qu'elle ne vînt encor me quereller;
Que cette bonne femme …

DORINE.

Ah! certes, c'est dommage
Qu'elle ne vous ouît tenir un tel langage:
175 Elle vous dirait bien qu'elle vous trouve bon,
Et qu'elle n'est point d'âge à lui donner ce nom!

CLÉANTE.

Comme elle s'est pour rien contre nous échauffée!
Et que de son Tartuffe elle paraît coiffée!

---

bedeutend und lässt auf etwas Wichtigeres schliessen, was noch
kommen wird. Die Exposition von Minna von Barnhelm ist auch
vortrefflich, allein diese des Tartüff ist nur einmal in der Welt
da, sie ist das Grösste und Beste, was in dieser Art in der Welt
vorhanden!" —

Diese Expositionsscene ist eine der besten, die Mol., der im
Exponiren so gross war, geschaffen hat. Wir sind schon voll-
ständig mit der Lage der Dinge vertraut, wir kennen schon fast
alle Personen, die eigensinnige redselige Polterin Pernelle, den
verblendeten Orgon, die feine, kluge Elmire, den sanguinischen
Damis, die schüchterne Mariane und ihre impertinente Zofe, auch
den noch unsichtbaren Tartüff haben wir im Geiste schon gesehen
und ahnen die zu erwartenden Dinge. Die Ouverture hat zu Allem
präludirt. Das Alles ist durch das einfache Mittel erreicht worden,
dass die alte Pernelle während der Abwesenheit ihres Sohnes in
sein Haus kommt, sich darin umsieht und durch ihr Schelten Alles
zu lebhafter Anschauung bringt.

V. 173 *bonne femme*, hier alte Frau, auch *bon homme*,
noch gebräuchlich, besonders in der Bretagne und Normandie.
le bon homme vit encore.

V. 175. *trouve bon*, ironisch für sonderbar.

V. 178.. *coiffé*, leidenschaftlich eingenommen für.
Ec. d. f. III. 5. *Faut-il de ses appas si fort être coiffé?* unten
V. 184 *entêté* im selben Sinn.

DORINE.

Oh! vraiment, tout cela n'est rien au prix du fils:
Et, si vous l'aviez vu, vous diriez: c'est bien pis! ·   180
Nos troubles l'avaient mis sur le pied d'homme sage,
Et, pour servir son prince, il montra du courage:
Mais il est devenu comme un homme hébété,
Depuis que de Tartuffe on le voit entêté;
Il l'appelle son frère, et l'aime, dans son âme   185
Cent fois plus qu'il ne fait mère, fils, fille, et femme.
C'est de tous ses secrets l'unique confident,
Et de ses actions le directeur prudent;
Il le choie, il l'embrasse; et pour une maîtresse
On ne saurait, je pense, avoir plus de tendresse.   190
A table, au plus haut bout il veut qu'il soit assis;
Avec joie il l'y voit manger autant que six;
Les bons morceaux de tout, il fait qu'on les lui cède;
Et, s'il vient à roter, il lui dit: Dieu vous aide!
Enfin il en est fou; c'est son tout, son héros;   195
Il l'admire à tous coups, le cite à tous propos;
Ses moindres actions lui semblent des miracles,
Et tous les mots qu'il dit sont pour lui des oracles.
Lui, qui connaît sa dupe, et qui veut en jouir,
Par cent dehors fardés a l'art de l'éblouir;   200
Son cagotisme en tire à toute heure des sommes,
Et prend droit de gloser sur tous tant que nous sommes.

V. 181. *se mettre sur le pied d'un homme sage*, sich
den Ruf eines verständigen Mannes verschaffen; *nos
troubles* geht auf die Fronde-Unruhen. Dorine sagt hier der Zuschauer wegen dem Cléant das, was er natürlich längst weiss. Die
Lösung des Knotens wird durch diese Andeutungen vorbereitet.
    V. 186. *qu'il ne fait* statt der Wiederholung von *aime*.
    V. 193. Var. *il faut qu'on les lui cède* (Ausg. 1673 u. 1682).
    V. 193 u. 194. Diese derbe Stelle wird meistens bei der Vor-
stellung unterdrückt, sie erinnert an Juvenals:
        Laudare paratus,
   Si bene ructavit, si rectum minxit amicus.
In der Originalausgabe und der von 1682 steht dabei die Note:
C'est une servante qui parle.

Il n'est pas jusqu'au fat qui lui sert de garçon
Qui ne se mêle aussi de nous faire leçon;
205 Il vient nous sermonner avec des yeux farouches,
Et jeter nos rubans, notre rouge et nos mouches.
Le traître, l'autre jour, nous rompit de ses mains
Un mouchoir qu'il trouva dans une Fleur des Saints,
Disant que nous mêlions, par un crime effroyable,
210 Avec la sainteté les parures du diable.

SCÈNE III.

ELMIRE, MARIANE, DAMIS, CLÉANTE, DORINE.

ELMIRE, à Cléante.

Vous êtes bien heureux de n'être point venu
Au discours qu'à la porte elle nous a tenu.
Mais j'ai vu mon mari; comme il ne m'a point vue,
Je veux aller là-haut attendre sa venue.

CLÉANTE.

215 Moi, je l'attends ici pour moins d'amusement;
Et je vais lui donner le bon jour seulement.

V. 203. Dieser *fat* mit dem Heiligennamen, ein würdiger
Diener seines Herrn, erscheint gar nicht im Stück, vielleicht eine
tiefe Absicht des Dichters; die einsame Schlechtigkeit des Helden,
der sich in keinem Monolog verräth, erscheint dadurch um so un-
heimlicher.

V. 206. *La Fleur des Saints*, eigentlich *Les Fleurs de
la vie des Saints*, ein ascetisches Buch vom spanischen Jesuiten
Ribadeneira in zwei Folianten, das ins Franz. übersetzt war.

V. 207. *mouchoir* hier *mouch. de cou*, Busentuch = *fichu*,
Laf. hat:

Auprès de lui la fait asseoir,
Prend une main, un bras, lève un coin du mouchoir,

ganz Tartüffs Methode. Em. Schröder: Schnupftuch, sehr un-
schuldig. Das vorhergehende *jeter* ist wörtlich zu nehmen, nicht
im Sinne von zum Vorwurf machen; das folgende *rompre*
deutet gleichfalls die Leidenschaft an.

V. 211. Elmire hatte am Schluss der ersten Scene Mad. Pernelle hinausbegleitet und kommt jetzt zurück.

V. 215. *pour moins d'amusement*, um weniger Zeit zu

SCÈNE IV.

CLÉANTE, DAMIS, DORINE.

DAMIS.

De l'hymen de ma sœur touchez-lui quelque chose.
J'ai soupçon que Tartuffe à son effet s'oppose,
Qu'il oblige mon père à des détours si grands;
Et vous n'ignorez pas quel intérêt j'y prends.   220
Si même ardeur enflamme et ma sœur et Valère,
La sœur de cet ami, vous le savez, m'est chère;
Et s'il fallait ...

DORINE.

Il entre.

SCÈNE V.

ORGON, CLÉANTE, DORINE.

ORGON.

Ah! mon frère, bon jour.

CLÉANTE.

Je sortais, et j'ai joie à vous voir de retour.
La campagne à présent n'est pas beaucoup fleurie.   225

---

verlieren, oft bei Mol. cf. u. V. 6 *Le moindre amusement peut
vous être fatal. Mis.* IV, 4. Ibid. V. 2. Baudissin: ohne viel
Behagen. Duller: Viel Freud' versprech' ich mir von
dem Gespräche nicht.

    Meine Uebersetz. (Tart., Denike's Verl., Berl. 1872):
      Ich habe Eil' und viel noch zu besorgen,
      Drum wünsch' ich hier ihm einen guten Morgen.

    V. 218. *à son effet = exécution* die Ausfuhrung der
Heirath; cf. Corn.: *Pour avancer l'effet de ce discours fatal.* Rac.:
Sans reculer plus loin l'effet de mes paroles.

    V. 221. *même* oft ohne Art.

    V. 223. Hier werden wir zuerst mit Valère und seinem Ver-
hältniss zu Marianne bekannt gemacht.

    V. 224. *J'ai joie à vous voir = de la joie à v. v.*; ent-
sprechende Wendungen häufig bei Mol. und Zeitgen. *J'aurais
joie à courir le lui dire;* so auch *j'ai peine.*

Le Tartuffe.

ORGON.

(à Cléante.)

Dorine ... Mon beau-frère, attendez, je vous prie.
Vous voulez bien souffrir, pour m'ôter de souci,
Que je m'informe un peu des nouvelles d'ici.

(à Dorine.)

Tout s'est-il, ces deux jours, passé de bonne sorte?
230 Qu'est-ce qu'on fait céans? comme est-ce qu'on s'y porte?

DORINE.

Madame eut avant-hier la fièvre jusqu'au soir,
Avec un mal de tête étrange à concevoir.

ORGON.

Et Tartuffe?

DORINE.

Tartuffe? il se porte à merveille,
Gros et gras, le teint frais, et la bouche vermeille.

ORGON.

235 Le pauvre homme!

DORINE.

Le soir, elle eut un grand dégoût,

_____

V. 227. *ôter de souci*, von der Sorge befreien. *Mis.*
II. 1. auch *de peine, d'inquiétude* etc.
V. 229. *de bonne sorte = manière*, gewöhnl. *de la b. s.*
V. 230. *comme est-ce qu'on s'y porte = comment*. Mol.
u. Zeitgen. gebrauchen es *promiscue*, *Mis.* I. 1, *Av.* I. 9, Ibid. III. 5,
Pourc. II. etc. Vaugelas verlangt nach *demander comment*. *Obs.*
II. p. 65. (Mätzner p. 496.)
V. 235. *le pauvre homme!* der gute, liebe Mann!
pauvre bekanntlich oft ein Zärtlichkeitsausdruck: *mes pauvres
enfants*. Nach Bret beruht dies auf folgendem Ereigniss: Während
des Feldzugs von 1662 setzte sich Ludwig XIV. zu Tisch und
forderte den Cardinal von Rhodez auf, ein Gleiches zu thun. Der
geistliche Herr entschuldigt sich mit dem Bemerken, es sei heute
ein Fasttag. Ein Hofmann erzählte darauf dem Könige, wie er
den frommen Herrn so eben hätte gehörig speisen gesehen, wobei
der König wiederholt ausrief: *le pauvre homme!* Es soll demselben
schmeichelhaft gewesen sein, durch den Dichter an sein Scherz-
wort erinnert worden zu sein. C. Frenzel (Dichter und Frauen,
II. Samml., p. 266) bezieht die Sache auf eine Anecdote ähnlichen
Inhalts, die mit dem Könige Nichts zu schaffen hat. *grand
dégout*, grosse Appetitlosigkeit.

Et ne put, au souper, toucher à rien du tout,
Tant sa douleur de tête était encor cruelle.

ORGON.

Et Tartuffe?

DORINE.

Il soupa, lui tout seul, devant elle;
Et fort dévotement il mangea deux perdrix,
Avec une moitié de gigot en hachis. 240

ORGON.

Le pauvre homme!

DORINE.

La nuit se passa tout entière
Sans qu'elle pût fermer un moment la paupière;
Des chaleurs l'empêchaient de pouvoir sommeiller,
Et jusqu'au jour, près d'elle, il nous fallut veiller.

ORGON.

Et Tartuffe?

DORINE.

Pressé d'un sommeil agréable, 245
Il passa dans sa chambre au sortir de la table;
Et dans son lit bien chaud il se mit tout soudain,
Où, sans trouble, il dormit jusques au lendemain.

ORGON.

Le pauvre homme!

DORINE.

A la fin, par nos raisons gagnée,
Elle se résolut à souffrir la saignée, 250
Et le soulagement suivit aussitôt.

ORGON.

Et Tartuffe?

V. 237. *encor cruelle*, sehr schlimm; *encore* oft bloss
verstärkend.

V. 240. *en hachis*, eine als *hachis* zubereitete Schöpsen-
keule.

V. 243. *chaleurs* im Plural Fieberhitze.

DORINE.

Il reprit courage comme il faut;
Et contre tous les maux fortifiant son âme,
Pour réparer le sang qu'avait perdu madame,
255 But, à son déjeuner, quatre grands coups de vin.

ORGON.

Le pauvre homme!

DORINE.

Tous deux se portent bien enfin;
Et je vais à madame annoncer, par avance,
La part que vous prenez à sa convalescence.

SCÈNE VI.

ORGON, CLÉANTE.

CLÉANTE.

A votre nez, mon frère, elle se rit de vous:
260 Et, sans avoir dessein de vous mettre en courroux,
Je vous dirai tout franc que c'est avec justice.
A-t-on jamais parlé d'un semblable caprice?
Et se peut-il qu'un homme ait un charme aujourd'hui
A vous faire oublier toutes choses pour lui;
265 Qu'après avoir chez vous réparé sa misère,
Vous en veniez au point? ...

ORGON.

Halte-là, mon beau-frère;
Vous ne connaissez pas celui dont vous parlez.

V. 256. *tous deux* ohne *les* alle beide zusammen. Dorine hat Orgons Verbohrtheit schon früher geschildert, hier wird
sie drastisch in Scene gesetzt; er vergisst über Tartüff seine lei-
dende Frau.

V. 258. Diese drastische Wechselrede wird gewöhnlich lebhaft applaudirt. Orgon muss die Wiederholung von Tartüff?
und: der gute Mann! modificiren und steigern.

V. 259. Sie spottet deiner dir ins Gesicht. *rire au
nez de qlq.; faire qlqch. a. n. d. qlq.* sprichwörtlich.

CLÉANTE.

Je ne le connais pas, puisque vous le voulez;
Mais enfin, pour savoir quel homme ce peut être ...

ORGON.

Mon frère, vous seriez charmé de le connaître.   270
Et vos ravissements ne prendraient point de fin.
C'est un homme ... qui ... ah! ... un homme ... un
                                 homme, enfin.
Qui suit bien ses leçons goûte une paix profonde,
Et comme du fumier regarde tout le monde.
Oui, je deviens tout autre avec son entretien;   275
Il m'enseigne à n'avoir affection pour rien,
De toutes amitiés il détache mon âme;
Et je verrais mourir frère, enfants, mère, et femme,
Que je m'en soucierais autant que de cela.

CLÉANTE.

Les sentiments humains, mon frère, que voilà!   280

ORGON.

Ah! si vous aviez vu comme j'en fis rencontre,
Vous auriez pris pour lui l'amitié que je montre.

V. 272. Die dreimalige emphatische Wiederholung des
homme — — —, die auf nichts hinausläuft, zeigt Orgons komischen Enthusiasmus, der sich selbst nicht versteht; so fasst es
auch die *Lettre sur l'Imposteur.* Graf Baudissin bezieht irr-
thümlich das folgende *qui* auf *homme* als Relativ: Der was er
lehrt befolgt. Es heisst: Derjenige, der seinen Lehren
folgt, empfindet tiefen Frieden.
    V. 274. *comme du fumier,* wie einen Pfuhl. Herr
Grunert verwechselt *fumier* mit *fumée,* Rauch. Duller hat so
geschmacklos wie treu: Mist. *tout le monde,* Alles Irdische;
le monde in kirchlicher Sprache, häufig so bei Massillon, Fléchier
u. a. *l'esprit, le train, la contagion, les vanités.* etc. *du monde.*
    V. 279. *autant que de cela,* mit einer Fingerbewegung:
nicht so viel!
    V. 282. *que je montre* ist wohl keine *cheville,* die ich
kundgebe. Die Wahrheit dieses naiven Geständnisses wird sich
bald zeigen. Tartüff wusste wohl, dass er den Orgon von seiner
Familie loslösen musste, um ihn ganz in seine Gewalt zu bekommen. *de toutes amitiés* ohne Artikel: von jeglicher
Freundschaftsbeziehung.

Chaque jour à l'église il venait, d'un air doux,
Tout vis-à-vis de moi se mettre à deux genoux.
285 Il attirait les yeux de l'assemblée entière
Par l'ardeur dont au ciel il poussait sa prière;
Il faisait des soupirs, de grands élancements,
Et baisait humblement la terre à tous moments:
Et, lorsque je sortais, il me devançait vite
290 Pour m'aller, à la porte, offrir de l'eau bénite.
Instruit par son garçon, qui dans tout l'imitait,
Et de son indigence, et de ce qu'il était,
Je lui faisais des dons; mais, avec modestie,
Il me voulait toujours en rendre une partie.
295 *C'est trop*, me disait-il, *c'est trop de la moitié;*
Je ne mérite pas de vous faire pitié.
Et quand je refusais de le vouloir reprendre,
Aux pauvres, à mes yeux, il allait le répandre,
Enfin le ciel chez moi me le fit retirer,
300 Et depuis ce temps-là tout semble y prospérer.
Je vois qu'il reprend tout, et qu'à ma femme même
Il prend, pour mon honneur, un intérêt extrême;
Il m'avertit des gens qui lui font les yeux doux,
Et plus que moi six fois il s'en montre jaloux.
305 Mais vous ne croiriez point jusqu'où monte son zèle;
Il s'impute à péché la moindre bagatelle;
Un rien presque suffit pour le scandaliser;
Jusques-là qu'il se vint, l'autre jour, accuser
D'avoir pris une puce en faisant sa prière,
310 Et de l'avoir tuée avec trop de colère.

V. 287. *grands élancements*, Aufschwung zu Gott, kirchl. Sprache: *les élancements de l'âme vers Dieu.*

V. 304. Die unbewusste Komik erreicht hier bei Orgons naivem Geständniss, Tartüff sei eifersüchtiger auf Elmire als er selber, den höchsten Grad. Ein guter Schauspieler kann viel daraus machen.

V. 309. Die Flohgeschichte findet sich in der *Légende dorée de Jacques de Voragine*, die vom heiligen Macarius sagt: *Comme Macaire tua une puce qui le piquoit, il en sortit beaucoup de sang. Et l'abbé se repentit d'avoir vengé sa propre injure, et il demeura six mois tout nu au désert.*

CLÉANTE.

Parbleu! vous êtes fou, mon frère, que je croi.
Avec de tels discours vous moquez-vous de moi?
Et que prétendez-vous que tout ce badinage ...

ORGON.

Mon frère, ce discours sent le libertinage:
Vous en êtes un peu dans votre âme entiché;   315
Et, comme je vous l'ai plus de dix fois prêché,
Vous vous attirerez quelque méchante affaire.

CLÉANTE.

Voilà de vos pareils le discours ordinaire:
Ils veulent que chacun soit aveugle comme eux.
C'est être libertin que d'avoir de bons yeux;   320
Et qui n'adore pas de vaines simagrées,
N'a ni respect ni foi pour les choses sacrées.
Allez, tous vos discours ne me font point de peur;
Je sais comme je parle, et le ciel voit mon cœur.
De tous vos façonniers on n'est point les esclaves.   325
Il est de faux dévots ainsi que de faux braves:
Et, comme on ne voit pas qu'où l'honneur les conduit
Les vrais braves soient ceux qui font beaucoup de bruit,
Les bons et vrais dévots, qu'on doit suivre à la trace,
Ne sont pas ceux aussi qui font tant de grimace.   330
Hé quoi! vous ne ferez nulle distinction
Entre l'hypocrisie et la dévotion?
Vous les voulez traiter d'un semblable langage,
Et rendre même honneur au masque qu'au visage;

V. 314. *libertinage*, damals oft für Freigeisterei, ebenso
libertin.

V. 325. *de tous vos façonniers*, Faxenmacher. *on n'est
point les esclaves*, wohl des Reimes auf *braves* wegen; *dupes*
wäre angemessener.

V. 330. *ne sont pas ceux aussi;* für *non plus* häufig. *Éc.
d. f.* I. 1. *Je n'irai pas aussi* G. D. II. 10. Pasc. 12 *Prov.*: *elles
ne servent pas aussi davantage pour justifier Vasquez.*

V. 333. *traiter d'un semblable langage* für *de la même
manière.* In dieser ganzen Passage ist viel Pleonastisches und
Tautologisches; bei der Darstellung pflegt Manches gestrichen zu
werden.

335 Égaler l'artifice à la sincérité,
Confondre l'apparence avec la vérité,
Estimer le fantôme autant que la personne,
Et la fausse monnaie à l'égal de la bonne?
Les hommes la plupart sont étrangement faits;
340 Dans la juste nature on ne les voit jamais:
La raison a pour eux des bornes trop petites,
En chaque caractère ils passent ses limites;
Et la plus noble chose, ils la gâtent souvent
Pour la vouloir outrer et pousser trop avant.
345 Que cela vous soit dit en passant, mon beau-frère.

ORGON.

Oui, vous êtes sans doute un docteur qu'on révère;
Tout le savoir du monde est chez vous retiré;
Vous êtes le seul sage et le seul éclairé,
Un oracle, un Caton dans le siècle où nous sommes;
350 Et près de vous ce sont des sots que tous les hommes.

CLÉANTE.

Je ne suis point, mon frère, un docteur révéré!
Et le savoir chez moi n'est pas tout retiré.
Mais, en un mot, je sais, pour toute ma science,
Du faux avec le vrai faire la différence.
355 Et comme je ne vois nul genre de héros
Qui soient plus à priser que les parfaits dévots,
Aucune chose au monde et plus noble et plus belle
Que la sainte ferveur d'un véritable zèle;
Aussi ne vois-je rien qui soit plus odieux
360 Que le dehors plâtré d'un zèle spécieux.

V. 344. *pour la vouloir* = *parce qu'ils la veulent,*
häufig, nicht bloss bei der Vergangenheit; cf. *Fem. sav.* V. 5.
Fourb. d. Sc. III. 1. *Psyché* I. 1 etc. etc.
V. 346. Mad. Pernelle hat in ironischer Weise schon Aehnliches gesagt A. I. Sc. 1.
V. 353. *pour toute ma science,* und darin besteht
meine ganze Weisheit.
V. 360. *zèle* oft für Frömmigkeit, Inbrunst; die über-
tünchte Miene einer erheuchelten Frömmigkeit.

Que ces francs charlatans, que ces dévots de place,
De qui la sacrilége et trompeuse grimace
Abuse impunément, et se joue, à leur gré,
De ce qu'ont les mortels de plus saint et sacré;
Ces gens qui, par une âme à l'intérêt soumise,   365
Font de dévotion métier et marchandise,
Et veulent acheter crédit et dignités
A prix de faux clins d'yeux et d'élans affectés;
Ces gens, dis-je, qu'on voit d'une ardeur non commune
Par le chemin du ciel courir à leur fortune;   370
Qui, brûlants et priants, demandent chaque jour,
Et prêchent la retraite au milieu de la cour;
Qui savent ajuster leur zèle avec leurs vices,
Sont prompts, vindicatifs, sans foi, pleins d'artifices,
Et, pour perdre quelqu'un, couvrent insolemment   375
De l'intérêt du ciel leur fier ressentiment;
D'autant plus dangereux dans leur âpre colère,
Qu'ils prennent contre nous des armes qu'on révère,

V. 361. *dévots de place.* Im Mittelalter und noch später stellten sich die Bedienten an den öffentlichen Plätzen auf, um sich zum Dienst anzubieten: die frommen Charlatans an den Strassenecken.

V. 364. *de plus saint et sacré*, *de plus* nicht wiederholt, weil beide Wörter Einen Begriff bilden.

V. 367 u. 368.
Mit Seufzern und mit frommem Augenspiel
Sehn sie in Würd' und Rang ihr höchstes Ziel.
(Laun.)

V. 371. *brûlants et priants*, mit Inbrunst betend; im siebzehnten Jahrhundert war der Unterschied zwischen Adject. und Part. prés. noch nicht so markirt wie jetzt. *Cette maladie procédante du vice des hypocondres. Pourc.* I. 2. *Une jeune fille toute fondante en larmes, Sg.* 2. *Ec. d. m.* I. 2. Ibid. I. 6, auch Boileau hat es in seinen Satiren, ebenso Racine: *vaincus cent fois et cent fois suppliants*, selbst Volt. hat *à côté marchants. (Ép. qu roi d. Chine)*:

V. 371 u. 372.   *Demandent chaque jour,*
     Et prêchent la retraite au milieu de la cour.
Die täglich für sich *la retraite* (das fromme Sichzurückziehen) verlangen und Andere dazu ermahnen, das scheint mir die einzig mögliche Erklärung, bei der freilich vor *chaque* ein Komma stehen müsste. Baudissin hat suppliciren, was mir nicht zu passen scheint. E. Schröder: Die jeden Tag mit Schrei'n und Beten füllen.

Et que leur passion, dont on leur sait bon gré,
380 Veut nous assassiner avec un fer sacré:
De ce faux caractère on en voit trop paraître.
Mais les dévots de cœur sont aisés à connaître.
Notre siècle, mon frère, en expose à nos yeux
Qui peuvent nous servir d'exemples glorieux.
385 Regardez Ariston, regardez Périandre,
Oronte, Alcidamas, Polydore, Clitandre;
Ce titre par aucun ne leur est débattu,
Ce ne sont point du tout fanfarons de vertu;
On ne voit point en eux ce faste insupportable,
390 Et leur dévotion est humaine, est traitable:
Ils ne censurent point toutes nos actions,
Ils trouvent trop d'orgueil dans ces corrections;
Et, laissant la fierté des paroles aux autres,
C'est par leurs actions qu'ils reprennent les nôtres.
395 L'apparence du mal a chez eux peu d'appui,
Et leur âme est portée à juger bien d'autrui.
Point de cabale en eux, point d'intrigues à suivre;
On les voit, pour tous soins, se mêler de bien vivre.
Jamais contre un pécheur ils n'ont d'acharnement,
400 Ils attachent leur haine au péché seulement.
Et ne veulent point prendre, avec un zèle extrême,
Les intérêts du ciel plus qu'il ne veut lui-même.

V. 384. *servir d'exemples glorieux;* die stehende Redensart *serv. d'ex.* scheint kein Adj. zu gestatten. Rac. hat: *On va donner en exemple funeste* etc.

V. 385. Diese Aufzählung hatte nach der *Lettre sur l'Impost.* den Zweck: *d'aller au-devant des jugements malicieux ou libertins qui voudraient induire de l'aventure qui fait le sujet de cette pièce, qu'il n'y a point ou fort peu de véritables gens de bien, en témoignant par ce démembrement que le nombre est grand en soi, voire très grand si on le compare à celui des fieffés bigots qui ne réussiraient si bien dans le monde, s'ils étaient en si grande quantité.*

V. 387. *débattre un titre* für *contester, refuser.*

V. 390. Var. spät. Ausg. *est humaine et traitable.*

V. 397. *point de cabale en eux* für *entre eux* oder *esprit de cab. en eux.*

V. 398. *pour tous soins,* und das ist ihre einzige Sorge.

Voilà mes gens, voilà comme il en faut user,
Voilà l'exemple enfin qu'il se faut proposer.
Votre homme, à dire vrai, n'est pas de ce modèle: 405
C'est de fort bonne foi que vous vantez son zèle;
Mais par un faux éclat je vous crois ébloui.

ORGON.

Monsieur mon cher beau-frère, avez-vous tout dit?

CLÉANTE.

Oui.

ORGON, s'en allant.

Je suis votre valet.

CLÉANTE.

De grâce, un mot, mon frère.
Laissons là ce discours. Vous savez que Valère,   410
Pour être votre gendre, a parole de vous.

ORGON.

Oui.

CLÉANTE.

Vous aviez pris jour pour un lien si doux.

ORGON.

Il est vrai.

CLÉANTE.

Pourquoi donc en différer la fête?

V. 407. Der Freigeist St. Èvremond sagt in Bezug auf diese
Rede Cléants: *Je viens de lire le Tartuffe, c'est le chef-d'œuvre de
Molière. Je ne sais pas comment on a pu en empêcher si longtemps
la représentation. Si je me sauve, je lui devrai mon salut. La dévotion est si raisonnable dans la bouche de Cléante qu'elle me fait
renoncer à toute ma philosophie, et les faux dévots sont si bien dé-
peints, que la honte de leur peinture les fera renoncer à l'hypocrisie.*
Ueber das in dieser Rede enthaltene Lob der wahren Frömmigkeit sagt die *Lettre sur l'Imposteur: Le venin, s'il y en a à
tourner la bigoterie en ridicule, est presque précédé par le contre-
poison.*
    V. 409. *Je suis votre valet*, Ihr Diener, ironisch wie
im Deutschen; cf. *Mis.* I. 2.
    V. 411. *a parole de vous* wohl nur aus Reimbedürfniss
für *a votre parole.*

ORGON.

Je ne sais.

CLÉANTE.

Auriez-vous autre pensée en tête?

ORGON.

Peut-être.

CLÉANTE.

415   Vous voulez manquer à votre foi?

ORGON.

Je ne dis pas cela.

CLÉANTE.

Nul obstacle, je crois,
Ne vous peut empêcher d'accomplir vos promesses.

ORGON.

Selon.

CLÉANTE.

Pour dire un mot faut-il tant de finesses?
Valère, sur ce point, me fait vous visiter.

ORGON.

Le ciel en soit loué!

CLÉANTE.

420   Mais que lui reporter?

ORGON.

Tout ce qu'il vous plaira.

CLÉANTE.

Mais il est nécessaire
De savoir vos desseins. Quels sont-ils donc?

ORGON.

De faire
Ce que le ciel voudra.

V. 418. *Selon* für das gewöhnlichere *c'est selon*, je
nachdem.

V. 422 u. 423. Was der Himmel will, geschehe! Orgon
hat schon viel vom Tart. gelernt, er zieht sich gleich diesem
(IV. 2) mit einer frommen Redensart aus der Schlinge.

CLÉANTE.

Mais parlons ·tout de bon.
Valère a votre foi; la tiendrez-vous, ou non?

ORGON.

Adieu.

CLÉANTE, seul.

Pour son amour je crains une disgrâce,   425
Et je dois l'avertir de tout ce qui se passe.

V. 424. Das von Bret getadelte *tenir sa foi* lässt sich, da *tenir* und *garder* gleichbedeutend sind, mit *garder sa foi* vertheidigen.

La Harpe sagt über diesen ersten Act: *L'exposition vaut seule une pièce entière. L'ouverture de la scène vous transporte sur-le-champ dans l'intérieur d'un ménage où la mauvaise humeur et le babil grondeur d'une vieille femme, la contrariété des avis et la marche du dialogue font ressortir naturellement tous les personnages que le spectateur doit connaître sans que le poëte ait l'air de les lui montrer. Le sot entêtement d'Orgon pour Tartuffe, les simagrées de dévotion et de zèle du faux dévot, le caractère tranquille et réservé d'Elmire, la fougue impétueuse de son fils Damis, la saine philosophie de son frère Cléante, la gaieté caustique de Dorine et la liberté familière que lui donne une longue habitude de dire son avis sur tout, la douceur timide de Mariane, tout ce que la suite de la pièce doit développer, tout, jusqu'à l'amour de Tartuffe pour Elmire est annoncé dans cette scène, qui est à la fois une exposition, un tableau et une situation.*

ACTE SECOND.

SCÈNE I.

ORGON, MARIANE.

ORGON.

Mariane.

MARIANE.

    Mon père?

ORGON.

        Approchez, j'ai de quoi
Vous parler en secret.

MARIANE, à Orgon qui regarde dans un cabinet.

    Que cherchez-vous?

ORGON.

               Je voi
Si quelqu'un n'est point là qui pourrait nous entendre,
Car ce petit endroit est propre pour surprendre.
5 Or sus, nous voilà, bien. J'ai, Mariane, en vous
Reconnu de tout temps un esprit assez doux,
Et de tout temps aussi vous m'avez été chère.

MARIANE.

Je suis fort redevable à cet amour de père.

ORGON.

C'est fort bien dit, ma fille; et, pour le mériter,
10 Vous devez n'avoir soin que de me contenter.

MARIANE.

C'est où je mets aussi ma gloire la plus haute.

V. 1. *j'ai de quoi* veraltet, jetzt *j'ai besoin.*
V. 2. Dasselbe Cabinet, in welchem Damis später den Tartüff
belauscht und welches dieser im vierten Act verschliesst.
V. 5. *or sus!* wohlan! häufig bei Mol., populär für *ainsi
donc.*

ORGON.

Fort bien. Que dites-vous de Tartuffe notre hôte?

MARIANE.

Qui? moi?

ORGON.

Vous. Voyez bien comme vous répondrez.

MARIANE.

Hélas! j'en dirai, moi, tout ce que vous voudrez.

SCÈNE II.

ORGON, MARIANE, DORINE, entrant doucement, et se
tenant derrière Orgon, sans être vue.

ORGON.

C'est parler sagement ... Dites-moi donc, ma fille, 15
Qu'en toute sa personne un haut mérite brille,
Qu'il touche votre cœur, et qu'il vous serait doux
De le voir, par mon choix, devenir votre époux.

MARIANE.

Hé?

ORGON.

Qu'est-ce?

MARIANE.

Plaît-il?

ORGON.

Quoi?

MARIANE.

Me suis-je méprise?

ORGON.

Comment?

MARIANE.

Qui voulez-vous, mon père, que je dise 20

_____

V. 20—22. Die Construction ist sehr unklar, besonders das
zweite *qui*. Von wem soll ich denn sagen, dass er mein

Qui me touche le cœur, et qu'il me serait doux
De voir, par votre choix, devenir mon époux?

ORGON.

Tartuffe.

MARIANE.

Il n'en est rien, mon père, je vous jure,
Pourquoi me faire dire une telle imposture?

ORGON.

25 Mais je veux que cela soit une vérité;
Et c'est assez pour vous que je l'aie arrêté.

MARIANE.

Quoi! vous voulez, mon père? ...

ORGON.

Oui, je prétends, ma fille,
Unir, par votre hymen, Tartuffe à ma famille.
Il sera votre époux; j'ai résolu cela;
30 Et comme sur vos vœux je ... (apercevant Dorine.) Que faites-
vous là?
La curiosité qui vous presse est bien forte,
Mamie, à nous venir écouter de la sorte.

DORINE.

Vraiment, je ne sais pas si c'est un bruit qui part
De quelque conjecture, ou d'un coup de hasard;
35 Mais de ce mariage on m'a dit la nouvelle,
Et j'ai traité cela de pure bagatelle.

ORGON.

Quoi donc! la chose est-elle incroyable?

Herz rührt und dass ich ihn gern zum Gatten nehme?
Häufige Beispiele solcher Satzbildung bei Mol.
     V. 24. *dire une imposture* für *mensonge*, ungebräuchlich.
     V. 32. *à nous venir écouter* = *au point de*, der-
massen, dass Du zuhorchst.
     V. 34. *qui part d'un coup de hasard*, gezwungen: ein
zufällig entstandenes Gerücht.

DORINE.

A tel point
Que vous-même, monsieur, je ne vous en crois point.

ORGON.

Je sais bien le moyen.de vous le faire croire.

DORINE.

Oui! oui! vous nous contez une plaisante histoire!   40

ORGON.

Je conte justement ce qu'on verra dans peu.

DORINE.

Chansons!

ORGON.

Ce que je dis, ma fille, n'est point jeu.

DORINE.

Allez, ne croyez point à monsieur votre père;
Il raille.

ORGON.

Je vous dis ...

DORINE.

Non, vous avez beau faire,
On ne vous croira point.   45

ORGON.   •

A la fin mon courroux ...

DORINE.

Hé bien! on vous croit donc; et c'est tant pis pour vous.
Quoi! se peut-il, monsieur, qu'avec l'air d'homme sage,
Et cette 'large barbe au milieu du visage,
Vous soyez assez fou pour vouloir? ...

V. 38. *en croire*, den Worten Jemandes glauben, häufig
bei Mol., auch bei Pasc.
V. 43. *ne croyez point à monsieur votre père* müsste
jetzt heissen *mons. v. p.* Mol. gebraucht es *promiscue: A qui
croire des deux? Am. méd.* II. 5 und *Oh! oh! qui des deux croire?*
Ét. I. 4.
Le Tartuffe.

ORGON.

Écoutez:
50 Vous avez pris céans certaines privautés
Qui ne me plaisent point; je vous le dis, mamie.

DORINE.

Parlons sans nous fâcher, monsieur, je vous supplie.
Vous moquez-vous des gens d'avoir fait ce complot?
Votre fille n'est point l'affaire d'un bigot:
55 Il a d'autres emplois auxquels il faut qu'il pense.
Et puis, que vous apporte une telle alliance?
A quel sujet aller, avec tout votre bien,
Choisir un gendre gueux? . . .

ORGON.

Taisez-vous. S'il n'a rien,
Sachez, que c'est par là qu'il faut qu'on le révère.
60 Sa misère est sans doute une honnête misère;
Au-dessus des grandeurs elle doit l'élever,
Puisqu'enfin de son bien il s'est laissé priver
Par son trop peu de soin des choses temporelles,
Et sa puissante attache aux choses éternelles.
65 Mais mon secours pourra lui donner les moyens
De sortir d'embarras, et rentrer dans ses biens:

V. 50. *certaines privautés = familiarités*, Freiheiten,
oft von Seiten der Männer bei Frauen: *garde-toi de troubler leurs
douces privautés.* Mol.
V. 53. Nehmen Sie denn gar keine Rücksicht auf
das Gerede der Leute, wenn Sie ein solches Complot
machen? Em. Schröder: Sie machen über das Complot
sich lustig; Duller: Sie moquiren sich über das Complot,
beides sinnlos.
V. 59. *que c'est par là qu'il faut* etc. = *à cause de
cela.*
V. 64. *attache à*, Hingebung an, gern in religiöser
Sprache, besonders bei Pasc. und Bossuet:
*Se peut-il que nous ayons tant d'attache à cette vie et à ses
plaisirs?*
V. 66. Die Nichtwiederholung der Präposition selbst bei
einer längeren Reihe von Inf. war bei den damaligen Schriftstellern gewöhnlich.

Ce sont fiefs qu'à bon titre au pays on renomme;
Et, tel que l'on le voit, il est bien gentilhomme.

DORINE.

Oui, c'est lui qui le dit; et cette vanité,
Monsieur, ne sied pas bien avec la piété.   70
Qui d'une sainte vie embrasse l'innocence
Ne doit point tant prôner son nom et sa naissance:
Et l'humble procédé de la dévotion
Souffre mal les éclats de cette ambition.
A quoi bon cet orgueil? ... Mais ce discours vous blesse: 75
Parlons de sa personne, et laissons la noblesse.
Ferez-vous possesseur, sans quelque peu d'ennui,
D'une fille comme elle un homme comme lui?
Et ne devez-vous pas songer aux bienséances,
Et de cette union prévoir les conséquences?   80
Sachez que d'une fille on risque la vertu,
Lorsque dans son hymen son goût est combattu;
Que le dessein d'y vivre en honnête personne
Dépend des qualités du mari qu'on lui donne;
Et que ceux dont partout on montre au doigt le front   85
Font leurs femmes souvent ce qu'on voit qu'elles sont.
Il est bien difficile enfin d'être fidèle
A de certains maris faits d'un certain modèle;
Et qui donne à sa fille un homme qu'elle hait
Est responsable au ciel des fautes qu'elle fait.   90
Songez à quels périls votre dessein vous livre.

ORGON.

Je vous dis qu'il me faut apprendre d'elle à vivre!

V. 67. Es sind Lehnsgüter, die bei ihm zu Lande
für sehr werthvoll gelten. Duller verwechselt *renomme* und
renouvelle und übersetzt: die vom Lande erneuert werden.
Orgon ist weltlicher gesinnt, als er selbst weiss. Dass Tartüff ein
begüterter Edelmann ist, imponirt ihm.
V. 77. *quelque peu = un peu. Av.* II. 3: *J'en avais fait
quelque peu d'ouverture. ennui,* Unruhe, Sorge.
V. 88. Hier darf Dorine keinen spöttischen Blick auf Orgon
werfen. Elmirens Treue darf nicht verdächtigt und die Stellung
der Zofe nicht misskannt werden.

DORINE.

Vous n'en feriez que mieux de suivre mes leçons.

ORGON.

Ne nous amusons point, ma fille, à ces chansons;
95 Je sais ce qu'il vous faut, et je suis votre père.
J'avais donné pour vous ma parole à Valère;
Mais outre qu'à jouer on dit qu'il est enclin,
Je le soupçonne encor d'être un peu libertin;
Je ne remarque point qu'il hante les églises.

DORINE.

100 Voulez-vous qu'il y coure à vos heures précises,
Comme ceux qui n'y vont que pour être aperçus?

ORGON.

Je ne demande pas votre avis là-dessus.
Enfin avec le ciel l'autre est le mieux du monde,
Et c'est une richesse à nulle autre seconde.
105 Cet hymen de tous biens comblera vos désirs,
Il sera tout confit en douceurs, et plaisirs.
Ensemble vous vivrez, dans vos ardeurs fidèles,
Comme deux vrais enfants, comme deux tourterelles:
A nul fâcheux débat jamais vous n'en viendrez;
110 Et vous ferez de lui tout ce que vous voudrez.

DORINE.

Elle? elle n'en fera qu'un sot, je vous assure.

V 106. *confit en douceurs*, voll Süssigkeit und
Wonne. *confit* bei älteren Schriftstellern erfüllt von. *confit
d'inanité et de fadaises* (Mont.), *confit en science* (Régn.). Var. spätere
Ausg. *et sera t. c.*
V. 111. *sot*, Hahnrei, nicht Dummkopf, wie E. Schröder
hat; zu Mol Zeit häufig in diesem Sinne. *Épouser une sotte n'est point
être sot.* É. d. m. I. 1. *Elles font la sottise, et nous sommes les sots.*
Sgan. 17. *Il veut à toute force être au nombre des sots.* (Laf. *la
Coupe enchantée.*)

ORGON.

·Ouais! quels discours!

DORINE.

Je dis qu'il en a l'encolure,
Et que son ascendant, monsieur, l'emportera
Sur toute la vertu que votre fille aura.

ORGON.

Cessez de m'interrompre, et songez à vous taire,   115
Sans mettre votre nez où vous n'avez que faire.

DORINE.

Je·n'en parle, monsieur, que pour votre intérêt.

ORGON.

C'est prendre trop de soin; taisez-vous, s'il vous plaît.

DORINE.

Si l'on ne vous aimait ...

ORGON.

Je ne veux pas qu'on m'aime.

DORINE.

Et je veux vous aimer, monsieur, malgré vous-même. ·   120

ORGON.

Ah!

DORINE.

Votre honneur m'est cher, et je ne puis souffrir
Qu'aux brocards d'un chacun vous alliez vous offrir.

V. 112. *encolure*, populär: Haltung des Kopfes bei
Pferden, Aussehen bei Personen.
V. 113. *ascendant* hier der schlimme Einfluss seines
Gestirns; derselbe Gedanke und Ausdruck in *Éc. d. m.: Au sort
d'être cocu son ascendant l'expose.*
V. 119. Orgon möchte gern gefühllos erscheinen, aber Dorine
kennt ihn; vergl. *Fourb. d. Scap.: Scapin. Mon dieu, je vous connais,
vous êtes bon naturellement. Argante. Je ne suis pas bon, je
suis méchant quand je veux.*
V. 122. *brocard* (von *broche*, Spiess), Stich, Stichelei;
un chacun, alt für *tout le monde*.

ORGON.

Vous ne vous tairez point!

DORINE.

C'est une conscience,
Que de vous laisser faire une telle alliance.

ORGON.

125 Te tairas-tu, serpent, dont les traits effrontés? ...

DORINE,

Ah! vous êtes dévot, et vous vous emportez!

ORGON.

Oui, ma bile s'échauffe à toutes ces fadaises,
Et tout résolument je veux que tu te taises.

DORINE.

Soit. Mais, ne disant mot, je n'en pense pas moins.

ORGON.

130 Pense, si tu le veux; mais applique tes soins (à sa fille)
A ne m'en point parler, ou ... Suffit ... Comme sage,
J'ai pensé mûrement toutes choses.

DORINE, à part.

J'enrage
De ne pouvoir parler.

V. 123. *conscience* = *cas de conscience.*
V. 125. Génin sagt: *Premièrement un serpent ne lance point de traits, ensuite des traits n'ont point de front et par conséquent ne peuvent point être effrontes.* Warum die Ausdrücke nicht gleich bildlich nehmen: Du Schlange, deren unverschamte Bosheiten etc.
V. 126. Dieser scharf pointirte Vers ist Sprichwort geworden.
V. 131. *comme sage* für *homme sage: comme* steht meistens nur beim Subst. Destouches im *Ingrat,* hat die ganze Scene und besonders diesen Dialog reproducirt. Géronte: *Pourquoi me réponds-tu? Je ne te parle pas.* Lisette: *Je me réponds à moi.* Géronte: *Réponds-toi donc tout bas.* Vergl. V. 142—143.

ORGON.
Sans être damoiseau,
Tartuffe est fait de sorte ...

DORINE, à part.
Oui, c'est un beau museau.

ORGON.
Que quand tu n'aurais même aucune sympathie   135
Pour tous les autres dons ...

DORINE, à part.
La voilà bien lotie!

(Orgon se tourne du côté de Dorine, et, les bras croisés l'écoute, et la regarde
en face.)

Si j'étais en sa place, un homme assurément
Ne m'épouserait pas de force impunément;
Et je lui ferais voir, bientôt après la fête,
Qu'une femme a toujours une vengeance prête.   140

ORGON, (à Dorine.)
Donc de ce que je dis on ne fera nul cas?

DORINE.
De quoi vous plaignez-vous? Je ne vous parle pas.

ORGON.
Qu'est-ce que tu fais donc?

DORINE.
Je me parle à moi-même.

ORGON, à part.
Fort bien. Pour châtier son insolence extrême,

V. 134. *beau museau* (*musellus*, Schnauze des Hundes),
ironisch: schönes Gesicht, Bursch.
V. 136. *bien lotie*, da steht ihr ein schönes Loos
bevor.
V. 139. *après la fête*, nach der Hochzeit. Henriette
in d. *Fem. sav.* V. 1 sagt dem Trissotin Aehnliches.

145 Il faut que je lui donne un revers de ma main.

(Il se met en posture de donner un soufflet à Dorine; et, à chaque mot qu'il dit à sa fille, il se tourne pour regarder Dorine, qui se tient droite sans parler.)

Ma fille, vous devez approuver mon dessein ...
Croire que le mari ., . que j'ai su vous élire ...

(à Dorine.)

Que ne te parles-tu?

DORINE.

Je n'ai rien à me dire.

ORGON.

Encore un petit mot.

DORINE.

Il ne me plaît pas, moi.

ORGON.

Certes, je t'y guettais.

DORINE.

150   Quelque sotte, ma foi! ...

ORGON.

Enfin, ma fille, il faut payer d'obéissance,
Et montrer pour mon choix entière déférence.

DORINE, en s'enfuyant.

Je me moquerais fort de prendre un tel époux.

V. 145. *un revers* = *un coup de revers*, eine mit der Rückseite der Hand von der Linken zur Rechten gegebene Ohrfeige, veraltet; man sagte: *donner un revers de la main.*
V. 149. *il ne me plaît pas moi* statt *à moi* in rascher Rede, ebenso *Mis.* IV. 3. *Célimène*: *Il ne me plaît pas, moi.*
V. 150. *quelque sotte*, nicht so dumm, elliptischer Satz: Ich wäre eine dumme Gans, wenn ich es thäte. Häufige Beispiele *Ét.* II. 7.: *Moi, monsieur, quelque sot, la colère fait mal*, ich bin nicht so thöricht, in Zorn zu gerathen. G. D. II. 7: *quelque sot, je vous vois venir.*
V. 153. Bedanken würde ich mich für solchen Mann. *se moquer de* häufig bei Mol. in diesem Sinne; cf. *Av.* I. 17: *Je veux lui donner pour époux un homme aussi riche, et la coquine me dit au nez qu'elle se moque de le prendre. Mal.* im. II. 7. cf. G. D. III. 5. Duller: Ein Mann wie der, die Posse lässt sich nicht bezahlen; ganz unverständlich.

ORGON, (après avoir manqué de donner un soufflet à Dorine.)

Vous avez là, ma fille, une peste avec vous,
Avec qui, sans péché, je ne saurais plus vivre. 155
Je me sens hors d'état maintenant de poursuivre;
Ses discours insolents m'ont mis l'esprit en feu,
Et je vais prendre l'air pour me rasseoir un peu.

SCÈNE III.

MARIANE, DORINE.

DORINE.

Avez-vous donc perdu, dites-moi, la parole?
Et faut-il qu'en ceci je fasse votre rôle? 160
Souffrir qu'on vous propose un projet insensé,
Sans que du moindre mot vous l'ayez repoussé!

MARIANE.

Contre un père absolu, que veux-tu que je fasse?

DORINE.

Ce qu'il faut pour parer une telle menace.

MARIANE.

Quoi?

DORINE.

Lui dire qu'un cœur n'aime point par autrui; 165
Que vous vous mariez pour vous, non pas pour lui;

V. 154. *une peste*, gern von unartigen Kindern gebraucht; *c'est une méchante peste.*
V. 155. Mit der ich nicht leben kann ohne dass es ein Unglück giebt. Duller: Ihre Nähe steckt mich mit Sünden an, er nimmt die Pest wörtlich.
V. 158. *se rasseoir*, sich erholen, sich verschnaufen, sich beruhigen; cf. *Mis.* II. 1.
Im *Mal. im.* findet sich diese Scene *mutatis mutandis* reproducirt. Argan, der nur an seine Krankheit denkt, will seine Tochter einem Arzt geben, wie Orgon einem Frommen. Toinette kämpft wie Dorine für ihre Herrin. Wenn diese sagt: *Ah, vous êtes dévot, et vous vous emportez*, sagt jene: *Doucement, vous ne songez pas que vous êtes malade.*

Qu'étant celle pour qui se fait toute l'affaire,
C'est à vous, non à lui, que le mari doit plaire;
Et que si son Tartuffe est pour lui si charmant,
170 Il le peut épouser sans nul empêchement.

MARIANE.

Un père, je l'avoue, a sur nous tant d'empire,
Que je n'ai jamais eu la force de rien dire.

DORINE.

Mais raisonnons. Valère a fait pour vous des pas:
L'aimez-vous, je vous prie, ou ne l'aimez-vous pas?

MARIANE.

175 Ah! qu'envers mon amour ton injustice est grande,
Dorine! Me dois-tu faire cette demande?
T'ai-je pas là-dessus ouvert cent fois mon cœur?
Et sais-tu pas pour lui jusqu'où va mon ardeur?

DORINE.

Que sais-je si le cœur a parlé par la bouche,
180 Et si c'est tout de bon que cet amant vous touche?

MARIANE.

Tu me fais un grand tort, Dorine, d'en douter;
Et mes vrais sentiments ont su trop éclater.

DORINE.

Enfin, vous l'aimez donc?

MARIANE.

Oui, d'une ardeur extrême.

DORINE.

Et, selon l'apparence, il vous aime de même?

V. 170. In *l'Ecuyer* von Claveret (1666) sagt Fanchon
zu ihrem Vater, der ihr einen Bräutigam aufdrängen will: *S'il
vous semble si beau, vous pouvez l'épouser;* hat Mol. hier nachgeahmt, so ist er mit dieser Wendung oft nachgeahmt worden.
  V. 180. *si c'est tout de bon,* ob's wirklich so ist, häufig
bei Mol. und Zeitgen. *je ne le disais pas tout de bon* (Pasc.); s. ob.
I. 6. V. 423: *mais parlons tout de bon,* aufrichtig.

MARIANE.

Je le crois.

DORINE.

Et tous deux brûlez également 185
De vous voir mariés ensemble?

MARIANE.

Assurément.

DORINE.

Sur cette autre union quelle est donc votre attente?

MARIANE.

De me donner la mort, si l'on me violente.

DORINE.

Fort bien. C'est un recours où je ne songeais pas.
Vous n'avez qu'à mourir pour sortir d'embarras. 190
Le remède sans doute est merveilleux. J'enrage
Lorsque j'entends tenir ces sortes de langage.

MARIANE.

Mon Dieu! de quelle humeur, Dorine, tu te rends!
Tu ne compatis point aux déplaisirs des gens.

DORINE.

Je ne compatis point à qui dit des sornettes, 195
Et dans l'occasion mollit comme vous faites.

MARIANE.

Mais que veux-tu? si j'ai de la timidité ...

DORINE.

Mais l'amour dans un cœur veut de la fermeté.

V. 185. *et tous deux brûlez; vous* des Verses wegen aus-
gelassen, in familiairer Sprache häufig.
V. 193. *de quelle humeur tu te rends*, wie übellaunig
geberdest du dich. *se rendre* für sich geberden häufig bei
Mol., jetzt würde man sagen *tu te mets!*
V. 195. *sornettes*, Albernheiten.

MARIANE.

Mais n'en gardé-je pas pour les feux de Valère?
200 Et n'est-ce pas à lui de m'obtenir d'un père?

DORINE.

Mais quoi! si votre père est un bourru fieffé,
Qui s'est de son Tartuffe entièrement coiffé,
Et manque à l'union qu'il avait arrêtée,
La faute à votre amant doit-elle être imputée?

MARIANE.

205 Mais, par un haut refus et d'éclatants mépris,
Ferai-je, dans mon choix, voir un cœur trop épris?
Sortirai-je pour lui, quelque éclat dont il brille,
De la pudeur du sexe et du devoir de fille?
Et veux-tu que mes feux par le monde étalés ...

DORINE.

210 Non, non, je ne veux rien. Je vois que vous voulez
Être à monsieur Tartuffe, et j'aurais, quand j'y pense,
Tort de vous détourner d'une telle alliance.
Quelle raison aurais-je à combattre vos vœux?
Le parti de soi-même est fort avantageux.
215 Monsieur Tartuffe; oh! oh! n'est ce rien qu'on propose?
Certes, monsieur Tartuffe, à bien prendre la chose,
N'est pas un homme, non, qui se mouche du pied;
Et ce n'est pas peu d'heur que d'être sa moitié.

V. 201. *bourru fieffé*, ausgemachter Murrkopf, von *bourre*, rauhes, struppiges Fell. *fieffé*, von *fief*, Lehn: Jemand, der ein unbestrittenes Gut besitzt, in schlimmer Bedeutung: der etwas im höchsten Grade ist: *un pédant, un fripon fieffé*.

V. 207. *quelque éclat dont il brille* = *quelque soit l'éclat dont* etc.

V. 209. *mes feux par le monde étalés*, meine den Augen der Welt preisgegebene Liebesgluth.

V. 217. Das ist ein feiner Mann. Quitard im *Dict. d. Prov.* bringt den Ausdruck in Verbindung mit *homo emunctae naris*. Ein Mann, der sich nur mit dem Fusse schnauben wollte, würde sich nie schnauben. Nach Génin war es ein Kunststück der Gaukler, sich mit dem Fusse zu schnauben; wer es nicht thut, ist also kein Gaukler, sondern ein ehrsamer Mann; sehr gesucht!

Tout le monde déjà de gloire le couronne;
Il est noble chez lui, bien fait de sa personne; 220
Il a l'oreille rouge et le teint bien fleuri:
Vous vivrez trop contente avec un tel mari.

MARIANE.

Mon Dieu! ...

DORINE.

Quelle allégresse aurez-vous dans votre âme,
Quand d'un époux si- beau vous vous verrez la femme!

MARIANE.

Ah! cesse, je te prie, un semblable discours; 225
Et contre cet hymen ouvre-moi du secours.
C'en est fait, je me rends, et suis prête à tout faire.

DORINE.

Non, il faut qu'une fille obéisse à son père,
Voulût-il lui donner un singe pour époux.
Votre sort est fort beau: de quoi vous plaignez-vous? 230
Vous irez par le coche en sa petite ville,
Qu'en oncles et cousins vous trouverez fertile,
Et vous vous plairez fort à les entretenir.
D'abord chez le beau monde on vous fera venir.
Vous irez visiter, pour votre bienvenue, 235
Madame la baillive et madame l'élue,
Qui d'un siége pliant vous feront honorer.
Là, dans le carneval, vous pourrez espérer

V. 226. *ouvrir du secours*, eine Hülfsquelle eröffnen, jetzt *prêter secours*.

V. 227. *c'en est fait*, der Kampf in mir ist überwunden, ich ergebe mich.

V. 235. *pour votre bienvenue*, bei Ihren Antrittsbesuchen.

V. 236. *madame l'élue* (*élu*, eine gewählte Magistratsperson), Frau Ràthin.

V. 237. *siége pliant* oder auch bloss *pliant*, ein Klappsessel; bei Hofe deutete die Art der dargereichten Sessel die Hierarchie an, der *pliant* war für die niedrigste Rangclasse; vielleicht will Dorine damit etwas Demüthigendes sagen.

Le bal et la grandbande, à savoir deux musettes,
240 Et parfois Fagotin, et les marionettes;
Si pourtant votre époux ...

MARIANE.

Ah! tu me fais mourir!
De tes conseils, plutôt, songe à me secourir.

DORINE.

Je suis votre servante.

MARIANE.

Hé! Dorine, de grâce ...

DORINE.

Il faut, pour vous punir, que cette affaire passe.

MARIANE.

Ma pauvre fille!

DORINE.

Non.

MARIANE.

245   Si mes vœux déclarés ...

DORINE.

Point. Tartuffe est votre homme, et vous en tâterez.

V. 239. *la grandbande.* Ein Orchester hiess damals *une bande*; *la grandbande* waren die Kammermusiker des Königs. Dorine bringt dies ironisch mit *deux musettes*, zwei Dudelsäcken, in Verbindung.

V. 240. *Fagotin*, ein wegen seiner Gewandtheit berühmter Affe, den Lafont. in *La cour du lion* erwähnt:

Cour plenière dont l'ouverture
Devoit être un fort grand festin,
Suivi des tours de Fagotin.

Er wird auch im *Roman Bourgeois* von Furetière erwähnt. Der Name ist zu den Charlatans und Spassmachern auf den Jahrmärkten übergegangen. Die franz. Marionetten stammen aus derselben Zeit; der erste, der sie dem Publicum vorführte, war ein gewisser Brioché, der Vater desjenigen, von dem Boileau sagte: *Non loin de la place où Brioché préside.*

V. 245. *ma pauvre fille*, mein liebes Mädchen, gewöhnlicher Zärtlichkeitsausdruck, s. o. I. V. 235: *le pauvre homme!*

MARIANE.

Tu sais qu'à toi toujours je me suis confiée!
Fais-moi ...

DORINE.

Non, vous serez, ma foi, tartuffiée!

MARIANE.

Eh bien! puisque mon sort ne saurait t'émouvoir,
Laisse-moi désormais toute à mon désespoir: 250
C'est de lui que mon cœur empruntera de l'aide:
Et je sais de mes maux l'infaillible remède.

(Mariane veut s'en aller.)

DORINE.

Hé! là, là, revenez. Je quitte mon courroux.
Il faut nonobstant tout, avoir pitié de vous.

MARIANE.

Vois-tu, si l'on m'expose à ce cruel martyre,   255
Je te le dis, Dorine, il faudra que j'expire.

DORINE.

Ne vous tourmentez point. On peut adroitement
Empêcher ... Mais voici Valère, votre amant.

SCÈNE IV.

VALÈRE, MARIANE, DORINE.

VALÈRE.

On vient de débiter, madame, une nouvelle
Que je ne savais pas, et qui sans doute est belle.   260

V. 248. *tartuffiée*, tartüffisirt, sprichwörtlich geworden;
man sagt: *il tartuffie pour parvenir à son but.*
Als Tartüff noch Panulphe hiess, sagte Dorine: *Vous serez
panulphiée.*

In dieser Scene, wo sich Dorinens Keckheit und Mariannens
unentschlossene Schüchternheit malen, wird der Zuschauer auf ihre
bedrängte Lage hingewiesen, Interesse für sie und Widerwillen
gegen Tartüff wird erweckt.

V. 259 u. 260. Valère muss diese Worte nicht bekümmert,
sondern mit leichtem spöttischen Ton sprechen, sonst hätte Mariane keinen Grund, empfindlich zu werden.

MARIANE.

Quoi?

VALÈRE.

Que vous épousez Tartuffe.

MARIANE.

Il est certain
Que mon père s'est mis en tête ce dessein.

VALÈRE.

Votre père, madame …

MARIANE.

A changé de visée:
La chose vient par lui de m'être proposée.

VALÈRE.

Quoi! sérieusement?

MARIANE.

265   Oui, sérieusement.
Il s'est pour cet hymen déclaré hautement.

VALÈRE.

Et quel est le dessein où votre âme s'arrête,
Madame?

MARIANE.

Je ne sais.

VALÈRE.

La réponse est honnête.
Vous ne savez?

MARIANE.

Non.

VALÈRE.

Non?

MARIANE.

Que me conseillez-vous?

V. 263. *a changé de visée*, hat seine Absicht geän-
dert; *visée = dessein* häufig bei Mol.

VALÈRE.

Je vous conseille, moi, de prendre cet époux.   270

MARIANE.

Vous me le conseillez?

VALÈRE.

Oui.

MARIANE.

Tout de bon?

VALÈRE.

Sans doute.

Le choix est glorieux, et vaut bien qu'on l'écoute.

MARIANE.

Eh bien! c'est un conseil, monsieur, que je reçois.

VALÈRE.

Vous n'aurez pas grand'peine à le suivre, je crois.

MARIANE.

Pas plus qu'à le donner en a souffert votre âme.   275

VALÈRE.

Moi, je vous l'ai donné pour vous plaire, madame.

MARIANE.

Et moi, je le suivrai pour vous faire plaisir.

DORINE, se retirant dans le fond du théâtre.

Voyons ce qui pourra de ceci réussir.

VALÈRE.

C'est donc ainsi qu'on aime? Et c'était tromperie ^c
Quand vous ...

MARIANE.

Ne parlons point de cela, je vous prie.   280

V. 272. *vaut bien que* = *mérite;* cf. *Mis.* IV. 3. *Fem. sav.* V. 4.

V. 278. *réussir* ursprünglich: Ausgang nehmen, ob gut oder schlecht, eine *vox media* wie *succès, fortune* etc.; cf. *Fâch.* III. 4: *Et comme ton ami, quoi qu'il en réusisse.*

Le Tartuffe.   6

Vous m'avez dit tout franc que je dois accepter
Celui que pour époux on me veut présenter:
Et je déclare, moi, que je prétends le faire,
Puisque vous m'en donnez le conseil salutaire.

VALÈRE.

285 Ne vous excusez point sur mes intentions.
Vous aviez pris déjà vos résolutions;
Et vous vous saisissez d'un prétexte frivole
Pour vous autoriser à manquer de parole.

MARIANE.

Il est vrai, c'est bien dit.

VALÈRE.

      Sans doute; et votre cœur
290 N'a jamais eu pour moi de véritable ardeur.

MARIANE.

Hélas! permis à vous d'avoir cette pensée.

VALÈRE.

Oui, oui, permis à moi: mais mon âme offensée
Vous préviendra peut-être en un pareil dessein;
Et je sais où porter et mes vœux et ma main.

MARIANE.

295 Ah! je n'en doute point; et les ardeurs qu'excite
Le mérite ...

VALÈRE.

     Mon Dieu! laissons-là le mérite.
J'en ai fort peu, sans doute, et vous en faites foi.
Mais j'espère aux bontés qu'une autre aura pour moi;
Et j'en sais de qui l'âme, à ma retraite ouverte,
300 Consentira sans honte à réparer ma perte.

V. 293. *prévenir* in ursprünglichem Sinne zuvorkommen.
V. 298. *espérer à*, ausgiebiger Gebrauch des *à* bei Mol. und Zeitgen.
V. 299. *à ma retraite ouverte*, deren Herz sich mir erschliesst, wenn ich zu ihm fliehe.

MARIANE.

La perte n'est pas grande; et de ce changement
Vous vous consolerez assez facilement.

VALÈRE.

J'y ferai mon possible; et vous le pouvez croire.
Un cœur qui nous oublie engage notre gloire;
Il faut à l'oublier mettre aussi tous nos soins: 305
Si l'on n'en vient à bout, on le doit feindre au moins;
Et cette lâcheté jamais ne se pardonne,
De montrer de l'amour pour qui nous abandonne.

MARIANE.

Ce sentiment, sans doute, est noble et relevé.

VALÈRE.

Fort bien; et d'un chacun il doit être approuvé.   310
Eh quoi! vous voudriez qu'à jamais dans mon âme
Je gardasse pour vous les ardeurs de ma flamme,
Et vous visse, à mes yeux, passer en d'autres bras,
Sans mettre ailleurs un cœur dont vous ne voulez pas?

MARIANE.

Au contraire; pour moi, c'est ce que je souhaite;   315
Et je voudrais déjà que la chose fût faite.

VALÈRE.

Vous le voudriez?

MARIANE.

      Oui.

VALÈRE.

            C'est assez m'insulter,
Madame; et, de ce pas, je vais vous contenter.

(Il fait un pas pour s'en aller.)

MARIANE.

Fort bien.

V. 304. *gloire*, Ehre, Ehrgefühl, cf. *Éc. d. f.* IV. 8.
Pourquoi voulez-croire
Que de ce cas fortuit dépende votre gloire?
V. 314. *mettre un cœur*, ungewöhnl.: lenken.

6*

VALÈRE, revenant.

Souvenez-vous au moins que c'est vous-même
320 Qui contraignez mon cœur à cet effort extrême.

MARIANE.

Oui.

VALÈRE, revenant encore.

Et que le dessein que mon âme conçoit
N'est rien qu'à votre exemple.

MARIANE.

A mon exemple, soit.

VALÈRE, en sortant.

Suffit: vous allez être à point nommé servie.

MARIANE.

Tant mieux.

VALÈRE, revenant encore.

Vous me voyez, c'est pour toute ma vie.

MARIANE.

A la bonne heure.

VALÈRE, se retournant lorsqu'il est prêt à sortir.

Hé?

MARIANE.

Quoi?

VALÈRE.

325   Ne m'appelez-vous pas?

MARIANE.

Moi! Vous rêvez.

VALÈRE.

Hé bien! je poursuis donc mes pas.
Adieu, madame.

_____

V. 322. *n'est rien qu'à votre exemple,* darin folge ich
nur Ihrem Beispiel.

MARIANE.

Adieu, monsieur.

DORINE, à Mariane.

Pour moi, je pense
Que vous perdez l'esprit par cette extravagance;
Et je vous ai laissés tout du long quereller,
Pour voir où tout cela pourrait enfin aller.   330
Holà! seigneur Valère.

(Elle arrête Valère par le bras.)

VALÈRE, feignant de résister.

Hé! que veux-tu, Dorine!

DORINE.

Venez ici.

VALÈRE.

Non, non, le dépit me domine.
Ne me détourne point de ce qu'elle a voulu.

DORINE.

Arrêtéz.

VALÈRE.

Non, vois-tu, c'est un point résolu.

DORINE.

Ah!

MARIANE, à part.

Il souffre à me voir, ma présence le chasse;   335
Et je ferai bien mieux de lui quitter la place.

DORINE, quittant Valère, et courant après Mariane.

A l'autre! Où courez-vous?

MARIANE.

Laisse.

DORINE.

Il faut revenir.

_____

V. 336. *quitter* = *céder*: s. u. III. 2. V. 48: *vous quitter
la partie. Favorinus lui en quitta bientôt la victoire* (Mont.).

MARIANE.

Non, non, Dorine; en vain tu veux me retenir.

VALÈRE, à part.

Je vois bien que ma vue est pour elle un supplice;
340 Et sans doute il vaut mieux que je l'en affranchisse.

DORINE, quittant Mariane, et courant après Valère.

Encor! Diantre soit fait de vous. Si je le veux.
Cessez ce badinage; et venez çà tous deux.

(Elle prend Valère et Mariane par la main et les ramène.)

VALÈRE, à Dorine.

Mais quel est ton dessein?

MARIANE, à Dorine.

Qu'est-ce que tu veux faire?

DORINE.

Vous bien remettre ensemble, et vous tirer d'affaire.

(à Valère.)

345 Êtes-vous fou d'avoir un pareil démêlé?

VALÈRE.

N'as-tu pas entendu comme elle m'a parlé?

DORINE, à Mariane.

Êtes-vous folle, vous, de vous être emportée?

MARIANE.

N'as-tu pas vu la chose, et comme il m'a traitée?

V. 340. *affranchir de = délivrer*, häufige Beispiele:
Dieu ayant affranchi son peuple du sang des Égyptiens (Boss.).
V. 341. *si je le veux* nicht wenn, sondern ja, *sic = oui,
aussi, pourtant.* Nicot in seinem *Thrésor de la langue Fran-
çoyse* (1606) sagt: *La particule si a en maints lieux l'énergie ren-
forçant le verbe qui le suit comme: si veux-je pas que tu mentes, si
l'abandonnerez vous. Auquel endroit si est de menace, commande-
ment et force*; es müsste geschrieben werden *si, je le veux.*
V. 342. *çà (ecce hac)*, hierher, gern gegen Diener gebraucht; *tous deux*, alle beide zusammen.

DORINE, à Valère.

Sottise des deux parts. Elle n'a d'autre soin
Que de se conserver à vous, j'en suis témoin.   350
    (à Mariane.)
Il n'aime que vous seule, et n'a point d'autre envie
Que d'être votre époux; j'en réponds sur ma vie.

MARIANE, à Valère.

Pourquoi donc me donner un semblable conseil?

VALÈRE, à Mariane.

Pourquoi m'en demander sur un sujet pareil?

DORINE.

Vous êtes fous tous deux. Çà, la main l'un et l'autre.   355
    (à Valère.)
Allons, vous.

VALÈRE, en donnant sa main à Dorine.

    A quoi bon ma main?

DORINE, à Mariane,

                Ah çà! la vôtre.

MARIANE, en donnant aussi sa main.

De quoi sert tout cela?

DORINE.

          Mon Dieu! vite, avancez.
Vous vous aimez tous deux plus que vous ne pensez.
(Valère et Mariane se tiennent quelque temps par la main sans se regarder.)

VALÈRE, se tournant vers Mariane.

Mais ne faites donc point les choses avec peine,
Et regardez un peu les gens sans nulle haine.   360
    (Mariane se tourne du côté de Valère en lui souriant.)

DORINE.

A vous dire le vrai, les amants sont bien fous!

V. 355. *çà*, Ausruf der Ermunterung, *çà, déjeûnons, dit-il, vos poulets sont-ils tendres?* Laf.

VALÈRE, à Mariane.

Oh çà! n'ai-je pas lieu de me plaindre de vous?
Et, pour n'en point mentir, n'êtes-vous pas méchante
De vous plaire à me dire une chose affligeante?

MARIANE.

365 Mais vous, n'êtes-vous pas l'homme le plus ingrat? ...

DORINE.

Pour une autre saison laissons tout ce débat,
Et songeons à parer ce fâcheux mariage.

MARIANE.

Dis-nous donc quels ressorts il faut mettre en usage.

DORINE.

Nous en ferons agir de toutes les façons.
            (à Mariane.)   (à Valère.)
370 Votre père se moque; et ce sont des chansons.
            (à Marianne.)
Mais, pour vous, il vaut mieux qu'à son extravagance
D'un doux consentement vous prêtiez l'apparence,
Afin qu'en cas d'alarme il vous soit plus aisé
De tirer en longueur cet hymen proposé.
375 En attrapant du temps, à tout on remédie.
Tantôt vous payerez de quelque maladie
Qui viendra tout à coup, et voudra des délais;
Tantôt vous payerez de présages mauvais:
Vous aurez fait d'un mort la rencontre fâcheuse,
380 Cassé quelque miroir, ou songé d'eau bourbeuse.
Enfin, le bon de tout, c'est qu'à d'autres qu'à lui
On ne vous peut lier, que vous ne disiez oui.

V. 375. *en attrapant* = *en gagnant*.
V. 376. *payerez*, hier dreisylbig, so auch V. 378. Vaugelas
sagt: *Dans les verbes on dit pairai, lourai, et non pas payerai
ni louerai, ce sont des mots dissyllabiques dans la poésie.*
V. 379. Vorbedeutungen und weissagende Träume lagen in
der Zeitanschauung. Mol. spricht öfter davon, z. B. *Dép. am.*
V. 7. *Am. magn.* I. 2. Dorine speculirt ganz richtig auf Orgons
Aberglauben.
V. 381. *le bon de tout,* das Beste bei der Sache.

Mais, pour mieux réussir, il est bon, ce me semble,
Qu'on ne vous trouve point tous deux parlant ensemble.
(à Valère.)
Sortez: et, sans tarder, employez vos amis 385
Pour vous faire tenir ce qu'on vous a promis.
Nous allons réveiller les efforts de son frère,
Et dans notre parti jeter la belle-mère.
Adieu.

VALÈRE, à Mariane.
Quelques efforts que nous préparions tous,
Ma plus grande espérance, à vrai dire, est en vous. 390

MARIANE, à Valère.
Je ne vous réponds pas des volontés d'un père;
Mais je ne serai point à d'autre qu'à Valère.

VALÈRE.
Que vous me comblez d'aise! Et, quoi que puisse oser ...

DORINE.
Ah! jamais les amants ne sont las de jaser.
Sortez, vous dis-je.

VALÈRE, revenant sur ses pas.
Enfin ...

DORINE.
Quel caquet est le vôtre! 395
Tirez de cette part; et vous, tirez de l'autre.
(Dorine les pousse chacun par l'épaule, et les oblige de se séparer.)

V. 388. Nach der Analogie von *se jeter dans un parti*
steht hier *jeter qlq. d. u. p.* Dorine enthüllt hier ihren Plan, den
sie bald ausführt.

V. 389 u. 90. Clitander in den *Fem. sav.* IV. 8 betheuert in
ähnlicher Weise:

Quelque secours puissant qu'on promette à ma flamme,
Mon plus solide espoir c'est votre cœur, madame.

V. 396. *tirer* hier neutral: gehen, vom Pferde hergenommen,
familiair.

Ueber diesen Liebeszwist, ein von Mol. öfter behandeltes
Sujet, sagt die *Lettre sur l'Imposteur: Ce dépit a cela de par-*
ticulier et d'original qu'il naît et finit dans une même scène, et cela

ACTE TROISIÈME.

SCÈNE I.

DAMIS, DORINE.

DAMIS.

Que la foudre sur l'heure achève mes destins.
Qu'on me traite partout du plus grand'des faquins,
S'il est aucun respect, ni pouvoir qui m'arrête,
Et si je ne fais pas quelque coup de ma tête!

DORINE.

5 De grâce, modérez un tel emportement:
Votre père n'a fait qu'en parler simplement.
On n'exécute pas tout ce qui se propose;
Et le chemin est long du projet à la chose,

---

aussi vraisemblablement que faisaient ceux qu'on avait vus aupar-
avant, où ces colères amoureuses naissent de quelques tromperies faites
par un tiers, la plupart du temps derrière le théâtre, au lieu qu'ici
elles naissent divinement, à la vue des spectateurs, et de la délicatesse
et de la force de la passion même. Derselbe Brief deutet auch an,
dass bei der Aufführung von 1667 diese hübsche Scene den Act
noch nicht schloss. Elmire, Damis und Cléant unterhielten sich
mit Dorine über die bedrängte Lage der Liebenden, und im Un-
gewissen darüber, wie sie die Heirath Tartüffs mit Marianne ver-
hindern könnten, beschlossen sie, Elmire solle ihn davon abbringen.
Diese Scene leitete geschickt zum dritten Act hinüber, aber Mol.
zog es später vor, mit dem Liebeszank den zweiten zu schliessen.

Der Vorwurf, diese letzten Scenen seien bloss episodisch, ist
ungerecht; abgesehen vom Reiz, den sie gewähren — Liebe und
Eifersucht sprechen hier so naiv und natürlich, wie selten bei den
Schriftstellern des 17. Jahrh. — haben sie ihre Bedeutung für die
Oeconomie des Stückes und gehören zur inneren Entwickelung
des Ganzen. Wir mussten, ehe der viel besprochene Tartüff erscheint, auch noch sehen, wie sein Eindringen in die Familie zwei
liebende Herzen momentan veruneinigt.

V. 2. *faquin*, Schuft, Lump, Tropf, eigentlich Last-
träger, ital. *facchino*.

V. 3. *ni* weil *s'il est aucun respect* = *il n'y a pas de*
eine Negation enthält.

DAMIS.

Il faut que de ce fat j'arrête les complots,
Et qu'à l'oreille un peu je lui dise deux mots. 10

DORINE.

Ah! tout doux! envers lui, comme envers votre père,
Laissez agir les soins de votre belle-mère.
Sur l'esprit de Tartuffe elle a quelque crédit;
Il se rend complaisant à tout ce qu'elle dit,
Et pourrait bien avoir douceur de cœur pour elle. 15
Plût à Dieu qu'il fût vrai! la chose serait belle.
Enfin, votre intérêt l'oblige à le mander:
Sur l'hymen qui vous trouble elle veut le sonder,
Savoir ses sentiment, et lui faire connaître
Quels fâcheux démêlés il pourra faire naître, 20
S'il faut qu'à ce dessein il prête quelque espoir.
Son valet dit qu'il prie, et je n'ai pu le voir;
Mais ce valet m'a dit qu'il s'en allait descendre.
Sortez donc, je vous prie, et me laissez l'attendre.

DAMIS.

Je puis être présent à tout cet entretien. 25

DORINE.

Point. Il faut qu'ils soient seuls.

DAMIS.

Je ne lui dirai rien.

DORINE.

Vous vous moquez: on sait vos transports ordinaires;
Et c'est le vrai moyen de gâter les affaires.
Sortez.

V. 15. *douceur de coeur = tendresse de coeur. Mis.* I. 1.
gleichfalls ohne Artikel.
V. 21. *s'il faut qu'à ce dessein il prête quelque espoir,*
gezwungen und unklar; Sinn: wenn er diesen Plan auszuführen hofft und seine Ausführung betreibt.
V. 23. *s'en allait descendre.* Mol. liebt die Form *se* mit
en bei *aller*, es liegt meistens der Nebenbegriff von sogleich
darin. cf. *Méd. m. l.* III. 10. *et l'on s'en va vous mettre en lieu
où* etc., er hat sogar *Éc. d. m.* III. 5. *cela s'en va sans dire.*

DAMIS.

Non; je veux voir, sans me mettre en courroux.

DORINE.

30 Que vous êtes fâcheux! Il vient. Retirez-vous.

(Damis va se cacher dans un cabinet qui est au fond du théâtre.)

SCÈNE II.

TARTUFFE, DORINE.

TARTUFFE, parlant haut à son valet, qui est dans la maison, dès qu'il
aperçoit Dorine.

Laurent, serrez ma haire avec ma discipline,
Et priez que toujours le ciel vous illumine.
Si l'on vient pour me voir, je vais aux prisonniers
Des aumônes que j'ai partager les deniers.

DORINE, à part.

35 Que d'affectation et de forfanterie!

TARTUFFE.

Que voulez-vous?

DORINE.

Vous dire ...

TARTUFFE, tirant un mouchoir de sa poche.

Ah mon Dieu! je vous prie,
Avant que de parler, prenez-moi ce mouchoir.

DORINE.

Comment?

TARTUFFE.

Couvrez ce sein que je ne saurais voir.

V. 31. *haire*, härnes Bussgewand, *discipline*, Geissel
zum Kasteien.

V. 32. *illuminer*, erleuchten, mystischer Ausdruck.

V. 33. Es fehlt ein *dis*, so sage.

V. 35. *forfanterie*, gleissnerisches Benehmen, ital.
forfante, Betrüger.

V. 37. *prenez-moi*, Dativus ethicus. Nehmen Sie mir
rasch dies Tuch, ebenso V. 48 *vous quitter la partie*.

Par de pareils objets les âmes sont blessées.
Et cela fait venir de coupables pensées. 40

DORINE.

Vous êtes donc bien tendre à la tentation;
Et la chair sur vos sens fait grande impression!
Certes, je ne sais pas quelle chaleur vous monte:
Mais à convoiter, moi, je ne suis point si prompte;
Et je vous verrais nu, du haut jusques en bas, 45
Que toute votre peau ne me tenterait pas.

TARTUFFE.

Mettez dans vos discours un peu de modestie,
Ou je vais sur le champ vous quitter la partie.

DORINE.

Non, non, c'est moi qui vais vous laisser en repos,
Et je n'ai seulement qu'à vous dire deux mots. 50
Madame va venir dans cette salle basse,
Et d'un mot d'entretien vous demande la grâce.

TARTUFFE.

Hélas! très-volontiers.

DORINE, à part.

Comme il se radoucit!
Ma foi, je suis toujours pour ce que j'en ai dit.

TARTUFFE.

Viendra-t-elle bientôt?

DORINE.

Je l'entends, ce me semble. 55
Oui, c'est elle en personne, et je vous laisse ensemble.

V. 41. *tendre à* ungewöhnl. = *sensible à.*
V. 50. *je n'ai seulement qu'à vous dire deux mots,* es
müsste heissen: *je n'ai que deux mots à vous dire;* jenes bedeutet:
zwei Worte genügen, um Sie zu überzeugen, was hier
nicht der Sinn. *ne que seulement* pleonastisch oft bei Mol. s. u.
IV. 3. *Éc. d. m.* I. 2. Ibid. II. 14. Dieser Pleonasmus hat meistens
etwas Verstärkendes.
V. 51. *salle basse,* Zimmer im Erdgeschoss, nicht
niedriges Zimmer.

SCÈNE III.

ELMIRE, TARTUFFE.

TARTUFFE.

Que le ciel à jamais, par sa toute-bonté,
Et de l'âme et du corps vous donne la santé,
Et bénisse vos jours autant que le désire
60 Le plus humble de ceux que son amour inspire!

ELMIRE.

Je suis fort obligé à ce souhait pieux.
Mais prenons une chaise, afin d'être un peu mieux.

TARTUFFE, assis.

Comment de votre mal vous sentez-vous remise?

ELMIRE, assise.

Fort bien; et cette fièvre a bientôt quitté prise.

TARTUFFE.

65 Mes prières n'ont pas le mérite qu'il faut
Pour avoir attiré cette grâce d'en haut;
Mais je n'ai fait au ciel nulle dévote instance
Qui n'ait eu pour objet votre convalescence.

ELMIRE.

Votre zèle pour moi s'est trop inquiété.

TARTUFFE.

70 On ne peut trop chérir votre chère santé;
Et, pour la rétablir, j'aurais donné la mienne.

V. 57. *toute-bonté,* analog von *toute-puissance* All-
güte, mystischer Ausdruck wie V. 67. *dévote instance,* heisses
Flehn.

Ueber das späte Erscheinen des Tart. sagt die *Lettre sur
l'Imposteur:* C'est peut-être une adresse de l'auteur de ne l'avoir
pas fait voir plus tôt, mais seulement quand l'action est échauffée,
car un caractère de cette force tomberait sans faire dès l'abord un
jeu digne de lui.

ELMIRE.

C'est pousser bien avant la charité chrétienne;
Et je vous dois beaucoup pour toutes ces bontés.

TARTUFFE.

Je fais bien moins pour vous que vous ne méritez.

ELMIRE.

J'ai voulu vous parler en secret d'une affaire, 75
Et suis bien aise, ici, qu'aucun ne nous éclaire.

TARTUFFE.

J'en suis ravi de même; et, sans doute, il m'est doux,
Madame, de me voir seul à seul avec vous.
C'est une occasion qu'au ciel j'ai demandée,
Sans que, jusqu'à cette heure, il me l'ait accordée. 80

ELMIRE.

Pour moi, ce que je veux, c'est un mot d'entretien,
Où tout votre cœur s'ouvre, et ne me cache rien.

(Damis, sans se montrer, entr' ouvre la porte du cabinet dans lequel il s'était
retiré pour entendre la conversation.)

TARTUFFE.

Et je ne veux aussi, pour grâce singulière,
Que montrer à vos yeux mon âme tout entière,
Et vous faire serment que les bruits que j'ai faits 85
Des visites qu'ici reçoivent vos attraits
Ne sont pas envers vous l'effet d'aucune haine,

V. 76. *éclairer*, spioniren. cf. *Et.* I. 4. *Au diable le fâcheux
qui toujours nous éclaire. D. G.* IV. 3; *éclaireur* kommt davon her.
V. 78. *seul à seul* == *tête à tête* = *face à face.* cf. *Fem.
sav.* III. 5. *Eh bien, nous nous verrons seul à seul*, wo es auf
ein feindliches Begegnen geht.
V. 85. *les bruits que j'ai faits*, der Lärm, den ich
geschlagen habe.
V. 86. Die Besuche, die man Ihnen wegen Ihrer
Reize macht, *que reçoivent vos attraits;* die pathetische
Redefigur passt hier für Tartüff.
V. 87. *Ne sont pas envers vous l'effet d'aucune haine;
aucun* hier in ursprüngl. Bedeutung: *aliquis unus = quelque*, es
verträgt deshalb *ne pas.* cf. *Et.* I. 4. *Et vous n'avez pas l'air d'en
prendre aucun soupçon.*

Mais plutôt, d'un transport de zèle qui m'entraîne,
Et d'un pur mouvement ...

ELMIRE.

                 Je le prends bien aussi,
90 Et crois que mon salut vous donne ce souci.

TARTUFFE, prenant la main d'Elmire, et lui serrant les doigts.

Oui, madame, sans doute; et ma ferveur est telle ...

ELMIRE.

Ouf! vous me serrez trop.

TARTUFFE.

               C'est par excès de zèle.
De vous faire aucun mal je n'eus jamais dessein,
Et j'aurais bien plutôt ...

(Il met la main sur les genoux d'Elmire.)

ELMIRE.

           Que fait là votre main?

TARTUFFE.

95 Je tâte votre habit: l'étoffe en est moëlleuse.

ELMIRE.

Ah! de grâce, laissez, je suis fort chatouilleuse.

(Elmire recule son fauteuil, et Tartuffe se rapproche d'elle.)

TARTUFFE, maniant le fichu d'Elmire.

Mon Dieu! que de ce point l'ouvrage est merveilleux!
On travaille aujourd'hui d'un air miraculeux:
Jamais, en toute chose, on n'a vu si bien faire.

V. 89. Var. spätere Ausgaben *je le prends bien ainsi; aussi* (Origin.-Ausg. u. Ausg. v. 1669) erklärt sich durch ein zu suplirendes *dans ce sens.*
     V. 90. *salut*, Seelenheil, mystischer Ausdruck.
     V. 92. *ouf!* Schmerzensinterjection. *J'étouffe, ouf! ouf! la peur m'empêche de parler.* (Regnard.)
     V. 97. Wie bewunderungswürdig sind die Spitzen gearbeitet! *point = ouvrage de point, elle excelle à faire le point.* Panurge in Rabelais *Gargantua* livr. II. chap. 6 macht dasselbe

ELMIRE.

Il est vrai. Mais parlons un peu de notre affaire.   100
On tient que mon mari veut dégager sa foi,
Et vous donner sa fille. Est-il vrai? dites-moi.

TARTUFFE.

Il m'en a dit deux mots: mais, Madame, à vrai dire,
Ce n'est pas le bonheur après quoi je soupire;
Et je vois autre part les merveilleux attraits   105
De la félicité qui fait tous mes souhaits.

ELMIRE.

C'est que vous n'aimez rien des choses de la terre.

TARTUFFE.

Mon sein n'enferme pas un cœur qui soit de pierre.

ELMIRE.

Pour moi, je crois qu'au ciel tendent tous vos soupirs,
Et que rien ici-bas n'arrête vos désirs.   110

TARTUFFE.

L'amour qui nous attache aux beautés éternelles
N'étouffe pas en nous l'amour des temporelles;
Nos sens facilement peuvent être charmés
Des ouvrages parfaits que le ciel a formés.

Manöver: *Quand il se trouvait en compaignie de quelques bonnes
dames, il leur mettait sus le propos de lingerie, et leur mettait la
main au sein demandant: Et cest ouvraige est-il de Flandres, ou de
Haynault?* Im folgenden *V. air* = *façon, manière*, oft bei Mol.
    V. 101. *on tient,* wie auch weiter unten V. 245 *je tiens
que* = *pense, soutiens,* häufig bei Mol.
    V. 104. *après quoi,* Mol., um das schleppende *lequel* zu
vermeiden, hat sehr häufig *quoi* in den *casibus obliquis* bei Sachen,
ebenso Pascal; cf. *Dép. am.* I. 2. *Am. magnif.* I. 2. *Femm. sav.*
III. 5 etc. Pasc. *pens.* p. 43. 135 etc. etc. Vaugelas *Observ.* I.
p. 94 findet diesen Gebrauch *fort élégant et fort commode.*
    V. 108. Das Herz in meiner Brust ist nicht von
Stein; auf diesen epigrammatisch ausgedrückten Vers folgt bald
ein ähnlicher, V. 144 *pour être dévot je n'en suis pas moins homme,*
    ' Ich bin ein Mensch, jedoch ein Engel nicht.

115 Ses attraits réfléchis brillent dans vos pareilles;
Mais il étale en vous ses plus rares merveilles;
Il a sur votre face épanché des beautés
Dont les yeux sont surpris, et les cœurs transportés,
Et je n'ai pu vous voir, parfaite créature,
120 Sans admirer en vous l'auteur de la nature,
Et d'une ardente amour sentir mon cœur atteint,
Au plus beau des portraits où lui-même il s'est peint.
D'abord j'appréhendai que cette ardeur secrète
Ne fût du noir esprit une surprise adroite;
125 Et même à fuir vos yeux mon cœur se résolut,
Vous croyant un obstacle à faire mon salut.
Mais enfin je connus, ô beauté tout aimable,
Que cette passion peut n'être point coupable,
Que je puis l'ajuster avecque la pudeur;
130 Et c'est ce qui m'y fait abandonner mon cœur.
Ce m'est, je le confesse, une audace bien grande
Que d'oser de ce cœur vous adresser l'offrande;
Mais j'attends, en mes vœux, tout de votre bonté,
Et rien des vains efforts de mon infirmité.
135 En vous est mon espoir, mon bien, ma quiétude;
De vous dépend ma peine ou ma béatitude;
Et je vais être enfin, par votre seul arrêt,
Heureux si vous voulez, malheureux s'il vous plaît.

V. 121. *et d'une ardente amour; amour* im Sing. war
bis zum Ende des 17. Jahrh., wenn es nicht Gott Amor bedeutete,
häufig *féminin.* cf. *Ec. d. f.* II. 6.:
      Il disait qu'il m'aimait d'une amour sans seconde.
      In den *Fem. sav.* IV. 2 steht *amour grossière,* auch Quinault
hat *Qu'une première amour est belle!*
      V. 122. *au plus beau des portraits* kann nicht von *at-
teint* abhängen, es muss *à la vue, à l'espect* dabei ergänzt werden,
wie unten A. V. 3 bei *à l'orgueil de ce traître.*
      V. 124. *adroite,* man sprach *adraite* aus, es reimte auf
secrète.
      V. 126. *obstacle à faire mon salut,* klarer wäre: *à ce
que je fisse m. s.*
      V. 129. *avecque* archaistisch und des Verses wegen.
      V. 131. *je le confesse* = *avoue,* mystisch salbungsvoll
wie später *quiétude, béatitude, d'une âme bénigne, regards
divins, suave merveille.*

ELMIRE.

La déclaration est tout à fait galante;
Mais elle est, à vrai dire, un peu bien surprenante.   140
Vous deviez, ce me semble, armer mieux votre sein,
Et raisonner un peu sur un pareil dessein.
Un dévot comme vous, et que partout on nomme ...

TARTUFFE.

Ah! pour être dévot, je n'en suis pas moins homme;
Et, lorsqu'on vient à voir vos célestes appas,   145
Un cœur se laisse prendre, et ne raisonne pas.
Je sais qu'un tel discours de moi paraît étrange:
Mais, madame, après tout, je ne suis pas un ange;
Et, si vous condamnez l'aveu que je vous fais,
Vous devez vous en prendre à vos charmants attraits.   150

V. 140. *un peu bien* wie unser ein wenig sehr; häufig bei
Mol. *Mis.* V. I. *Je trouve un peu bien prompt le dessein* etc. *G.
D.* III. 3. *Fest. d. P.* I. I. Montaigne hat *elles sont un peu bien
hasardées.*

V. 144. Dieser zum Sprichwort gewordene Vers soll dem
Corn. im Sertorius nachgebildet sein:
    Pour être Romain, je n'en suis pas moins homme.
Die Hinweisung stammt aus der *Critique du Tartuffe* (1670)
(s. Anh. II.).

          Laurent.
   Ah! pour être valet, je n'en suis pas moins homme!
           Lise.
   Ce vers est de Tartuffe, et c'est piller l'auteur.
          Laurent.
   Bon, n'est-il pas permis de voler le voleur?
   Ce vers étant sorti du cerveau de Corneille
   Le voler à mon tour n'est pas grande merveille.

Mol. scheint ihn eher dem Decamerone III. No. VIII. entlehnt zu haben. Ein verliebter Abbé sagt daselbst zu einer
Schönen, die er verführen will: *Comeche io sia abate, io sono uomo
come gli altri:* obgleich Abbé, bin ich doch ein Mensch
wie alle andern. Derselbe Abbé sagt auch: *Tanta forza ha
havuta la vostra vaga bellezza, che amore mi constrigne a cosi fare:*
Ihre allmächtige Schönheit, die unüberwindliche Liebe,
die sie mir einflösst, sind es, die mich zwingen, so zu
handeln.

V. 149. Elmire ist innerlich empört über die cynische Unverschämtheit Tartüffs, die Spielerin der Rolle wird dies durch-
blicken lassen, aber bei ihrer sichern Gewandtheit merkt Tartüff

Dès que j'en vis briller la splendeur plus qu'humaine,
De mon intérieur vous fûtes souveraine:
De vos regards divins l'ineffable douceur
Força la résistance où s'obstinait mon cœur;
155 Elle surmonta tout, jeûnes, prières, larmes,
Et tourna tous mes vœux du côté de vos charmes.
Mes yeux et mes soupirs vous l'ont dit mille fois;
Et, pour mieux m'expliquer, j'emploie ici la voix.
Que si vous contemplez, d'une âme un peu bénigne,
160 Les tribulations de votre esclave indigne;
S'il faut que vos bontés veuillent me consoler,
Et jusqu'à mon néant daignent se ravaler,
J'aurai toujours pour vous, ô suave merveille,
Une dévotion à nulle autre pareille.
165 Votre honneur avec moi ne court point de hasard,
Et n'a nulle disgrâce à craindre de ma part.
Tous ces galants de cour, dont les femmes sont folles,
Sont bruyants dans leurs faits et vains dans leurs paroles

---

dies nicht. Sie beutet ihr Uebergewicht über ihn aus und verlangt als Lohn ihres Schweigens, dass er Mariannens Heirath mit
Valère fördere. Wäre dies nicht der Grund ihres Betragens, so
würde sich der Zuschauer empört von ihr wenden. Wenn sie sich
nicht beherrschte und den Tartüff nach Verdienst belohnte, so
wäre das Stück zu Ende.

     V. 159. *Que si vous contemples* etc., demnach, wenn;
das *si*, von dem vorangehenden *que* begleitet, verbindet wie *quod
quum* das Folgende mit dem Vorhergehenden. Laf. *Que si ce
loup détale, casse lui la mâchoire.* Das spanische *que* hat gleichfalls diese verbindende Kraft.

     V. 165. Von hier an fällt Tartüff, der sich halb wie ein
Liebhaber und halb wie ein Beichtvater geberdet und ausgedrückt
hatte, wieder in den weltlichen Ton zurück und drückt sich in
den beiden letzten scharf pointirten Versen sehr deutlich aus.
In der oben erwähnten Novelle des Boccaz Ferondo sagt der
galante Abbé, nachdem er sich in überschwenglich mystischen
Betheuerungen ergangen: „Warum schwanken Sie? Niemand wird
je davon erfahren. Verweigern Sie mir nicht die erflehte Gunst."
Régnier lässt seinen Macette sagen:

         Ils savent, plus discrets, apporter en amant
         Avecque moins d'éclat plus de contentement.

Die *Lettre sur l'Imposteur* analysirt diese Scene sehr eingehend.

De leurs progrès sans cesse on les voit se targuer;
Ils n'ont point de faveurs qu'ils n'aillent divulguer;   170
Et leur langue indiscrète, en qui l'on se confie,
Déshonore l'autel où leur cœur sacrifie.
Mais les gens comme nous brûlent d'un feu discret,
Avec qui, pour toujours, on est sûr du secret.
Le soin que nous prenons de notre renommée   175
Répond de toute chose à la personne aimée;
Et c'est en nous qu'on trouve, acceptant notre cœur,
De l'amour sans scandale et du plaisir sans peur.

ELMIRE.

Je vous écoute dire, et votre rhétorique
En termes assez forts à mon âme s'explique.   180
N'appréhendez-vous point que je ne sois d'humeur
A dire à mon mari cette galante ardeur,
Et que le prompt avis d'un amour de la sorte
Ne pût bien altérer l'amitié qu'il vous porte?

TARTUFFE.

Je sais que vous avez trop de bénignité,   185
Et que vous ferez grâce à ma témérité;
Que vous m'excuserez, sur l'humaine faiblesse,
Des violents transports d'un amour qui vous blesse,
Et considérerez, en regardant votre air,
Que l'on n'est pas aveugle, et qu'un homme est de chair. 190

ELMIRE.

D'autres prendraient cela d'autre façon peut-être;
Mais ma discrétion se veut faire paraître.

V. 171. *en qui: qui* bei Sachen statt *lequel* sehr häufig bei
Mol. und Zeitgen. Zahlreiche Beispiele bei Mol. s. gleich. V. 174,
wo *avec qui* sich auf *feu* bezieht.

V. 179. *Je vous écoute dire* sehr häufig bei Mol. für
parler; V. 182 steht es für *raconter.*

V. 183. *amour de la sorte*, eine derartige Liebe; dies
la hat hier demonstrative Kraft, wie in *Fem. sav.* I. 1: *les choses
de la sorte.*

V. 189. *en regardant votre air*, wenn Sie Ihre (schöne)
Gestalt betrachten.

Je ne redirai point l'affaire à mon époux;
Mais je vèux, en revanche, une chose de vous:
195 C'est de presser tout franc, et sans nulle chicane,
L'union de Valère avecque Mariane,
De renoncer vous-même à l'injuste pouvoir
Qui veut du bien d'un autre enrichir votre espoir;
Et ...

SCÈNE IV.

ELMIRE, DAMIS, TARTUFFE.

DAMIS, sortant du cabinet où il s'était retiré.

Non, madame, non; ceci doit se répandre.
200 J'étais en cet endroit, d'où j'ai pu tout entendre;
Et la bonté du ciel m'y semble avoir conduit
Pour confondre l'orgueil d'un traître qui me nuit,
Pour m'ouvrir une voie à prendre la vengeance
De son hypocrisie et de son insolence,
205 A détromper mon père, et lui mettre en plein jour
L'âme d'un scélérat qui vous parle d'amour.

ELMIRE.

Non, Damis, il suffit qu'il se rende plus sage,
Et tâche à mériter la grâce où je m'engage.
Puisque je l'ai promis, ne m'en dédites pas.
210 Ce n'est point mon humeur de faire des éclats:
Une femme se rit de sottises pareilles,
Et jamais d'un mari n'en trouble les oreilles.

DAMIS.

Vous avez vos raisons pour en user ainsi;
Et pour faire autrement, j'ai les miennes aussi.
215 Le vouloir épargner est une raillerie;
Et l'insolent orgueil de sa cagoterie
N'a triomphé que trop de mon juste courroux,
Et que trop excité de désordre chez nous.

V. 203. *prendre la vengeance*, hier *la*, weil *de son hypocrisie* etc. folgt; *tirer vengeance* ist jetzt gebräuchlicher.
V. 209. *dédites* oder vielmehr *desdites* hat die Originalausg., spätere Ausg. setzen unrichtig *dédisez*.

Le ·fourbe, trop longtemps, a gouverné mon père,
Et desservi mes feux avec ceux de Valère.   220
Il faut que du perfide il soit désabusé;
Et le ciel pour cela m'offre un moyen aisé.
De cette occasion je lui suis redevable,
Et, pour la négliger, elle est trop favorable:
·Ce serait mériter qu'il me la vînt ravir,   225
Que de l'avoir en main et ne m'en pas servir.

ELMIRE.

Damis . ·

DAMIS.

       Non, s'il vous plaît, il faut que je me croie.
Mon âme est maintenant au comble de sa joie;
Et vos discours en vain prétendent m'obliger
A quitter le plaisir de me pouvoir venger.   230
Sans aller plus avant, je vais vider l'affaire;
Et voici justement de quoi me satisfaire.

SCÈNE V.

ORGON, ELMIRE, DAMIS, TARTUFFE.

DAMIS.

Nous allons régaler, mon père, votre abord
D'un incident tout frais qui vous surprendra fort.

     V. 220. Und hat zugleich meiner Liebe nebst der Valères geschadet.
     V. 227. *il faut que je me croie*, ich muss auf meinem Entschluss beharren; *se croire* im Sinne von sich auf sich selbst verlassen findet sich auch bei Fléchier. *On a quelque honte de se croire quand on est seul à s'estimer et à s'applaudir.*
     Der Dichter lässt hier mit gutem Grund den stürmischen Damis sich Elmirens Bitten widersetzen, denn wenn er ihrem Rathe folgte und nicht triumphirend seinem Vater die Sache mittheilte, wenn sie es selbst statt seiner thäte, so könnte sie nicht wieder mit dem Tartüff anknüpfen und ihn in die Falle locken.
     V. 230. *A quitter le plaisir* ungewöhnl. für *renoncer à, se priver de.*
     V. 233. Wir wollen Sie zum Willkomm mit einer schönen Nachricht erfreuen.

235 Vous êtes bien payé de toutes vos caresses,
Et monsieur d'un beau prix reconnaît vos tendresses.
Son grand zèle pour vous vient de se déclarer:
Il ne va pas à moins qu'à vous déshonorer;
Et je l'ai surpris là qui faisait à madame
240 L'injurieux aveu d'une coupable flamme.
Elle est d'une humeur douce, et son cœur trop discret
Voulait à toute force en garder le secret;
Mais je ne puis flatter une telle impudence,
Et crois que vous la taire est vous faire une offense.

ELMIRE.

245 Oui, je tiens que jamais de tous ces vains propos
On ne doit d'un mari traverser le repos;
Que ce n'est point de là que l'honneur peut dépendre,
Et qu'il suffit, pour nous, de savoir nous défendre.
Ce sont mes sentiments; et vous n'auriez rien dit,
250 Damis, si j'avais eu sur vous quelque crédit.

SCÈNE VI.

ORGON, DAMIS, TARTUFFE.

ORGON.

Ce que je viens d'entendre, ô ciel! est-il croyable?

TARTUFFE.

Oui, mon frère, je suis un méchant, un coupable,
Un malheureux pécheur, tout plein d'iniquité,
Le plus grand scélérat qui jamais ait été.
255 Chaque instant de ma vie est chargé de souillures;
Elle n'est qu'un amas de crimes et d'ordures;

V. 243. *flatter*, Vorschub leisten, öfter in diesem Sinne.
V. 246. *traverser*, stören, und *repos*, auffällige Verbindung.
V. 253. *tout plein d'iniquité*, voll Sündhaftigkeit;
wie später *souillure, ordure, se mortifier*, mystisch kirchliche Sprache.

Et je vois que le ciel, pour ma punition,
Me veut mortifier en cette occasion.
De quelque grand forfait qu'on me puisse reprendre,
Je n'ai garde d'avoir l'orgueil de m'en défendre   260
Croyez ce qu'on vous dit, armez votre courroux,
Et comme un criminel chassez-moi de chez vous:
Je ne saurais avoir tant de honte en partage,
Que je n'en aie encor mérité davantage.

ORGON, à son fils.

Ah! traître, oses-tu bien, par cette fausseté,   265
Vouloir de sa vertu ternir la pureté?

DAMIS.

Quoi! la feinte douceur de cette âme hypocrite
Vous fera démentir ...

ORGON.

Tais-toi, peste maudite.

TARTUFFE.

Ah, laissez-le parler; vous l'accusez à tort,
Et vous ferez bien mieux de croire à son rapport.   270
Pourquoi, sur un tel fait, m'être si favorable?
Savez-vous, après tout, de quoi je suis capable?
Vous fiez-vous, mon frère, à mon extérieur?
Et, pour tout ce qu'on voit, me croyez-vous meilleur?
Non, non: vous vous laissez tromper à l'apparence;   275
Et je ne suis rien moins, hélas! que ce qu'on pense.
Tout le monde me prend pour un homme de bien:
Mais la vérité pure est que je ne vaux rien.

V. 260. Ich habe nicht die Anmassung, mich davon
rein zu waschen.

V. 268. *vous fera démentir* .... soll machen, dass
Sie in Abrede stellen, zu ergänzen: *les faits dont nous avons
parlé.*

V. 274. Halten Sie mich wegen meines blossen Aus-
sehens für besser, als ich bin? Der Satz ist eine Ausführung
des vorhergehenden.

V. 275. *vous vous laissez tromper à:* Fem. sav. V. 2. *Vous
vous laissez séduire à.*

(S'adressant à Damis.)

Oui, mon cher fils, parlez: traitez moi de perfide,
280 D'infâme, de perdu, de voleur, d'homicide;
Accablez-moi de noms encor plus détestés:
Je n'y contredis point, je les ai mérités;
Et j'en veux à genoux souffrir l'ignominie,
Comme une honte due aux crimes de ma vie.

ORGON.

(A Tartuffe.)   (A son fils.)

285 Mon frère, c'en est trop. Ton cœur ne se rend point,
Traître!

DAMIS.

Quoi! ses discours vous séduiront au point ...

ORGON, relevant Tartuffe.

Tais toi, pendard! Mon frère, hé! levez-vous, de grâce!
(A son fils.)
Infâme!

DAMIS.

Il peut ..

V. 282. *contredire* kommt auch bei Racine im Brittanicus
mit dem Datif· vor: *loin de leur contredire*, auch bei Corn. und
Bossuet.   Diese Stelle scheint einer Novelle von Scarron *Les
Hypocrites* nachgebildet zu sein.   Ein heuchlerischer Schelm
Montufar täuscht unter dem angenommenen Namen Bruder Martin
die Einwohner von Sevilla, ein Edelmann, der ihn in Madrid gekannt hatte, bemerkt.ihn im Augenblick, wo er aus der Kirche
tritt, wo das Volk ihn andachtsvoll umringt und den Zipfel seines
Gewandes küsst.   Der Edelmann kann sich nicht halten, fällt über
ihn her, ohrfeigt ihn und ruft: Schurke, fürchtest du weder Gott
noch die Menschen? Da stürzt sich das Volk auf den Edelmann
und hätte ihn umgebracht, wenn Montufar ihn nicht mit`seinem
Körper gedeckt und ausgerufen hätte: Mein Bruder, um des Herrn
willen schone ihn! Ja, ich bin. ein Bösewicht, ich habe nie Gott
Wohlgefälliges gethan.   Glaubst du, weil ich heilige Kleider trage,
dass ich nicht mein Leben lang ein ruchloser Schurke gewesen
bin? Dann wirft er sich seinem Angreifer zu Füssen, küsst ihn
und bittet ihn um Verzeihung, giebt ihm seinen Degen zurück,
hängt ihm seinen Mantel wieder um und entlässt ihn unter
Segenswünschen. Mol., dem dies unverkennbar vorgeschwebt hat,
hat es vortrefflich dramatisirt.   Dass der Name Montufar eine
gewisse Aehnlichkeit mit Tartüff hat, ist bemerkenswerth.

ORGON.

Tais-toi.

DAMIS.

J'enrage. Quoi! je passe ...

ORGON.

Si tu dis un seul mot, je te romprai les bras.

TARTUFFE.

Mon frère, au nom de Dieu, ne vous emportez pas!   290
J'aimerais mieux souffrir la peine la plus dure,
Qu'il eût reçu pour moi la moindre égratignure.

ORGON, à son fils.

Ingrat!

TARTUFFE.

    Laissez-le en paix. S'il faut, à deux genoux,
Vous demander sa grâce ...

ORGON, se jetant aussi à genoux, et embrassant Tartuffe.

Hélas! vous moquez-vous?

(A son fils.)
Coquin! vois sa bonté!

DAMIS.

Donc ...

ORGON.

Paix!

DAMIS.

Quoi! je ...

V. 288. *Quoi, je passe ....?* Unterbrechung von *passe-rais?* ich sollte das hingehen lassen?

V. 291 u. 292. Die beiden Verse sind verworren, *que* hat doppelte Function, es müsste eigentlich *que que* heissen, als dass. Ich wollte lieber die härteste Strafe erdulden, als dass er für mich die leiseste Verletzung erlitte; im Franz. liesse sich es geben durch: *que de voir qu'il eût reçu* oder *que s'il avait reçu.*

ORGON.

295   Paix, dis-je:
Je sais bien quel motif à l'attaquer t'oblige.
Vous le haïssez tous; et je vois aujourd'hui
Femme, enfants, et valets, déchaînés contre lui.
On met impudemment toute chose en usage
300 Pour ôter de chez moi ce dévot personnage:
Mais plus on fait d'efforts afin de l'en bannir,
Plus j'en veux employer à l'y mieux retenir;
Et je vais me hâter de lui donner ma fille,
Pour confondre l'orgueil de toute ma famille.

DAMIS.

305 A recevoir sa main on pense l'obliger?

ORGON.

Oui, traître, et dès ce soir, pour vous faire enrager.
Ah! je vous brave tous, et vous ferai connaître
Qu'il faut qu'on m'obéisse, et que je suis le maître.
Allons, qu'on se rétracte, et qu'à l'instant, fripon,
310 On se jette à ses pieds pour demander pardon.

DAMIS.

Quoi! moi! de ce coquin, qui, par ses impostures ...

ORGON.

Ah! tu résistes, gueux, et lui dis des injures?
(A Tartuffe.)
Un bâton! un bâton! Ne me retenez pas.
(A son fils.)
Sus! que de ma maison on sorte de ce pas,
315 Et que d'y revenir on n'ait jamais l'audace.

DAMIS.

Oui, je sortirai; mais ...

ORGON.

                    Vite, quittons la place.
Je te prive, pendard, de ma succession,
Et te donne, de plus, ma malédiction.

SCÈNE VII.

ORGON, TARTUFFE.

ORGON.

Offenser de la sorte une sainte personne!

TARTUFFE.

O ciel! pardonne-lui la douleur qu'il me donne!   320
    (A Orgon.)
Si vous pouviez savoir avec quel déplaisir
Je vois qu'envers mon frère on tâche à me noircir ...

ORGON.

Hélas!

TARTUFFE.

   Le seul penser de cette ingratitude
Fait souffrir à mon âme un supplice si rude ...
L'horreur que j'en conçois ... J'ai le cœur si serré   325
Que je ne puis parler, et crois que j'en mourrai.

ORGON, courant tout en larmes à la porte par où il a chassé son fils.

Coquin! je me repens que ma main t'ait fait grâce,
Et ne t'ait pas d'abord assommé sur la place.
    (A Tartuffe.)
Remettez-vous, mon frère, et ne vous fâchez pas.   330

V. 320. Var. *Oh ciel! pardonne lui comme je lui pardonne!* Dies findet sich in keiner der ersten Ausg., aber nach
einer Aussage Barons war es die ursprüngliche Lesart. Mol.
Feinde hatten darin eine Parodie des Vaterunser gesehen: *Dimitte
nobis debita nostra sicut et nos dimittimus debitoribus nostris.* In
der Vorrede sagt Mol., er hätte weggelassen: *les termes consacrés
dont on aurait eu peine à entendre Tartuffe faire un mauvais usage.*
In mehreren neueren Ausgaben findet sich diese Lesart wieder.
V. 322 statt *envers* jetzt *auprès de.*

V. 323. *le seul penser* findet sich substantivisch gebraucht
auch *Amph.* III. 1.   *Ah! fasse le ciel équitable*
             Que ce penser soit véritable.
Infinitive mit dem Artikel figurirten häufig als Substantive. Pascal
(*Pens.* p. 213) hat:
   Tous les marchers, toussers, mouchers, éternuers sont différents.

TARTUFFE.

Rompons, rompons le cours de ces fâcheux débats.
Je regarde céans quels grands troubles j'apporte,
Et crois qu'il est besoin, mon frère, que j'en sorte.

ORGON.

Comment! vous moquez-vous?

TARTUFFE.

                        On m'y hait, et je voi
335 Qu'on cherche à vous donner des soupçons de ma foi.

ORGON.

Qu'importe? Voyez-vous que mon cœur les écoute?

TARTUFFE.

On ne manquera pas de poursuivre, sans doute;
Et ces mêmes rapports qu'ici vous rejetez
Peut-être, une autre fois, seront-ils écoutés.

ORGON.

Non, mon frère, jamais.

TARTUFFE.

340   Ah! mon frère, une femme
Aisément d'un mari peut bien surprendre l'âme.

ORGON.

Non, non.

TARTUFFE.

        Laissez-moi vite, en m'éloignant d'ici,
Leur ôter tout sujet de m'attaquer ainsi.

ORGON.

Non, vous demeurerez; il y va de ma vie.

TARTUFFE.

345 Eh bien! il faudra donc que je me mortifie.
Pourtant, si vous vouliez ...

_____

    V. 332. *céans* müsste auf *j'apporte* folgen: welche Ver-
wirrung ich hier anrichte.
    V. 345. *il faudra donc que je me mortifie,* ich muss
mir also Gewalt anthun.

ORGON.

Ah!

TARTUFFE.

Soit: n'en parlons plus.
Mais je sais comme il faut en user là-dessus.
L'honneur est délicat; et l'amitié m'engage
A prévenir les bruits et les sujets d'ombrage.
Je fuirai votre épouse, et vous ne me verrez ... 350

ORGON.

Non, en dépit de tous vous la fréquenterez.
Faire enrager le monde est ma plus grand joie;
Et je veux qu'à toute heure avec elle on vous voie.
Ce n'est pas tout encor: pour les mieux braver tous
Je ne veux point avoir d'autre héritier que vous; 355
Et je vais de ce pas, en fort bonne manière,
Vous faire de mon bien donation entière.
Un bon et franc ami, que pour gendre je prends,
M'est bien plus cher que fils, que femme, et que parents.
N'accepterez-vous pas ce que je vous propose? 360

TARTUFFE.

La volonté du ciel soit faite en toute chose!

ORGON.

Le pauvre homme! Allons vite en dresser un écrit;
Et que puisse l'envie en crever de dépit!

V. 349. Den üblen Gerüchten und der Veranlassung
zum Misstrauen zuvorkommen; *ombrage* oft im Sinne von
défiance. Rac. Athalie: *Vivez, solemnisez vos fêtes sans ombrage.*
V. 354. Ein naives Geständniss. Die Verblendung ist es
nicht allein, Herrschsucht und durch Widerspruch gereizter Eigensinn sprechen bei Orgon mit.
V. 356. *en fort bonne manière*, in voller Rechtsform
durch einen Notar, wie V. 362 besagt.
V. 361. Diese Anwendung eines Wortes frommer Ergeben-
heit ist hier eine Blasphemie, die Tartüffs würdig ist.
V. 362. Das *le pauvre homme!* wiederholt sich hier
effectvoll.
V. 363. Bestätigung des zu V. 354 Bemerkten.

ACTE QUATRIÈME.

SCÈNE I.

CLÉANTE, TARTUFFE.

CLÉANTE.

Oui, tout le monde en parle, et vous m'en pouvez croire.
L'éclat que fait ce bruit n'est point à votre gloire,
Et je vous ai trouvé, monsieur, fort à propos
Pour vous en dire net ma pensée en deux mots.
5 Je n'examine point à fond ce qu'on expose;
Je passe là-dessus, et prends au pis la chose.
Supposons que Damis n'en ait pas bien usé,
Et que ce soit à tort qu'on vous ait accusé:
N'est-il pas d'un chrétien de pardonner l'offense,
10 Et d'éteindre en son cœur tout désir de vengeance?
Et devez-vous souffrir, pour votre démêlé,
Que du logis d'un père un fils soit exilé?
Je vous le dis encore, et parle avec franchise,
Il n'est petit, ni grand, qui ne s'en scandalise;
15 Et, si vous m'en croyez, vous pacifierez tout,
Et ne pousserez point les affaires à bout.
Sacrifiez à Dieu toute votre colère,
Et remettez le fils en grâce avec le père.

TARTUFFE.

Hélas! je le voudrais, quant à moi, de bon cœur;
20 Je ne garde pour lui, monsieur, aucune aigreur;
Je lui pardonne tout; de rien je ne le blâme,
Et voudrais le servir du meilleur de mon âme:

V. 5. *expose*, vorbringt.
V. 9 Cléant, dem Tartüff gewachsen, treibt ihn hier in die
Enge, und zu *excuses colorées* (V. 33) zu schöngefärbten
Ausflüchten.
V. 22. *du meilleur de mon âme* = *de tout mon coeur*
öfter bei Mol.

Mais l'intérêt du ciel n'y saurait consentir;
Et, s'il rentre céans, c'est à moi d'en sortir.
Après son action, qui n'eut jamais d'égale,   25
Le. commerce entre nous porterait du scandale:
Dieu sait ce que d'abord tout le monde en croirait;
A pure politique on me l'imputerait:
Et ·l'on dirait partout que, me sentant coupable,
Je feins pour qui m'accuse un zèle charitable;   30
Que mon cœur l'appréhende, et veut le ménager
Pour le pouvoir, sous main, au silence engager.

CLÉÁNTE.

Vous nous payez ici d'excuses colorées;
Et toutes vos raisons, monsieur, sont trop tirées.
Des intérêts du ciel pourquoi vous chargez-vous?   35
Pour punir le coupable a-t-il besoin de nous?
Laissez-lui, laissez-lui le soin de ses vengeances:
Ne songez qu'au pardon qu'il prescrit des offenses,
Et ne regardez point aux jugements humains,
Quand vous suivez du ciel les ordres souverains.   40
Quoi! le faible intérêt de ce qu'on pourra croire
D'une bonne action empêchera la gloire!
Non, non; faisons toujours ce que le ciel prescrit,
Et d'aucun autre soin ne nous brouillons l'esprit.

TARTUFFE.

Je vous ai déjà dit que mon cœur lui pardonne;   45
Et c'est faire, monsieur, ce que le ciel ordonne:
Mais, après le scandale et l'affront d'aujourd'hui,
Le ciel n'ordonne pas qué je vive avec lui.

CLÉANTE.

Et vous ordonne-t-il, monsieur, d'ouvrir l'oreille
A ce qu'un pur caprice à son père conseille,   50
Et d'accepter le don qui vous est fait d'un bien
Où le droit vous oblige à ne prétendre rien?

V. 34. *tiré* gewöhnl. *t. par les cheveux*, weit hergeholt.
V. 44. *brouiller = embarrasser.*
V. 51. Es ist auffallend, dass Cléant schon etwas von der *donation* weiss.

TARTUFFE.

Ceux qui me connaîtront n'auront pas la pensée
Que ce soit un effet d'une âme intéressée.
55 Tous les biens de ce monde ont pour moi peu d'appas;
De leur éclat trompeur je ne m'éblouis pas;
Et si je me résous à recevoir du père
Cette donation qu'il a voulu me faire,
Ce n'est, à dire vrai, que parce que je crains
60 Que tout ce bien ne tombe en de méchantes mains;
Qu'il ne trouve des gens qui, l'ayant en partage,
En fassent dans le monde un criminel usage,
Et ne s'en servent pas, ainsi que j'ai dessein,
Pour la gloire du ciel et le bien du prochain.

CLÉANTE.

65 Hé! monsieur, n'ayez point ces délicates craintes,
Qui d'un juste héritier peuvent causer les plaintes.
Souffrez, sans vous vouloir embarrasser de rien,
Qu'il soit, à ses périls, possesseur de son bien;
Et songez qu'il vaut mieux encor qu'il en mésuse,
70 Que si de l'en frustrer il faut qu'on vous accuse.
J'admire seulement que, sans confusion,
Vous en ayez souffert la proposition.
Car enfin le vrai zèle a-t-il quelque maxime
Qui montre à dépouiller l'héritier légitime?
75 Et, s'il faut que le ciel dans votre cœur ait mis
Un invincible obstacle à vivre avec Damis,
Ne vaudrait-il pas mieux qu'en personne discrète
Vous fissiez de céans une honnête retraite,

V. 54. *un effet d'une âme intéressée*, ein doppeltes *un*
öfter bei Mol. cf. *Mis.* IV. 2: *Et l'on sait ce que c'est qu'un courroux,
d'un amant.*, eine sonst seltene Wendung, vielleicht des Verses
wegen, doch auch *Av.* II. 1: *Plus une peau d'un lézard* etc., wo
der Vers keinen Einfluss hatte.
    V. 61. *l'ayant en partage*, denen es als Erbschaft
zufällt.
    V. 71. *j'admire que*, meistens hat Mol. *comme* dabei.
Pr. d'Él. IV. 1. *J'admire comme le ciel a pu former* etc. Pasc.
hat meistens *que*.

Que de souffrir ainsi, contre toute raison,
Qu'on en chasse pour vous le fils de la maison?   80
Croyez-moi, c'est donner de votre prud'homie,
Monsieur ...

TARTUFFE.

Il est, monsieur, trois heures et demie:
Certain devoir pieux me demande là-haut,
Et vous m'excuserez de vous quitter sitôt.

CLÉANTE, seul.

Ah!

SCÈNE II.

ELMIRE, MARIANE, CLÉANTE, DORINE.

DORINE, à Cléante.

De grâce, avec nous employez-vous pour elle,   85
Monsieur: son âme souffre une douleur mortelle,
Et l'accord que son père a conclu pour ce soir
La fait, à tous moments, entrer en désespoir.
Il va venir. Joignons nos efforts, je vous prie,
Et tâchons d'ébranler, de force ou d'industrie,   90
Ce malheureux dessein qui nous a tous troublés.

SCÈNE III.

ORGON, ELMIRE, MARIANE, DORINE.

ORGON.

Ah! je me réjouis de vous voir assemblés.
(à Mariane.)
Je porte en ce contrat de quoi vous faire rire,
Et vous savez déjà ce que cela veut dire.

V. 81. *prud'homie*, hier Rechtlichkeit, öfter in diesem
Sinne bei Mol.
    V. 82. Regnard hat dieses pikante, Tartüffs würdige Wort,
im *Légataire universel* in sehr cynischer Weise reproducirt:
Géronte: *Certain devoir pressant m'appelle en certain lieu.*
    V. 90. *de force ou d'industrie*, mit Gewalt oder

MARIANE, aux genoux d'Orgon.

95 Mon père, au nom du ciel qui connaît ma douleur,
Et par tout ce qui peut émouvoir votre cœur,
Relâchez-vous un peu des droits de la naissance
Et dispensez mes vœux de cette obéissance.
Ne me réduisez point, par cette dure loi,
100 Jusqu'à me plaindre au ciel de ce que je vous doi;
Et cette vie, hélas! que vous m'avez donnée,
Ne me la rendez pas, mon père, infortunée.
Si, contre un doux espoir que j'avais pu former,
Vous me défendez d'être à ce que j'ose aimer,
105 Au moins, par vos bontés qu'à vos genoux j'implore,
Sauvez-moi du tourment d'être à ce que j'abhorre;
Et ne me portez point à quelque désespoir,
En vous servant sur moi de tout votre pouvoir.

ORGON, se sentant attendrir.

Allons, ferme, mon cœur! point de faiblesse humaine!

MARIANE.

110 Vos tendresses pour lui ne me font point de peine;
Faites-les éclater, donnez-lui votre bien,
Et, si ce n'est assez, joignez-y tout le mien;

List; man sagt *de gré ou de force*, aber bei *industrie = adresse* müsste *par* stehen, man sieht nicht recht, welche *force* es ist, es müsste denn die der Einschüchterung sein, die Dorine anwenden will.

V. 97. *se relâcher de* hat häufig den Sinn von nachgeben, etwas aufgeben; *droits de naissance*, Rechte, die die Geburt giebt, passt aber nicht dazu, hier sind *droits de paternité* gemeint.

V. 104. *ce que j'ose aimer*; s. auch V. 106 *à ce que j'abhorre;* in diesem *ce* statt *celui* liegt etwas Verschleierndes, Verallgemeinerndes, hier passend im Munde der schüchternen Marianne. Racine hat:

> *Il faut que je me livre à tout ce que je hais —*
> *Tout ce que j'aime, madame, est en ces lieux.*

V. 109. *Allons, ferme mon coeur* etc., ein hübsches Motiv für den Spieler, der den Kampf zwischen Rührung und Eigensinn komisch zur Anschauung zu bringen hat.

V. 112. *Joignez-y tout le mien.* Marianne ist wie Damis ein Kind erster Ehe und besitzt ein von der Mutter ererbtes Vermögen.

J'y consens de bon cœur, et je vous l'abandonne:
Mais, au moins, n'allez pas jusques à ma personne,
Et souffrez qu'un couvent, dans les austérités, 115
Use les tristes jours que le ciel m'a comptés.

ORGON.

Ah! voilà justement de mes religieuses,
Lorsqu'un père combat leurs flammes amoureuses.
Debout. Plus votre cœur répugne à l'accepter,
Plus ce sera pour vous matière à mériter. 120
Mortifiez vos sens avec ce mariage,
Et ne me rompez pas la tête davantage.

DORINE.

Mais quoi! ...

ORGON.

Taisez-vous, vous. Parlez à votre écot.
Je vous défends, tout net, d'oser dire un seul mot.

V. 115. In ähnlicher Stimmung und Lage denken Henriette
in den *Fem. sav.* und Elvire im *D. G. d. N.* ans Kloster.
    V. 115 u. 116. *qu'un couvent use* etc., abnutze, auf-
zehre.
    V. 117. In der Claricie von Rotrou sagt ein Vater zu seiner
Tochter:

> *Quand les faibles esprits de ces jeunes coquettes*
> *Se sont embarrassés de quelques amourettes,*
> *Et que leur fol espoir ne peut avoir de lieu,*
> *Lors, au défaut du monde, elles songent à Dieu.*

    V. 120. *matière*, Gelegenheit, oft in diesem Sinne.

> *Le sort que de l'honneur nous offre la carrière*
> *Offre à notre constance une illustre matière.*   (Corn.)

Früher sollte die Ehe mit Tartüff lauter Wonne und Selig-
keit sein, jetzt soll ·sie zur Kasteiung dienen. Orgon ist voll
lustiger Widersprüche, und wenn er im Raisonnement nicht weiter
kann, zieht er sich wie Chrysal mit einem *sic volo, sic jubeo* aus
der Affaire.
    V. 123. *Parlez à votre écot.* Petitot erklärt es durch:
Sprich mit Deinesgleichen; *écot* eine Gesellschaft, die sich
zu einem von Allen gleichmässig zu bezahlenden Gastmahl (unser
Picknick) zusammenfindet. Besser: Sprich, wenn es Dir zukommt; man braucht es gern gegen solche, die unberufen
hineinreden.

CLÉANTE.

125 Si par quelque conseil vous souffrez qu'on réponde ...

ORGON.

Mon frère, vos conseils sont les meilleurs du monde;
Ils sont bien raisonnés, et j'en fais un grand cas;
Mais vous trouverez bon que je n'en use pas.

ELMIRE, à Orgon.

A voir ce que je vois, je ne sais plus que dire;
130 Et votre aveuglement fait que je vous admire.
C'est être bien coiffé, bien prévenu de lui,
Que de nous démentir sur le fait d'aujourd'hui!

ORGON.

Je suis votre valet, et crois les apparences.
Pour mon fripon de fils je sais vos complaisances,
135 Et vous avez eu peur de le désavouer
Du trait qu'à ce pauvre homme il a voulu jouer.
Vous étiez trop tranquille, enfin, pour être crue:
Et vous auriez paru d'autre manière émue

ELMIRE.

Est-ce qu'au simple aveu d'un amoureux transport
140 Il faut que notre honneur se gendarme si fort?
Et ne peut-on répondre à tout ce qui le touche,
Que le feu dans les yeux et l'injure à la bouche?
Pour moi, de tels propos je me ris simplement;
Et l'éclat, là-dessus, ne me plaît nullement.

V. 131. *prévenu*, eingenommen für; das hier dabei-
stehende *de* kommt wohl vom vorhergehenden *coiffé*, mit dem es
identisch ist. Sonst heisst *prévenu de* angeklagt: *prévenu
d'un crime.*

V. 135 u. 136. Sie wollten ihn bei dem bösen Streiche,
den er dem Manne hat spielen wollen, nicht im Stich
lassen: dies oft der Sinn von *désavouer.*

V. 141 ff. Auger bemerkt hierzu: Elmirens verständige
Mässigung bei Tartüffs Unverschämtheit ist, ausser dass sie zu
Situationen führt, in denen der Charakter der Personen sich enthüllt, der Angelpunkt der Handlung. Ohne diese Mässigung
könnte sie Tartüffs Verdacht nicht beseitigen und denselben nicht
entlarven.

J'aime qu'avec douceur nous nous, montrions sages,   145
Et ne suis point du tout pour ces prudes sauvages
Dont l'honneur est armé de griffes et de dents,
Et veut au moindre mot dévisager les gens.
Me préserve le ciel d'une telle sagesse!
Je veux une vertu qui ne soit point diablesse: 150
Et crois que d'un refus la discrète froideur
N'en est pas moins puissante à rebuter un cœur.

ORGON.

Enfin, je sais l'affaire, et ne prends point le change.

ELMIRE.

J'admire, encore un coup, cette faiblesse étrange:
Mais que me répondrait votre incrédulité,   155
Si je vous faisais voir qu'on vous dit vérité?

ORGON.

Voir!

ELMIRE.

Oui.

ORGON.

Chansons.

ELMIRE.

Mais quoi! si je trouvais manière
De vous le faire voir avec pleine lumière? ...

ORGON.

Contes en l'air.

V. 148. *dévisager = défigurer le visage.*
V. 150. *diablesse* Adjectiv. *Une femme diablesse est quelque-fois pire qu'un vrai diable* (Dancourt).
V. 151 u. 152. Diese beiden Verse sind nicht klar, es müsste heissen: *un refus, pour être fait avec une discrète pudeur, n'en est pas moins puissant,* Ich glaube, dass eine Zurückweisung, wenn sie in kalt besonnener Weise geschieht, nur um so eindringlicher ist; *à rebuter* statt *pour,* häufig bei Mol. u. Zeitgen.
V. 157. *si je trouvais manière,* ein Mittel, häufige Auslassung des *un.*

ELMIRE.

Quel homme! Au moins, répondez-moi.
160 Je ne vous parle pas de nous ajouter foi;
Mais supposons ici que, d'un lieu qu'on peut prendre,
On vous fît clairement tout voir et tout entendre:
Que diriez-vous alors de votre homme de bien?

ORGON.

En ce cas, je dirais que ... Je ne dirais rien.
Car cela ne se peut.

ELMIRE.

165   L'erreur trop longtemps dure,
Et c'est trop condamner ma' bouche d'imposture.
Il faut que par plaisir, et sans aller plus loin,
De tout ce qu'on vous dit je vous fasse témoin.

ORGON.

Soit. Je vous prends au mot. Nous verrons votre adresse,
170 Et comment vous pourrez remplir cette promesse.

ELMIRE, à Dorine.

Faites-le moi venir.

DORINE, à Elmire.

Son esprit est rusé,
Et peut-être à surprendre il sera malaisé.

ELMIRE, à Dorine.

Non: on est aisément dupé par ce qu'on aime,
Et l'amour-propre s'engage à se tromper soi-même.
(à Cléante et Mariane.)
175 Faites-le moi descendre. Et vous, retirez-vous.

V. 160. Elmirens Worte dienen zum Retardiren der Spannung
und sind als Vorbereitung auf die folgende bedenkliche Scene
unerlässlich, man wird durch sie zum Voraus beruhigt.
     V. 166. *condamner d'imposture* = *accuser*, ich habe
keine analogen Beispiele finden können.
     V. 167. *par plaisir*, zum Spass.
     V. 169 u. 170. *Nous verrons votre adresse* || *Et com-
ment* etc. Constructionswechsel, häufige Beispiele. Wie geschickt Sie sind und wie Sie etc.

SCÈNE IV.

ELMIRE, ORGON.

ELMIRE.

Approchons cette table, et vous mettez dessous.

ORGON.

Comment!

ELMIRE.

Vous bien cacher est un point nécessaire.

ORGON.

Pourquoi sous cette table?

ELMIRE.

Ah! mon Dieu! laissez faire;
J'ai mon dessein en tête, et vous en jugerez.
Mettez-vous là, vous dis-je, et quand vous y serez,   180
Gardez qu'on ne vous voie et qu'on ne vous entende.

ORGON.

Je confesse qu'ici ma complaissance est grande:
Mais de cette entreprise il vous faut voir sortir.

ELMIRE.

Vous n'aurez, que je crois, rien à me repartir.
(à Orgon, qui est sous la table.)
Au moins, je vais toucher une étrange matière,   185
Ne vous scandalisez en aucune manière,

_____

V. 176. In jedem grösseren Zimmer befand sich ein Tisch
mit einem lang herabhängenden Teppich, der keinen bestimmten
Platz hatte, deshalb sagt Elmire: Rücken wir den Tisch
näher, damit er Sie nicht sehen und hören könne. Bret
will den Text unnöthiger Weise verändern in *coures à cette
table*.
   V. 181. *gardez* ohne *vous*, häufige Beispiele s. u. V. 202.
gardez de paraître, G. D. II. 9. *gardez de vous tromper*, Pourc. I. 3.,
Éc. d. f. IV. 9. auch bei Corn. Rac. u. Boil. Mol. hat aber auch
gardez-vous de la quitter des yeux. Éc. d. f. V. 5.

Quoi que je puisse dire, il doit m'être permis;
Et c'est pour vous convaincre, ainsi que j'ai promis.
Je vais par des douceurs; puisque j'y suis réduite,
190 Faire poser le masque à cette âme hypocrite,
Flatter de son amour les désirs effrontés,
Et donner un champ libre à ses témérités.
Comme c'est pour vous seul, et pour mieux le confondre,
Que mon âme à ses vœux va feindre de répondre,
195 J'aurai lieu de cesser dès que vous vous rendrez,
Et les choses n'iront que jusqu'où vous voudrez.
C'est à vous d'arrêter son ardeur insensée
Quand vous croirez l'affaire assez avant poussée,
D'épargner votre femme, et de ne m'exposer
200 Qu'à ce qu'il vous faudra pour vous désabuser.
Ce sont vos intérêts, vous en serez le maître,
Et ... L'on vient. Tenez-vous, et gardez de paraître.

SCÈNE V.

TARTUFFE, ELMIRE; ORGON sous la table.

TARTUFFE.

On m'a dit qu'en ce lieu vous me vouliez parler.

ELMIRE.

Oui. L'on a des secrets a vous y révéler.
205 Mais tirez cette porte avant qu'on vous les dise;
Et regardez partout, de crainte de surprise.

(Tartuffe va fermer la porte, et revient.)

Une affaire pareille à celle de tantôt
N'est pas assurément ici ce qu'il nous faut:

V. 187. *il doit m'être permis*: *cela* ist gebräuchlicher.
V. 202. *Tenez-vous*, Halten Sie sich ruhig. Orgon darf nicht, wie oft geschieht, durch Faxen, die er unter dem Tische macht, die Aufmerksamkeit des Publikums absorbiren. Wie man in dieser delicaten Situation den Tartüff überlisten und dabei in den Kampf eines empörten Gemüthes blicken lassen kann, hat Mlle. Mars. in dieser Scene gezeigt, die gewissermassen eine Wiederholung derjenigen des dritten Actes, einen noch höheren Grad von Feinheit verlangt.

Jamais il ne s'est vu de surprise de même.
Damis m'a fait pour vous une frayeur extrême; 210
Et vous avez bien vu que j'ai fait mes efforts
Pour rompre son dessein et calmer ses transports.
Mon trouble, il est bien vrai, m'a si fort possédée,
Que de le démentir je n'ai point eu l'idée:
Mais par là, grâce au ciel, tout a bien mieux été, 215
Et les choses en sont dans plus de sûreté.
L'estime où l'on vous tient a dissipé l'orage,
Et mon mari de vous ne peut prendre d'ombrage.
Pour mieux braver l'éclat des mauvais jugements,
Il veut que nous soyons ensemble à tous moments; 220
Et c'est par où je puis, sans peur d'être blâmée,
Me trouver ici seule avec vous enfermée,
Et ce qui m'autorise à vous ouvrir un cœur
Un peu trop prompt peut-être à souffrir votre ardeur.

TARTUFFE.

Ce langage à comprendre est assez difficile, 225
Madame, et vous parliez tantôt d'un autre style.

ELMIRE.

Ah! si d'un tel refus vous êtes en courroux,
Que le cœur d'une femme est mal connu de vous!
Et que vous savez peu ce qu'il veut faire entendre,
Lorsque si faiblement on le voit se défendre! 230
Toujours notre pudeur combat, dans ces moments,
Ce qu'on peut nous donner de tendres sentiments,
Quelque raison qu'on trouve à l'amour qui nous dompte,
On trouve à l'avouer toujours un peu de honte.
On s'en défend d'abord: mais de l'air qu'on s'y prend 235
On fait connaître assez que notre cœur se rend; .
Qu'à nos vœux, par honneur, notre bouche s'oppose,
Et que de tels refus promettent toute chose.

V. 209. *surprise de même = pareille.* Éc. d. m. III. 2.
c'est un transport si grand qu'il n'en est point de même.
V. 216. Var. *en plus de sûreté* (1682).
V. 221. *c'est par où* für *par là* oder *voilà par où.*
V. 232. Die zärtlichen Gefühle, die man uns ein-
flösst.

C'est vous faire, sans doute, un assez libre aveu,
240 Et sur notre pudeur me ménager bien peu.
Mais, puisque la parole enfin en est lâchée,
A retenir Damis me serais-je attachée,
Aurais-je, je vous prie, avec tant de douceur
Écouté tout au long l'offre de votre cœur,
245 Aurais-je pris la chose ainsi qu'on m'a vu faire,
Si l'offre de ce cœur n'eût eu de quoi me plaire?
Et, lorsque j'ai voulu moi-même vous forcer
A refuser l'hymen qu'on venait d'annoncer,
Qu'est-ce que cette instance a dû vous faire entendre,
250 Que l'intérêt qu'en vous on s'avise de prendre,
Et l'ennui qu'on aurait que ce nœud qu'on résout
Vînt partager du moins un cœur que l'on veut tout?

TARTUFFE.

C'est sans doute, madame, une douceur extrême
Que d'entendre ces mots d'une bouche qu'on aime;
255 Leur miel dans tous mes sens fait couler à long traits
Une suavité qu'on ne goûta jamais.
Le bonheur de vous plaire est ma suprême étude,
Et mon cœur de vos vœux fait sa béatitude;
Mais ce cœur vous demande ici la liberté
260 D'oser douter un peu de sa félicité.
Je puis croire ces mots un artifice honnête
Pour m'obliger à rompre un hymen qui s'apprête;
Et, s'il faut librement m'expliquer avec vous,
Je ne me fierai point à des propos si doux,

V. 245. *qu'on m'a vu faire. vu* nicht *vue,* denn das
Sachobject ist *chose.* cf. *Ec. d. f.* III. 1. *L'air dont je vous* (geht auf
Agnes) *ai vu lui jeter cette pierre.* (Mätzner Fr. Gr. p. 491 u. 416)
cf. *une certaine scène d'une petite comédie que je leur ai vu essayer* (Mol.).
Die häufige Wiederholung des *on* für verschiedene Personen ist
in dieser Scene verwirrend. V. 248 ist *on* Orgon, V. 250 ist *on*
Elmire. In 251 u. 252 ist das erste *on* Elmire, das zweite *on*
Orgon, das dritte wieder Elmire. Man hat bemerkt, dies häufige
on, wie auch das wiederholte *que* drücke die Verlegenheit Elmirens aus, der es bei solchen Geständnissen schwer werde, das
bestimmtere *je* und *vous* zu sagen. Tartüff in seiner Erwiderung
gebraucht es gleichfalls oft.

Qu'un peu de vos faveurs, après quoi je soupire, 265
Ne vienne m'assurer tout ce qu'ils m'ont pu dire,
Et planter dans mon âme une constante foi
Des charmantes bontés que vous avez pour moi.

ELMIRE, après avoir toussé pour avertir son mari.

Quoi! vous voulez aller avec cette vitesse,
Et d'un cœur tout d'abord épuiser la tendresse? 270
On se tue à vous faire un aveu des plus doux;
Cependant ce n'est pas encore assez pour vous?
Et l'on ne peut aller jusqu'à vous satisfaire,
Qu'aux dernières faveurs on ne pousse l'affaire?

TARTUFFE.-

Moins on mérite un bien, moins on l'ose espérer 275
Nos vœux sur des discours ont peine à s'assurer.
On soupçonne aisément un sort tout plein de gloire,
Et l'on veut en jouir avant que de le croire.
Pour moi, qui crois si peu mériter vos bontés,
Je doute du bonheur de mes témérités: 280
Et je ne croirai rien, que vous n'ayez, madame,
Par des réalités su convaincre ma flamme.

ELMIRE.

Mon dieu! que votre amour en vrai tyran agit!
Et qu'en un trouble étrange il me jette l'esprit!
Que sur les cœurs il prend un furieux empire! 285
Et qu'avec violence il veut ce qu'il désire!

V. 267. *planter dans mon âme une constante foi*, die salbungsvolle Phrase passt in Tartüffs Mund.

V. 277. *on soupçonne aisément un sort* etc., unklar und nur aus dem Vorhergehenden und Folgenden zu errathen. *soupçonne* im Sinne von zweifeln, nicht glauben an.

V. 280. Dieser Vers und die fünf vorhergehenden hat Mol. seinem *D. G. d. N.* entlehnt, mit leiser Veränderung. Der Vers *Et nous laisse aux soupçons une pente facile* ist daselbst klarer wie hier *on soupçonne* etc.

V. 282. *convaincre ma flamme* kühn ausgedrückt für: Mich, den Sie Liebenden.

V. 286. In dem *Fem. sav.* II. 1 steht: *Et qu'impatiemment il veut ce qu'il désire.*

Quoi! de votre poursuite on ne peut se parer,
Et vous ne donnez pas le temps de respirer?
Sied-il bien de tenir une rigueur si grande,
290 De vouloir sans quartier les choses qu'on demande,
Et d'abuser ainsi, par vos efforts pressants,
Du faible que pour vous vous voyez qu'ont les gens?

TARTUFFE.

Mais si d'un œil benin vous voyez mes hommages,
Pourquoi m'en refuser d'assurés témoignages?

ELMIRE.

295 Mais comment consentir à ce que vous voulez,
Sans offenser le ciel, dont toujours vous parlez?

TARTUFFE.

Si ce n'est que le ciel qu'à mes vœux on oppose,
Lever un tel obstacle est à moi peu de chose;
Et cela ne doit point retenir votre cœur.

ELMIRE.

300 Mais des arrêts du ciel on nous fait tant de peur!

TARTUFFE.

Je puis vous dissiper ces craintes ridicules,
Madame, et je sais l'art de lever des scrupules.

V. 287. *poursuite*, Bewerbung; *se parer de*, gewöhnl. *contre*, jetzt *se préserver de*, sich wehren.

V. 289. *tenir une rigueur si grande*; die stehende Redensart *tenir rigueur* verträgt nicht gut ein Adj., man könnte aber sagen: *Vous me tenez grandement rigueur.*

V. 292. *les gens* gleich dem verschleiernden *on* für Elmire selbst.

V. 298. *à moi = pour moi.*

V. 298 u. 299. Hier schrieb Mol., der oft den zweiten Vers vor dem ersten machte, *qu'on expose* für *que vous exposez*, um einen Reim auf das energische *peu de chose* zu bekommen. Das hier so häufige *on* hat öfter einen solchen Ursprung, man muss nicht zu viel Finesse darin suchen.

V. 301 ff. Hier tritt Tartüff ganz in die von Pascal geschilderte jesuitische Moral und Casuistik ein und stützt sich auf die Autorität der Väter. In der siebenten *Lettre Provinciale* heisst es: *Quand nous ne pouvons pas empêcher l'action, nous purifions au*

Le ciel défend, de vrai, certains contentements;
Mais on trouve avec lui des accommodements.
Selon divers besoins, il est une science   305
D'étendre les liens de notre conscience,
Et de rectifier le mal de l'action
Avec la pureté de notre intention.
De ces secrets, madame, on saura vous instruire;
Vous n'avez seulement qu'à vous laisser conduire.   310
Contentez mon désir, et n'ayez point d'effroi:
Je vous réponds de tout, et prends le mal sur moi.
(Elmire tousse plus fort.)
Vous toussez fort, madame?

ELMIRE.

Oui, je suis au supplice.

TARTUFFE.

Vous plaît-il un morceau de ce jus de réglisse?

ELMIRE.

C'est un rhume obstiné, sans doute; et je vois bien   315
Que tous les jus du monde ici ne feront rien.

TARTUFFE.

Cela, certe, est fâcheux.

---

moins l'intention, et ainsi nous corrigeons le vice du moyen par la
pureté de la fin; siehe auch das Ende des fünften Briefes. Régnier
hatte schon in seiner dreizehnten Satire gesagt:
    Le péché que l'on cache est demi pardonné,
    La faute seulement ne gît en la défense,
    Le scandale, l'opprobre est cause de l'offense, vgl. V. 320.
Nach der *Lettre sur l'Imposteur* hatte sich Tartüff noch
energischer ausgedrückt.

    V. 304. In der Originalausgabe steht die Note: *c'est un
scélérat qui parle.* Dadurch sollte den perfiden Insinuationen
von Seiten der Gegner Molières vorgebeugt werden. Der Vers:
Mais on trouve etc. wird oft sprichwörtlich gebraucht.

    V. 314. *jus* oder auch *suc de réglisse*, Lakritzensaft; der-
selbe muss in einer eleganten Bonbonière, nicht aber, wie oft
geschieht, als lange Stange, die einen burlesken Eindruck macht,
präsentirt werden.

    V. 317. *certe* mit stummem *e*, *certes* würde nicht in den
Vers gehen.

ELMIRE.

Oui, plus qu'on ne peut dire

TARTUFFE.

Enfin votre scrupule est facile à détruire.
Vous êtes assurée ici d'un plein secret,
320 Et le mal n'est jamais que dans l'éclat qu'on fait.
Le scandale du monde est ce qui fait l'offense,
Et ce n'est pas pécher que pécher en silence.

ELMIRE, après avoir encore toussé et frappé sur la table.

Enfin je vois qu'il faut se résoudre à céder;
Qu'il faut que je consente à vous tout accorder;
325 Et qu'à moins de cela je ne dois point prétendre
Qu'on puisse être content, et qu'on veuille se rendre.
Sans doute, il est fâcheux d'en venir jusque-là,
Et c'est bien malgré moi que je franchis cela;
Mais, puisque l'on s'obstine à m'y vouloir réduire,
330 Puisqu'on ne veut point croire à tout ce qu'on peut dire,
Et qu'on veut des témoins qui soient plus convaincants,

V. 322. Vergl. V. 301 ff.
V. 325. *à moins de cela*, um nichts Geringeres, als
dies, sagt mehr als das blosse *sans cela;* und dass ich nur
um diesen Preis hoffen darf u. s. w.
V. 330. Fast alle Commentatoren machen hier darauf aufmerksam, dass das in dieser Rede so häufige *on* zugleich auf
Tartüff und den lauschenden Orgon gehe. Indess Elmire und
Tartüff haben dies *on* vorher schon so oft gebraucht (vgl. V. 298
u. 299), dass nicht allzuviel Gewicht darauf zu legen ist, auch hat
Elmire früher schon dem Orgon gesagt, dass sie nur, um ihm die
Augen zu öffnen, sich zu dem falschen Spiel hergebe und dass
ihm die Verantwortung zufiele. Jedenfalls macht man ein zu
grosses Aufheben von dieser feingesponnenen Doppelanspielung,
für den beschränkten Orgon, der überhaupt nicht viel merkt, ist
sie wenigstens verloren; sie gilt höchstens dem Publikum, aber
sollen dramatische Personen mit demselben sprechen? Elmire,
indem sie sagt: *Mais puisque l'on s'obstine à m'y vouloir réduire* bezieht sich auf das, was Tart. V. 275 bis 282 gesagt hatte. —
Characteristisch für Orgon ist, dass derselbe erst unter dem Tisch
hervorspringt, nachdem Tartüff gesagt, man könne ihn bei der
Nase herumführen.

Il faut bien s'y résoudre, et contenter les gens.
Si ce contentement porte en soi quelque offense,
Tant pis pour qui me force à cette violence:
La faute assurément n'en doit point être à moi. 335

TARTUFFE.

Oui, madame, on s'en charge; et la chose de soi ...

ELMIRE.

Ouvrez un peu la porte, et voyez, je vous prie,
Si mon mari n'est point dans cette galerie.

TARTUFFE.

Qu'est-il besoin pour lui du soin que vous prenez?
C'est un homme, entre nous, à mener par le nez. 340
De tous nos entretiens il est pour faire gloire,
Et je l'ai mis au point de voir tout sans rien croire.

ELMIRE.

Il n'importe. Sortez, je vous prie, un moment;
Et partout là dehors voyez exactement.

SCÈNE VI.

ORGON, ELMIRE.

ORGON, sortant de dessous la table.

Voilà, je vous l'avoue, un abominable homme! 345
Je n'en puis revenir, et tout ceci m'assomme.

ELMIRE.

Quoi! vous sortez sitôt! Vous vous moquez des gens.
Rentrez sous le tapis, il n'est pas encor temps;
Attendez jusqu'au bout pour voir les choses sûres,
Et ne vous fiez point aux simples conjectures. 350

ORGON.

Non, rien de plus méchant n'est sorti de l'enfer.

V. 339. Der Vers ist stark invertirt; construire *du soin que
vous prenez pour lui.*
V. 341. Der ist der Mann dazu, sich aus dem eine
Ehre zu machen, was er hier hört.

ELMIRE.

Mon Dieu! l'on ne doit point croire trop de léger.
Laissez-vous bien convaincre avant que de vous rendre,
Et ne vous hâtez pas, de peur de vous méprendre.

(Elmire fait mettre Orgon derrière elle.)

SCÈNE VII.

TARTUFFE, ELMIRE, ORGON.

TARTUFFE, sans voir Orgon.

355 Tout conspire, madame, à mon contentement.
J'ai visité de l'œil tout cet appartement.
Personne ne s'y trouve; et mon âme ravie ...

(Dans le temps que Tartuffe s'avance les bras ouverts pour embrasser Elmire,
elle se retire, et Tartuffe aperçoit Orgon.)

ORGON, arrêtant Tartuffe.

Tout doux! vous suivez trop votre amoureuse envie,
Et vous ne devez pas vous tant passionner.
360 Ah! ah! l'homme de bien, vous m'en voulez donner!
Comme aux tentations s'abandonne votre âme!
Vous épousiez ma fille, et convoitiez ma femme!
J'ai douté fort longtemps que ce fût tout de bon,
Et je croyais toujours qu'on changerait de ton;
365 Mais c'est assez avant pousser le témoignage:
Je m'y tiens, et n'en veux, pour moi, pas davantage.

V. 352. *trop de léger; léger* und *enfer* reimen nicht;
de léger = *legèrement* ist veraltet. Im Altfranz. war *légier*
synonym mit *facile*. *Légier feust le chastel à prendre (Roman de
la Rose).* *de léger* analog mit *de vrai.*
V. 360. *Vous m'en voulez donner,* Sie wollen mir
etwas anbinden. Wendungen mit *en, en faire, en tenir, en
croire, en mentir* häufig bei Mol. *Tu couches d'imposture, et tu
m'en as donné (l'Ét. I. 10).*
V. 364. Der Vers ist zweideutig. Geht das *on* in *qu'on
changerait de ton* auf die Gegner Tartüffs, von denen er ge-
hofft hatte, sie würden bald anders reden, oder auf Tartüff, von
dem er geglaubt hatte, was er da sagte, sei nicht sein Ernst gewesen? Das letztere scheint mir plausibler.

ELMIRE, à Tartuffe.

C'est contre mon humeur que j'ai fait tout ceci;
Mais on m'a mise au point de vous traiter ainsi.

TARTUFFE, à Orgon.

Quoi! vous croyez? ...

ORGON.

Allons, point de bruit, je vous prie.
Dénichons de céans, et sans cérémonie.   370

TARTUFFE.

Mon dessein ...

ORGON.

Ces discours ne sont plus de saison:
Il faut, tout sur-le-champ, sortir de la maison.

TARTUFFE.

C'est à vous d'en sortir, vous qui parlez en maître:
La maison m'appartient, je le ferai connaître,
Et vous montrerai bien qu'en vain on a recours,   375
Pour me chercher querelle, à ces lâches détours;
Qu'on n'est pas où l'on pense en me faisant injure;
Que j'ai de quoi confondre et punir l'imposture,
Venger le ciel qu'on blesse, et faire repentir
Ceux qui parlent ici de me faire sortir.   380

SCÈNE VIII.

ELMIRE, ORGON.

ELMIRE.

Quel est donc ce langage? et qu'est-ce qu'il veut dire?

V. 371. *mon dessein* ... Tartüff, der hier unterbrochen
wird, wollte wahrscheinlich sagen, seine Absicht sei nur gewesen,
Elmirens Tugend auf die Probe zu stellen.

V. 377. Dass man noch nicht so weit ist, mich un-
gestraft beleidigen zu können.

V. 379. *faire repentir*, gewöhnliche Auslassung des *pron.*
réfléchi nach *faire. venger le ciel qu'on blesse* ist ein Tartüffs
würdiger Hohn.

ORGON.

Ma foi, je suis confus, et n'ai pas lieu de rire.

ELMIRE.

Comment?

ORGON.

Je vois ma faute aux choses qu'il me dit;
Et la donation m'embarrasse l'esprit.

ELMIRE.

La donation!

ORGON.

385   Oui. C'est une affaire faite.
Mais j'ai quelque autre chose encor qui m'inquiète.

ELMIRE.

Et quoi?

ORGON.

Vous saurez tout. Mais voyons au plus tôt
Si certaine cassette est encore là-haut.

ACTE CINQUIÈME.

SCÈNE I.

ORGON, CLÉANTE.

CLÉANTE.

Où voulez-vous courir?

ORGON.

Las! que sais-je?

V. 385. *La donation!* In dem erstaunten Ausruf zeigt sich,
dass Elmire von der *donation*, von der Cléant schon weiss, nichts
gehört hat. Mol. motivirt stets zum Voraus, hier aber hat er es auf
Ueberraschung abgesehen. Von der *certaine cassette* V. 388 war
noch gar nicht die Rede, sie bringt ein ganz neues Motiv in die
Handlung; der seiner Güter beraubte Orgon kommt durch dieselbe
in die Gefahr einer gerichtlichen Verfolgung, ihre plötzliche Erwähnung erweckt Neugier und spannt auf den folgenden Act.
V. 1. *las!* Abkürzung von *hélas* (spr. *làce*).

CLÉANTE.

Il me semble
Que l'on doit commencer par consulter ensemble
Les choses qu'on peut faire en cet événement.

ORGON.

Cette cassette-là me trouble entièrement.
Plus que le reste encore, elle me désespère. 5

CLÉANTE.

Cette cassette est donc un important mystère?

ORGON.

C'est un dépôt qu'Argas, cet ami que je plains,
Lui-même en grand secret m'a mis entre les mains.
Pour cela dans sa fuite il me voulut élire;
Et ce sont des papiers, à ce qu'il m'a pu dire, 10
Où sa vie et ses biens se trouvent attachés.

CLÉANTE.

Pourquoi donc les avoir en d'autres mains lâchés?

ORGON.

Ce fut par un motif de cas de conscience.
J'allai droit à mon traître en faire confidence;
Et son raisonnement me vint persuader 15
De lui donner plutôt la cassette à garder,

V. 2. *consulter les choses*, im Sinne von berath-
schlagen, verlangt jetzt *sur; consulter* mit dem Acc. heisst
befragen: *consulter les astres.*

V. 9. *élire* für *choisir* wie oben II. 2 V. 147 und unten
V. 250 noch einmal.

V. 11. *lâcher*, gleiten lassen, hier übergeben.

V. 15 u. 16. Aehnliche Ereignisse kamen öfter vor, unter
anderen hatte um die Zeit, wo der Tartüff entstand, die Flucht
eines gewissen Gourville statt, der, zum Tode verurtheilt, zwei
Kästchen zurückliess, das eine in den Händen der bekannten
Ninon de l'Enclos, die es ihm später wieder erstattete, das andere
bei einem Frommen, der das in dem seinen enthaltene Geld zu
frommen Zwecken verwendet zu haben behauptete. Volt., *Oeuvr.*
VIII. p. 255.

V. 16. Hier eine Anspielung auf die bekannte *restrictio men-
talis.* Sanchez, den Pascal in der neunten *Lettre provinciale*

Afin que pour nier, en cas de quelque enquête,
J'eusse d'un faux-fuyant la faveur toute prête,
Par où ma conscience eût pleine sûreté
20 A faire des serments contre la vérité.

CLÉANTE.

Vous voilà mal, au moins si j'en crois l'apparence;
Et la donation, et cette confidence,
Sont, à vous en parler selon mon sentiment,
Des démarches par vous faites légèrement.
25 On peut vous mener loin avec de pareils gages;
Et cet homme sur vous ayant ces avantages,
Le pousser est encor grande imprudence à vous;
Et vous deviez chercher quelque biais plus doux.

ORGON.

Quoi! sous un beau semblant de ferveur si touchante
30 Cacher un coeur si double, une âme si méchante!
Et moi qui l'ai reçu gueusant et n'ayant rien ...
C'en est fait, je renonce à tous les gens de bien;
J'en aurais désormais une horreur effroyable,
Et m'en vais devenir pour eux pire qu'un diable.

CLÉANTE.

35 Eh bien! ne voilà pas de vos emportements!
Vous ne gardez en rien les doux tempéraments.

---

citirt, sagt: *On peut jurer qu'on n'a pas fait une chose quoique l'on l'ait faite effectivement en entendant en soi-même qu'on ne l'a point faite un certain jour ou avant qu'on ne fût né ou en sous-entendant quelque autre circonstance pareille, sans que les paroles dont on se sert aient aucun sens qui les puisse faire connaître.*

V. 28. *biais*, Mittel und Wege, im 17. Jahrh. auch bei Mol. meist zweisylbig, im *Mis.* V. 3 einsylbig (*Quicherat, Traité d. versific.* p. 286).

V. 29. *sur un beau semblant*, die Originalausg. v. 1669, *première édit.*, hat *sous*, das ist das einzig richtige; unbegreiflich, woher *sur* in die späteren Ausgaben gekommen ist.

V. 32. *c'en est fait*, mein Entschluss ist gefasst.

V. 35. *ne voilà pas*, mit ausgelassenem *il* häufig, nicht bloss des Verses wegen. *B. G.* III. 2. *G. D.* III. 12. *Av. I.* 3.

V. 36. *doux tempéraments*, richtige Mitte.

Dans la droite raison jamais n'entre la vôtre;
Et toujours d'un excès vous vous jetez dans l'autre.
Vous voyez votre erreur, et vous avez connu
Que par un zèle feint vous étiez prévenu,   40
Mais, pour vous corriger, quelle raison demande
Que vous alliez passer dans une erreur plus grande,
Et qu'avecque le cœur d'un perfide vaurien
Vous confondiez les cœurs de tous les gens de bien?
Quoi! parce qu'un fripon vous dupe avec audace, 45
Sous le pompeux éclat d'une austère grimace,
Vous voulez que partout on soit fait comme lui,
Et qu'aucun vrai dévot ne se trouve aujourd'hui?
Laissez aux libertins ces sottes conséquences;
Démêlez la vertu d'avec ses apparences,   50
Ne hasardez j'amais votre estime trop tôt,
Et soyez pour cela dans le milieu qu'il faut.
Gardez-vous, s'il se peut, d'honorer l'imposture;
Mais au vrai zèle aussi n'allez pas faire injure;
Et, s'il vous faut tomber dans une extrémité,   55
Péchez plutôt encor de cet autre côté.

SCÈNE II.

ORGON, CLÉANTE, DAMIS.

DAMIS.

Quoi! mon père, est-il vrai qu'un coquin vous menace?
Qu'il n'est point de bienfait qu'en son âme il n'efface,
Et que son lâche orgueil, trop digne de courroux,
Se fait de vos bontés des armes contre vous?   60

V. 37. *Dans la droite raison jamais n'entre la vôtre*,
misslungener Vers, wörtlich übersetzt hiesse es: In die gesunde
Vernunft tritt nie die Deinige. Sinn: Deine Vernunft
bleibt nie im rechten Gleise.
 V. 40. Dass du durch erheuchelte Frömmigkeit ge-
täuscht würdest; *zèle* oft in diesem Sinne.
 V. 50. *démêler d'avec = distinguer de*.

ORGON.

Oui, mon fils; et j'en sens des douleurs non pareilles.

DAMIS.

Laissez-moi, je lui veux couper les deux oreilles.
Contre son insolence on ne doit point gauchir:
C'est à moi tout d'un coup 'de vous en affranchir;
65 Et, pour sortir d'affaire, il faut que je l'assomme.

CLÉANTE.

Voilà tout justement parler en vrai jeune homme.
Modérez, s'il vous plaît, ces transports éclatants.
Nous vivons sous un règne et sommes dans un temps
Où par la violence on fait mal ses affaires.

SCÈNE III.

MAD. PERNELLE, ORGON, ELMIRE, CLÉANTE,
MARIANE, DAMIS, DORINE.

MAD. PERNELLE.

70 Qu'est-ce? J'apprends ici de terribles mystères!

ORGON.

Ce sont des nouveautés dont mes yeux sont témoins;
Et vous voyez le prix dont sont payés mes soins.
Je recueille avec zèle un homme en sa misère,
Je le loge, et le tiens comme mon propre frère;
75 De bienfaits chaque jour il est par moi chargé;
Je lui donne ma fille et tout le bien que j'ai:
Et, dans le même· temps, le perfide, l'infâme,
Tente le noir dessein de suborner ma femme;

V. 61. *non pareilles* gewöhnl. *sans pareilles.*
V. 63. *gauchir,* von der graden Linie abweichen.
contre stimmt nicht genau dazu, hier: sich beugen vor seiner
Unverschämtheit.
V. 68. Ein Präludium zum Lobe des Königs am Schlusse
des Actes.

Et, non content encor de ses lâches essais,
Il m'ose menacer de mes propres bienfaits, 80
Et veut, à ma ruine, user des avantages
Dont le₁ viennent d'armer mes bontés trop peu sages,
Me chasser de mes biens où je l'ai transféré,
Et me réduire au point d'où je l'ai retiré!

DORINE.

Le pauvre homme!

MAD. PERNELLE.

    Mon fils, je ne puis du tout croire 85
Qu'il ait voulu commettre une action si noire.

ORGON.

Comment!

MAD. PERNELLE.

  Les gens de bien sont enviés toujours.

ORGON.

Que voulez-vous donc dire avec votre discours,
Ma mère?

MAD. PERNELLE.

  Que chez vous on vit d'étrange sorte,
Et qu'on ne sait que trop la haine qu'on lui porte. 90

ORGON.

Qu'a cette haine à faire avec ce qu'on vous dit?

MAD. PERNELLE.

Je vous l'ai dit cent fois quand vous étiez petit:

V. 83. *où je l'ai transféré*, man sagt *transférer qlqch.
à qlq.*, aber nicht *transférer qlq. à qlqch.* Dieser letzte, vielleicht eilig geschriebene Act hat manche stylistische Ungenauigkeiten.

V. 85. *le pauvre homme!* Dorinens Sarcasmus war bis jetzt belustigend, aber in der bedrängten Lage sollte der Spass aufhören.

V. 90. Auch hier geht das *on* in verwirrender Weise auf verschiedene Personen; es ist nicht dieselbe Person, die den Tartüff hasst und die weiss, dass man ihn hasst.

La vertu dans le monde est toujours poursuivie;
Les envieux mourront, mais non jamais l'envie.

ORGON.

95 Mais que fait ce discours aux choses d'aujourd'hui?

MAD. PERNELLE.

On vous aura forgé cents sots contes de lui.

, ORGON.

Je vous ai dit déjà que j'ai vu tout moi-même.

MAD. PERNELLE.

Des esprits médisants la malice est extrême.

ORGON.

Vous me feriez damner, ma mère. Je vous di
100 Que j'ai vu de mes yeux un crime si hardi.

MAD. PERNELLE.

Les langues ont toujours du venin à répandre,
Et rien n'est ici-bas qui s'en puisse défendre.

ORGON.

C'est tenir un propos de sens bien dépourvu.
Je l'ai vu, dis-je, vu, de mes propres yeux vu,
105 Ce qu'on appelle vu. Faut-il vous le rebattre
Aux oreilles cent fois, et crier comme quatre?

V. 94. Sprichwort geworden. In der *Comédie des Pro-*
verbes (1616) von Adrien de Montluc heisst es: *L'envie ne*
mourra jamais, mais les envieux mourront, durch Umstellung ist
der Satz energischer geworden; *mais non jamais* nachdrücklich.
(Mätzner p. 510.)

    V. 99. *Vous me feriez damner*, Sie machen mich
rasend, familiair. *di* für *dis* hier des Reimes wegen, über die
altfranz. Form *voi, croi, fai, di* etc. s. *Mis.* I. 2. V. 264.

    V. 103. Orgons über Nacht gekommene Klugheit und Mad.
Pernelles Ungläubigkeit, die sich in allgemeinen Redensarten ergeht und fortwährend redet, um nicht zu hören, machen, wenn
mit Verve gespielt, einen grossen Bühneneffect, zumal die Sprache
Orgons in dieser Scene sehr drastisch ist und starke Reime, wie
vous le rabattre und *crier comme quatre* anwendet.

MAD. PERNELLE.

Mon Dieu! le plus souvent l'apparence déçoit:
Il ne faut pas toujours juger sur ce qu'on voit.

ORGON.

J'enrage!

MAD. PERNELLE.

Aux faux soupçons la nature est sujette,
Et c'est souvent à mal que le bien s'interprète.   110

ORGON.

Je dois interpréter à charitable soin
Le désir d'embrasser ma femme!

MAD. PERNELLE.

Il est besoin,
Pour accuser les gens, d'avoir de justes causes;
Et vous deviez attendre à vous voir sûr des choses.

ORGON.

Hé! diantre! le moyen de m'en assurer mieux?   115
Je devais donc, ma mère, attendre qu'à mes yeux
Il eût ... Vous me feriez dire quelque sottise.

MAD. PERNELLE.

Enfin d'un trop pur zèle on voit son âme éprise;
Et je ne puis du tout me mettre dans l'esprit
Qu'il ait voulu tenter les choses que l'on dit.   120

ORGON.

Allez, je ne sais pas, si vous n'étiez ma mère,
Ce que je vous dirais, tant je suis en colère.

DORINE, à Orgon.

Juste retour, monsieur, des choses d'ici-bas;
Vous ne vouliez point croire, et l'on ne vous croit pas.

CLÉANTE.

Nous perdons des moments en bagatelles pures,   125

V. 114. Jetzt *de vous voir.*

Qu'il faudrait employer à prendre des mesures.
Aux menaces du fourbe on doit ne dormir point.

DAMIS.

Quoi! son effronterie irait jusqu'à ce point?

ELMIRE.

Pour moi, je ne crois pas cette instance possible,
130 Et son ingratitude est ici trop visible.

CLÉANTE, à Orgon.

Ne vous y fiez pas: il aura des ressorts
Pour donner contre vous raison à ses efforts;
Et sur moins que cela le poids d'une cabale
Embarrasse les gens dans un fâcheux dédale.
135 Je vous le dis encore: armé de ce qu'il a,
Vous ne deviez jamais le pousser jusque-là.

ORGON.

Il est vrai; mais qu'y faire? A l'orgueil de ce traître,
De mes ressentiments je n'ai pas été maître.

CLÉANTE.

Je voudrais de bon cœur qu'on pût entre vous deux
140 De quelque ombre de paix raccommoder les nœuds.

V. 127. *on ne doit dormir point:* das *point* steht energisch
nach dem Inf., gewöhnlich *s'endormir: s'endormir au doux
bruit des éloges.*
V. 129. *instance,* gerichtliche Verfolgung, technisch,
juristisch, in Elmirens Munde nicht sehr passend.
V. 133 ff. In diesen Versen ist viel Forcirtes, *des ressorts
pour donner raison à ses efforts* ist vielleicht noch zulässig,
aber *un poids d'une cabale qui embarrasse dans un dédale* ist
sehr geschraubt; *le poids d'une cabale* ist zwar noch zulässiger
als *le poids d'une grimace,* das sich auch im *Mis.* (V. 1)
findet, aber *un poids qui embarrasse!*
V. 137. *à l'orgueil de ce traître* wie unten III. V. 122
à cette audace étrange, beim Anblick von.
V. 139 ff. auch hier geschraubte Ausdrucksweise, *racommoder
des noeuds entre deux personnes* wäre schon nicht gut, nun
aber *racommoder les noeuds d'une ombre de paix,* Knoten
mit einem Schatten wieder ausbessern!

ELMIRE.

Si j'avais su qu'en main il a de telles armes,
Je n'aurais pas donné matière à tant d'alarmes;
Et mes ...

ORGON, à Dorine, voyant entrer M. Loyal.

Que veut cet homme? Allez tôt le savoir.
Je suis bien en état que l'on me vienne voir!

SCÈNE IV.

ORGON, Mad. PERNELLE, ELMIRE, MARIANE, CLÉANTE, DAMIS, DORINE, M. LOYAL.

M. LOYAL, à Dorine, dans le fond du théâtre.

Bon jour, ma chère sœur; faites, je vous supplie,   145
Que je parle à monsieur.

DORINE.

Il est en compagnie;
Et je doute qu'il puisse à présent voir quelqu'un.

M. LOYAL.

Je ne suis pas pour être en ces lieux importun.
Mon abord n'aura rien, je crois, qui lui déplaise;
Et je viens pour un fait dont il sera bien aise.   150

DORINE.

Votre nom?

V. 141. *qu'il a* hier der Indicat., weil Elmire die Thatsache nicht beszweifelt.

V. 145. *Monsieur Loyal*, sagt die *Lettre sur l'Imposteur, fait voir qu'il y a des faux dévots dans toutes les professions et qu'ils sont tous liés ensemble, ce qui est le caractère de la cabale* (über *Loyal* s. Anh. I.).

Die klösterliche Anrede *ma soeur* verkündet schon Tartüffs heuchlerischen Helfershelfer.

M. LOYAL.

Dites-lui seulement que je vien
De la part de monsieur Tartuffe, pour son bien.

DORINE, à Orgon.

C'est un homme qui vient, avec douce manière,
De la part de monsieur Tartuffe, pour affaire
Dont vous serez, dit-il, bien aise.

CLÉANTE, à Orgon.

155   Il vous faut voir
Ce que c'est que cet homme, et ce qu'il peut vouloir.

ORGON, à Cléante.

Pour nous raccommoder il vient ici peut-être:
Quels sentiments aurai-je à lui faire paraître?

CLÉANTE.

Votre ressentiment ne doit point éclater;
160 Et s'il parle d'accord, il le faut écouter.

M. LOYAL, à Orgon.

Salut, monsieur. Le ciel perde qui vous veut nuire,
Et vous soit favorable autant que je désire!

ORGON, bas à Cléante.

Ce doux début s'accorde avec mon jugement
Et présage déjà quelque accommodement.

M. LOYAL.

165 Toute votre maison m'a toujours été chère,
Et j'étais serviteur de monsieur votre père.

ORGON.

Monsieur, j'ai grande honte et demande pardon
D'être sans vous connaître ou savoir votre nom.

V. 151. *vien,* Auslassung des *s* wegen *bien* (s. o. *di* V. 99).
    V. 152. Keine Càsur wie auch V. 154; das *pour son bien*
ist eine maliciöse Zweideutigkeit.
    V. 160. *accord,* Vergleich.
    V. 162. Müsste jetzt heissen *autant que je le désire.*
    V. 168. *d'être sans vous connaître* gezwungen und kako-
phonisch für *je ne vous connais pas.*

M. LOYAL.

Je m'appelle Loyal, natif de Normandie,
Et suis huissier à verge, en dépit de l'envie.　170
J'ai, depuis quarante ans, grâce au ciel, le bonheur
D'en exercer la charge avec beaucoup d'honneur;
Et je vous viens, monsieur, avec votre licence,
Signifier l'exploit de certaine ordonnancè ...

ORGON.

Quoi! vous êtes ici ...

M. LOYAL.

Monsieur, sans passion.　175
Ce n'est rien seulement qu'une sommation,
Un ordre de vider d'ici, vous et les vôtres,
Mettre vos meubles hors, et faire place à d'autres,
Sans délaï ni remise, ainsi que besoin est.

ORGON.

Moi! sortir de céans?

M. LOYAL.

Oui, monsieur, s'il vous plaît.　180
La maison à présent, comme savez de reste,
Au bon monsieur Tartuffe appartient sans conteste.
De vos biens désormais il est maître et seigneur,
En vertu d'un contrat duquel je suis porteur.
Il est en bonne forme, et l'on n'y peut rien dire.　185

V. 174. *signifier l'exploit de certaine ordonnance*,
die Vollziehung eines Gerichtsbeschlusses insinuiren,
Amtssprache; auch *avec votre licence*, ebenso V. 176 *som-*
mation, Ladung.
　　V. 177. *vider*, räumen, hier intransitiv, selten so. Im
Nouveau Patelin heisst es:
　　　　Vuide dehors, fol insensé,
　　　　Car il est temps que tu t'en partes.
　　V. 178. *mettre hors* für *dehors*.
　　V. 179. Sonder Säumniss und Verzug, von wegen
Rechtens.
　　V. 181. *comme savez de reste*, häufige Auslassung des
Pron. pers., in der juristischen Sprache.
　　V. 182. *conteste = contestation*, *office = devoir*, alles
juristische Formel.

DAMIS, à M. Loyal.

Certes, cette impudence est grande, et je l'admire!

M. LOYAL, à Damis.

Monsieur, je ne dois point avoir affaire à vous;
(Montrant Orgon.)
C'est à monsieur; il est raisonnable et doux.
Et d'un homme de bien il sait trop bien l'office,
190 Pour se vouloir du tout opposer à justice.

ORGON.

Mais . .

M. LOYAL.

     Oui, monsieur, je sais que pour un million
Vous ne voudriez pas faire rébellion,
Et que vous souffrirez en honnête personne
Que j'exécute ici les ordres qu'on me donne.

DAMIS.

195 Vous pourriez bien ici sur votre noir jupon,
Monsieur l'huissier à verge, attirer le bâton.

M. LOYAL, à Orgon.

Faites que votre fils se taise ou se retire,
Monsieur. J'aurais regret d'être obligé d'écrire,
Et de vous voir couché dans mon procès-verbal.

DORINE, à part.

200 Ce monsieur Loyal porte un air bien déloyal.

V. 189. *bien* zweimal, stört.
V. 190. *du tout = aucunement*, hier ohne Negationswort.
V. 195. *jupon*, ein weites Wamms mit langen Schössen,
gewöhnliche Tracht der Huissiers. Damis macht hier ein Wort-
spiel, meist schlägt er lieber gleich drein.
Meine Uebersetzung suchte das Wortspiel nachzuahmen:
    Leicht könnten Sie, verehrter Stabspedell,
    Den Stab herabziehn auf Ihr schwarzes Fell.
V. 199. *coucher*, eintragen, Canzleistyl.
V. 200. Auch Dorine macht hier ein freilich sehr wohlfeiles
Wortspiel: Loyal ist nicht loyal in seiner Rolle. Sie
spricht übrigens, nach ausdrücklicher Bühnenweisung, im Aparté,
sie darf dem Loyal nicht, wie oft geschieht, ins Gesicht sehen,
ihn nicht beim Kinn fassen, überhaupt nicht die beliebten Faxen

M. LOYAL.

Pour tous les gens de bien j'ai de grandes tendrèsses,
Et ne me suis voulu, monsieur, charger des pièces
Que pour vous obliger et vous faire plaisir;
Que pour ôter par là le moyen d'en choisir
Qui, n'ayant pas pour vous le zèle qui me pousse,　205
Auraient pu procéder d'une façon moins douce.

ORGON.

Et que peut-on de pis que d'ordonner aux gens
De sortir de chez eux?

M. LOYAL.

　　　　　On vous donne du temps;
Et jusques à demain je ferai surséance
A l'exécution, monsieur, de l'ordonnance.　　210
Je viendrai seulement passer ici la nuit,
Avec dix de mes gens, sans scandale et sans bruit.
Pour la forme, il faudra, s'il vous plaît, qu'on m'apporte,
Avant que se coucher, les clefs de votre porte.
J'aurai soin de ne pas troubler votre repos,　　215
Et de ne rien souffrir qui ne soit à propos.
Mais demain, du matin, il vous faut être habile
A vider de céans jusqu'au moindre ustensile.
Mes gens vous aideront et je les ai pris forts
Pour vous faire service à tout mettre dehors.　　220
On n'en peut pas user mieux que je fais, je pense;
Et comme je vous traite avec grande indulgence,

---

machen. Loyal darf nicht carrikirt werden. Die *Lettre sur
l'Imposteur* sagt: *Cet homme fait l'acte le plus sanglant du monde
avec toutes les façons qu'un homme de bien pourrait avoir en faisant
l'acte le plus obligeant.* Sein Costüm muss auch nicht zu burlesk
sein, es erscheint aber so, wenn die anderen Spieler das Costüm
Ludwigs XIV. nicht innehalten.

V. 202. *se charger des pièces*, sich mit den Docu-
menten befassen, so viel wie: die Execution übernehmen.

V. 204. *d'en choisir*, das *en* geht hier auf ein ausgelassenes
d'autres huissiers, wie die folgenden Verse zeigen.

V. 209. *faire surséance*, Frist gewähren, juristisch.

V. 216. *à propos = convenable*, anständig.

Le Tartuffe.　　　　　　　　　　　　　　10

Je vous conjure aussi, monsieur, d'en user bien,
Et qu'au dû de ma charge on ne me trouble en rien.

ORGON, à part.

225 Du meilleur de mon cœur je donnerais sur l'heure
Les cent plus beaux louis de ce qui me demeure,
Et pouvoir, à plaisir, sur ce mufle assener
Le plus grand coup de poing qui se puisse donner.

CLÉANTE, bas à Orgon.

Laissez, ne gâtons rien.

DAMIS.

A cette audace étrange
230 J'ai peine à me tenir, et la main me démange.

DORINE.

Avec un si bon dos, ma foi, monsieur Loyal,
Quelques coups de bâton ne vous siéraient pas mal.

M. LOYAL.

On pourrait bien punir ces paroles infâmes,
Mamie; et l'on decrète aussi contre les femmes.

CLÉANTE, à M. Loyal.

235 Finissons tout cela, monsieur: c'en est assez:
Donnez tôt ce papier, de grâce, et nous laissez.

M. LOYAL.

Jusqu'au revoir. Le ciel vous tienne tous en joie

ORGON.

Puisse-t-il te confondre, et celui qui t'envoie!

V. 224. *au dû de ma charge*, in 'dem, was meines
Amtes ist.
V. 227. *Et pouvoir = pour pouvoir.*
V. 227 u. 228. Dürft' ich der Wonne mich erfreu'n,
Den Ochsenkopf recht tüchtig durch-
zubläu'n.
donner sur le muffle, popular.: auf's Maul schlagen.

SCÈNE V.

ORGON, Mad. PERNELLE, ELMIRE, CLÉANTE, MARIANE, DAMIS, DORINE.

ORGON.

Eh bien! vous le voyez, ma mère, si j'ai droit;
Et vous pouvez juger du reste par l'exploit.   240
Ses trahisons enfin vous sont-elles connues?

MAD. PERNELLE.

Je suis tout ébaubie, et je tombe des nues!

DORINE, à Orgon.

Vous vous plaignez à tort, à tort vous le blâmez,
Et ses pieux desseins par là sont confirmés.
Dans l'amour du prochain sa vertu se consomme;   245
Il sait que très-souvent les biens corrompent l'homme;
Et, par charité pure, il veut vous enlever
Tout ce qui vous peut faire obstacle à vous sauver.

ORGON.

Taisez-vous.   C'est le mot qu'il vous faut toujours dire.

CLÉANTE, à Orgon.

Allons voir quel conseil on doit vous faire élire.   250

ELMIRE.

Allez faire éclater l'audace de l'ingrat.
Ce procédé détruit la vertu du contrat;
Et sa déloyauté va paraître trop noire,
Pour souffrir qu'il en ait le succès qu'on veut croire.

V. 242. *ébaubi*, stotternd vor Erstaunen, von *balbus.*
V. 245. *se consommer* für *être consommé*, den höchsten
Grad erreichen: *Puisque en raisonnement votre esprit se con-*
somme. Éc. d. f. V. 4. cf. *Ec. des maris: La nature fait ses soins,*
et son coeur s'y consomme. Die Wendung ist hier geschraubt.
V. 250. *élire un conseil* wieder für *choisir.*
V. 253 u. 254. *pour souffrir* hängt von *déloyauté* ab,
das giebt aber keinen Sinn, es müsste heissen *pour qu'on*
souffre; auch in *qu'on veut croire* ist *on* unklar, es scheint
auf Tartüff zu gehen.

SCÈNE VI.

VALÈRE, ORGON, Mad. PERNELLE, ELMIRE,
CLÉANTE, MARIANE, DAMIS, DORINE.

VALÈRE.

255 Avec regret, monsieur, je viens vous affliger;
Mais je m'y vois contraint par le pressant danger.
Un ami, qui m'est joint d'une amitié fort tendre,
Et qui sait l'intérêt qu'en vous j'ai lieu de prendre,
A violé pour moi, par un pas délicat,
260 Le secret que l'on doit aux affaires d'État,
Et me vient d'envoyer un avis dont la suite
Vous réduit au parti d'une soudaine fuite.
Le fourbe qui longtemps a pu vous imposer
Depuis une heure au prince a su vous accuser,
265 Et remettre en sés mains, dans les traits qu'il vous jette,
D'un criminel d'État l'importante casette,
Dont, au mépris, dit-il, du devoir d'un sujet,
Vous avez conservé le coupable secret.
J'ignore le détail du crime qu'on vous donne;
270 Mais un ordre est donné contre votre personne;
Et lui-même est chargé, pour mieux l'exécuter,
D'accompagner celui qui vous doit arrêter.

CLÉANTE.

Voilà ses droits armés; et c'est par où le traître
De vos biens qu'il prétend cherche à se rendre maître.

ORGON.

275 L'homme est, je vous l'avoue, un méchant animal!

V. 259. *pas* wie unser Schritt für *démarche.*
V. 265. Ünter den boshaften Anklagen, die er gegen
Sie vorbringt.
V. 269. *donne* für *impute, attribue* ungewöhnlich; *dare crimen alicui. Crit. d. l'Ec. d. f. 2.: la réputation qu'on lui donne.*
V. 273. Jetzt hat er Waffen für seine Rechtsan-
sprüche.
V. 275. *l'homme,* die Menschen überhaupt. Der Vers
ist Sprichwört geworden, wie auch V. 280.

VALÈRE.

Le moindre amusement vous peut être fatal.
J'ai, pour vous emmener, mon carrosse à la porte,
Avec mille louis qu'ici je vous apporte.
Ne perdons point de temps: le trait est foudroyant,
Et ce sont de ces coups que l'on pare en fuyant. 280
A vous mettre en lieu sûr je m'offre pour conduite,
Et veux accompagner jusqu'au bout votre fuite.

ORGON.

Las! que ne dois-je point à vos soins obligeants!
Pour vous en rendre grâce, il faut un autre temps;
Et je demande au ciel de m'être assez propice 285
Pour reconnaître un jour ce généreux service.
Adieu. Prenez le soin, vous autres ...

CLÉANTE.

Allez tôt;
Nous songerons, mon frère, à faire ce qu'il faut.

SCÈNE VII.

TARTUFFE, un EXEMPT, Mad. PERNELLE, ORGON,
ELMIRE, CLÉANTE, MARIANE, VALÈRE, DAMIS,
DORINE.

TARTUFFE, arrêtant Orgon.

Tout beau, monsieur, tout beau! ne courez point si vite:
Vous n'irez pas loin pour trouver votre gîte; 290
Et, de la part du prince, on vous fait prisonnier.

V. 276. *amusement* wieder im Sinne von Zeitverlust.
V. 277. *carosse* gleich dem heutigen *voiture*, nicht bloss
wie jetzt Staats- und Luxuswagen.
V. 281. *je m'offre pour votre conduite = je me charge
de votre conduite.*
V. 289. *tout beau*, sachte, sachte! häufig auf der Jagd
bei Hunden. Em. Schröder übersetzt: sehr schön!

ORGON.

Traître! tu me gardais ce trait pour le dernier:
C'est le coup, scélérat, par où tu m'expédies;
Et voilà couronner toutes tes perfidies.

TARTUFFE.

295 Vos injures n'ont rien à me pouvoir aigrir;
Et je suis, pour le ciel, appris à tout souffrir.

CLÉANTE.

La modération est grande, je l'avoue.

DAMIS.

Comme du ciel l'infâme impudemment se joue!

TARTUFFE.

Tous vos emportements ne sauraient m'émouvoir;
300 Et je ne songe à rien qu'à faire mon devoir.

MARIANE.

Vous avez de ceci grande gloire à prétendre:
Et cet emploi pour vous est fort honnête à prendre.

TARTUFFE.

Un emploi ne saurait être que glorieux,
Quand il part du pouvoir qui m'envoie en ces lieux.

ORGON.

305 Mais t'es-tu souvenu que ma main charitable,
Ingrat, t'a retiré d'un état misérable?

TARTUFFE.

Oui, je sais quels secours j'en ai pu recevoir;
Mais l'intérêt du prince est mon premier devoir.

V. 296. *je suis appris à tout souffrir*, gewöhnlich sagt man *je suis bien appris, mal appris*, aber *appris à faire* ist auffällig.

V. 295. Ihre Beleidigungen rühren mich nicht, dem Himmel zu Liebe weiss ich Alles zu ertragen. (V. 299.)

V. 301 u. 302. Marianne spricht sich, ihrem schüchternen Character gemäss, mit leiser Ironie aus, während Orgon und Damis leidenschaftlich herausplatzen und Cléant dem Tartüff seine Verachtung mit einem kalten ironischen Worte ausdrückt.

De ce devoir sacré la juste violence
Étouffe dans mon cœur toute reconnaissance;   310
Et je sacrifierais à de si puissants nœuds
Ami, femme, parents, et moi-même avec eux.

ELMIRE.

L'imposteur!

DORINE.

      Comme il sait, de traîtresse manière,
Se faire un beau manteau de tout ce qu'on révère!

CLÉANTE.

Mais, s'il est si parfait que vous le déclarez,   315
Ce zèle qui vous pousse et dont vous vous parez,
D'où vient que, pour paraître, il s'avise d'attendre
Qu'à poursuivre sa femme il ait su vous surprendre,
Et que vous ne songez à l'aller dénoncer
Que lorsque son honneur l'oblige à vous chasser?   320
Je ne vous parle point, pour devoir en distraire,
Du don de tout son bien qu'il venait de vous faire;
Mais, le voulant traiter en coupable aujourd'hui,
Pourquoi consentiez-vous à rien prendre de lui?

V. 317 u. 318. Das erste *il* geht auf *zèle*, das zweite auf Orgon, ebenso *sa;* die Schauspieler können durch eine Handbewegung die Sache deutlich machen.

V. 321 u. 322. Die beiden Verse sind unklar. Auger erklärt sie so: Cléant will sagen: Ich spreche Ihnen nicht von der Schenkung seines gesammten Besitzes, die Sie von der Absicht, ihn zu denunciren, hätte ablenken müssen. Baudissin:

Ich spreche nicht von jenem Schenkungsbrief,
Der jedem andern wohl die Hände band.

E. Schröder hat *devoir* hier unbegreiflicher Weise für ein Subst. genommen und sagt:

Ich spreche nicht, der Pflicht ihn zu entbinden,
Von jener Schenkung, die er Ihnen machte,

was gar keinen Sinn hat. Eine andere Erklärung wäre: Ich spreche nicht von der Schenkung, als ob ich die Absicht hätte (*devoir* hat oft diesen Sinn), etwas davon abzuziehen (*distraire d'une somme* häufig): dann ginge *en* auf *don* und es brauchte kein fehlendes *vous* supplirt zu werden. Doch scheint Augers Erklärung dem Sinn entsprechend.

V. 324. *rien*, etwas, im Fragesatz.

TARTUFFE, à l'exempt.

325 Délivrez-moi, monsieur, de la criaillerie;
Et daignez accomplir votre ordre, je vous prie.

L'EXEMPT.

Oui c'est trop demeurer, sans doute, à l'accomplir;
Votre bouche à propos m'invite à le remplir:
Et, pour l'exécuter, suivez-moi tout à l'heure
330 Dans la prison qu'on doit vous donner pour demeure.

TARTUFFE.

Qui? moi, monsieur?

L'EXEMPT.

Oui, vous.

TARTUFFE.

Pourquoi donc la prison!

L'EXEMPT.

Ce n'est pas vous à qui j'en veux rendre raison.

(à Orgon.)

Remettez-vous, monsieur, d'une alarme si chaude.

V. 328. *Votre bouche à propos m'invite* etc.: Was Sie
da sagen mahnt mich grade zu rechter Zeit etc.

V. 331. Dies ist ein schlagender Theatermoment gleich dem
früheren. Tartuffe: *C'est à vous d'en sortir, vous qui parlez
en maître*, nur dass der eine Bestürzung, der andere Freude erregt.

V. 332. Die Rede des Exempt wurde während der Revolution
nach dem 10. Aug. 1792, wo man eine Verherrlichung Ludwigs XIV nicht auf der Bühne geduldet hàtte, durch folgende
von Cailhava verfassten Verse ersetzt:

Remettez-vous, monsieur, d'une alarme si chaude.
Ils sont passés ces jours d'injustice et de fraude,
Où, doublement perfide, un calomniateur
Ravissait à la fois et la vie et l'honneur.
Celui-ci ne pouvant, au gré de son envie,
Prouver que votre ami trahissait la patrie,
Et vous traiter vous-même en criminel d'Etat
S'est fait connaître pour un franc scélérat.
Le monstre veut vous perdre; et sa coupable audace
Sous le glaive des lois l'enchaîne à votre place.

V. 333. *alarme si chaude*, heftige Unruhe, analog von
querelle si chaude.

Nous vivons sous un prince ennemi de la fraude.
Un prince dont les yeux se font jour dans les cœurs,   335
Et que ne peut tromper tout l'art des imposteurs.
D'un fin discernement sa grande âme pourvue
Sur les choses toujours jette une droite vue;
Chez elle jamais rien ne surprend trop d'accès,
Et sa ferme raison ne tombe en nul excès.   340
Il donne aux gens de bien une gloire immortelle;
Mais sans aveuglement il fait briller ce zèle,
Et l'amour pour les vrais ne ferme point son cœur
A tout ce que les faux doivent donner d'horreur.
Celui-ci n'était pas pour le pouvoir surprendre,   345
Et de piéges plus fins on le voit se défendre.
D'abord il a percé, par ses vives clartés,
Des replis de son cœur toutes les lâchetés.
Venant vous accuser, il s'est trahi lui-même,
Et, par un juste trait de l'équité suprême,   350.
S'est découvert au prince un fourbe renommé,
Dont sous un autre nom il était informé;
Et c'est un long détail d'actions toutes noires
Dont on pourrait former des volumes d'histoires.
Ce monarque, en un mot, a vers vous détesté   355
Sa lâche ingratitude et sa déloyauté;

V. 339. *rien ne surprend trop d'accès* = *ne prend par
surprise trop d'accès,* Nichts vermag sie zu übertölpeln.
    V. 343. *mais sans aveuglement: mais* dient zur Be-
schränkung des Vorhergehenden, aber er thut es nicht blind-
lings.
    V. 345. *n'était pas pour* häufig, cf. *Mis.* I. 1: *Vous n'êtes pas
pour être.* Es bedarf keines Nachweises, dass in dieser Rede des
Exempt *il* bald auf Tartüff, bald auf den Fürsten geht, ebenso ist
es mit *son* und *sa;* die daraus entstehende Unklarheit müssen die
Schauspieler durch eine Handbewegung beseitigen. Bei der Darstellung wird hier mitunter Manches mit Unrecht gestrichen. Die
Behauptung Génins, Molière habe diese Rede durch einen Versi-
ficator seiner Bühne machen lassen, ist wenig plausibel, es kommen
ja im ganzen fünften Act manche stylistische Ungenauigkeiten vor.
    V. 350. Durch eine Fügung der göttlichen Ge-
rechtigkeit.
    V. 355 u. 356. *a vers vous* (statt *envers* häufig) *détesté* ‖

A ses autres horreurs il a joint cette suite,
Et ne m'a jusqu'ici soumis à sa conduite
Que pour voir l'impudence aller jusques au bout,
360 Et vous faire, par lui, faire raison de tout.
     Oui, de tous vos papiers, dont il se dit le maître,
Il veut qu'entre vos mains je dépouille le traître.
D'un souverain pouvoir, il brise les liens
Du contrat qui lui fait un don de tous vos biens,
365 Et vous pardonne enfin cette offense secrète
Où vous a d'un ami fait tomber la retraite;
Et c'est le prix qu'il donne au zèle qu'autrefois
On vous vit témoigner en appuyant ses droits,
Pour montrer que son cœur sait, quand moins on y pense,
370 D'une bonne action verser la récompense;
Que jamais le mérite avec lui ne perd rien:
Et que, mieux que du mal, il se souvient du bien.

DORINE.

Que le ciel soit loué!

MAD. PERNELLE.

Maintenant je respire.

Sa lâche ingratitude, hat seine feige Undankbarkeit gegen Sie verabscheut. Die forcirte Inversion macht den Satz unklar.

V. 357 ff. Der Sinn dieser unklaren Stelle scheint mir zu sein: Zu Tartüffs anderen Abscheulichkeiten hat er (der König) noch diese Ergänzung hinzugefügt, er hat mich seiner (Tartüffs) Leitung unterstellt, damit ich sähe, wie seine Frechheit den höchsten Punkt erreichte und damit ich Ihnen durch ihn Satisfaction für Alles verschaffen könnte.

V. 361. *il* Tartüff. V. 362 *il* der König.

V. 362. *qu'entre vos mains je dépouille le traître* unvollständig und unklar: Ich soll ihm die Papiere nehmen und sie in Ihre Hände legen.

V. 370. *verser la récompense,* gewagter Ausdruck, vielleicht hätte Mol. *donner* gesagt, wenn es nicht kurz vorher stände.

V. 372 erinnert an das Wort Ciceros über Cäsar: *nil oblitus, nisi injurias.*

ELMIRE.

Favorable succès!

MARIANE.

Qui l'aurait osé dire?

ORGON, à Tartuffe, que l'exempt emmène.

Hé bien! te voilà, traître! ...

SCÈNE VIII.

MAD. PERNELLE, ORGON, ELMIRE, MARIANE,
CLÉANTE, VALÈRE, DAMIS, DORINE.

CLÉANTE.

Ah! mon frère, arrêtez,   375
Et ne descendez point à des indignités.
A son mauvais destin laissez un misérable,
Et ne vous joignez point au remords qui l'accable.
Souhaitez bien plutôt que son cœur, en ce jour,
Au sein de la vertu fasse un heureux retour;   380
Qu'il corrige sa vie en détestant son vice,
Et puisse du grand prince adoucir la justice;
Tandis qu'à sa bonté vous irez, à genoux,
Rendre ce que demande un traitement si doux.

ORGON.

Oui, c'est bien. Allons à ses pieds avec joie   385

V. 374. In dieser Scene erreicht die Niederträchtigkeit des
Tartüff ihren Höhepunkt. Er tritt triumphirend ein, voll höhnischer
Schadenfreude, legt aber gleich wieder seine gleisnerische Maske
an, obgleich sie ihm zu Nichts mehr dient, und trägt sie mit einer
gewissen Selbstironie. Die Art und Weise, wie er die genossenen
Wohlthaten anerkennt und bedauert, aus Pflichtgefühl so handeln
zu müssen, sein höhnisches Mitleid und dann der jähe Sturz vom
höchsten Siegestaumel in die furchtbarste Enttäuschung, das Alles
sind sehr wirksame Momente, die dem stummen Spiel des Dar-
stellers viel anheimstellen.

V. 375. Orgon bleibt bis zum Schluss derselbe und erfüllt
Horazens Vorschrift:

Servetur ad imum
Qualis ab incepto processerit, et sibi constet.

Nous louer des bontés que son cœur nous déploie;
Puis, acquittés un peu de ce premier devoir,
Aux justes soins d'un autre il nous faudra pourvoir,
Et par un doux hymen couronner en Valère
390 La flamme d'un amant généreux et sincère.

V. 386. *nous louer*, unsre Befriedigung kund thun.

Dieser letzte Act wird von den meisten Kritikern, auch von Voltaire, weit unter die andern gestellt, vorzüglich wegen seiner von aussen kommenden Lösung (s. Anh. II.). Ich stimme dem Engländer Hallam bei, der sagt: „Das Interesse des Stückes nimmt bis zum Schluss zu, und im fünften Act ist so viel Handlung zusammengedrängt, da schreitet Alles so rasch ,vorwärts, wie man es weniger auf der französischen, als auf der englischen Bühne gewohnt ist." Die sprachliche Behandlung ist mangelhaft, das gebe ich zu, aber man beachtet beim Vorwurf der fehlenden Motivirung nicht genug Folgendes, das den organischen Zusammenhang des Ganzen beweist: Tartüff geht zum Fürsten, um seinen Wohlthäter Orgon als Staatsverbrecher zu denunciren. Tartüff ist aber demselben schon als ein gefährlicher Schurke bekannt, und der Fürst erinnert sich zugleich der Dienste, die Orgon ihm früher geleistet hat. Tartüff, indem er Orgon denuncirt, fällt in die Grube, die er jenem gegraben, und zieht zu seinem eigenen Verderben den Fürsten in die Angelegenheit hinein. Der Fürst beauftragt den Beamten, Tartüff, der meint, es handle sich um Orgons Arestation, in Orgons Haus zu begleiten, und Tartüff wird nun selber arretirt.

Ueberhaupt ist die Composition des ganzen Stückes, das sich gleich dem Misanthrop und den gelehrten Frauen der classischen Tradition anschliessend das Gesetz der drei Einheiten streng innehält, eine künstlerisch vollendete und wird von allen Critikern als solche anerkannt. Der Commentar und der Anhang weisen öfter darauf hin.

ANHANG I.

Die Personen.

Die Namen der Darsteller werden vom poetischen Theaterrecensenten Robinet in seiner *Lettre* vom 23. *févr.* 1669 alle aufgezählt und mit folgendem Compliment begleitet:

A propos·d'ébat théatral:
Toujours dans le Palais Royal
Aussi le Tartuffe se joue,
Où son auteur, je vous l'avoue,
Sous le nom de Monsieur Orgon
Amasse pécune et renom,
Mais pas moins encore je n'admire
Son épouse, la jeune Elmire,
Car on ne sçaurait constamment
Jouer plus naturellement.
Leur mère Madame Pernelle
Est une fringante femelle,
Et s'acquitte, ma foi, des mieux
De son rôle facétieux.
Dorine, maîtresse servante,
Est encore bien divertissante,
Et Cléante enchante et ravit
Dans les excellents vers qu'il dit.
Ces deux autres, ou Dieu me damne,
Damis et sa soeur Marianne,
Qui sont les deux enfants d'Orgon,
Y font merveilles tout de bon.
Valère, amant de cette belle,
Des galants y semble un modèle;
Et le bon Tartuffe, en un mot,
Charme en son rôle de bigot.

Von der Namengebung gilt das in Anhang I zum Misanthropen Bemerkte, auch hier sind die Namen, obgleich

die Träger derselben nicht dem Adel, sondern dem wohl-
hahenden Bürgerstande angehören, mit einigen Ausnahmen
conventionell und gräcisirend.

Madame Pernelle, Orgons Mutter. Der Name ist
symbolisch, er kommt her von Pétronelle oder Pétronille
vom lat. Petrus; Péronelle, Pernelle, Périne, Périnnette,
sind Abarten desselben. Pétronille spielte als Tochter des
heiligen Petrus in den mittelalterlichen Mysterien eine grosse
Rolle, und so ist der Name wohl, auch ohne seine Neben-
bedeutung, auf der Bühne geblieben; er kommt häufig daselbst vor, z. B. in de Villiers *Festin de Pierre* im vierten
Act, wo Philippin, Mozarts Leporello, die verführte Oriane
mit dem Register ihrer Leidensgenossinnen tröstet: Claude,
Fanchon, Paquette, Anne, Laure, Isabelle, Jaqueline, Suson,
Benoite, Péronelle.

> *Et si je pouvais bien du tout me souvenir*
> *De quinze jours d'ici je ne pourrais finir.*

> *(Ici il jette un papier roulé, où il y a beaucoup de noms de*
femme écrits.)

Auch in Laf. *Contes* III. 9 u. 13 findet der Name sich
ebenso in den *Fem. sav.* III. 8.· *Taisez-vous, péronelle.*
Schweig, Schwätzerin. Die Rolle der alten eigensinnigen, gottseligen Schelterin, die nur zweimal im
Stück erscheint, verlangt eine grosse Verve, man muss bei
ihrer Leidenschaftlichkeit vergessen, dass sie Grossmutter
und etwa siebzig Jahr alt ist. Der Character ist eben so
wahr, als komisch und dramatisch wirksam. Ihre Verblendung für Tartüff, der sie mit seinen frommen Redensarten zu fangen gewusst, ist auf ihren Sohn Orgon, welcher
viel von ihrem Character geerbt hat, übergegangen, und
dass sie ihn beherrscht, wie sie das ganze Haus beherrschen
möchte, sehen wir gleich in der ersten Scene. Der Spieler
dieser Rolle, die eine sehr glückliche Erfindung des Dichters ist, und einzig unter seinen Characteren dasteht, wenn
man in der Philaminte in den Gelehrten Frauen keine
Analogie mit ihr finden will, war Louis Béjart, *le boiteux*
geb. 1630, der, wie Robinet sagt, *s'en acquitta le mieux.*
Er gehörte zur Familie der Béjarts, die in Molières Leben

eine so grosse Rolle spielt. Er hatte den Dichter schon auf seiner Wanderbühne begleitet und spielte komische Väter und zweite Diener, in der Tragödie dritte und vierte Rollen, im *Impromptu de Versailles* wird er angeführt als *l'homme qui fait le nécessaire*, den Unentbehrlichen. Sein Hinken verdankte er der Verwundung bei einem Duell, das er trennen wollte, und wobei er einen Degenstich erhielt. Molière benutzte seine Infirmität im *Avare* in der Rolle des *La Flèche* Seine Nachfolger hinkten aus Nachahmungssucht gleich ihm. Indessen war er nicht auf lange Zeit mehr zu verwenden und zog sich mit einer Pension von 1000 Livres zurück. Er starb 1687. Dass Frauenrollen, wo der Character derselben es gestattete, von Männern gespielt wurden, war zu Molières Zeit nicht ungewöhnlich (s. Anhang I. zu den *Fem. sav. Bélise*).

Orgon, Elmirens Mann. Der sonst bei Mol. nicht vorkommende Name ist wahrscheinlich eine Abänderung von Argan, dem Helden des *Malade imaginaire*, der in seiner Manie für die Medicin manche Aehnlichkeit mit Orgons Verbohrtheit hinsichtlich der Frömmigkeit hat. Der Character ist einer der glücklichsten der Molièrischen Bühne; die unfreiwillige Komik entfaltet sich nirgends so wie hier, wo Verblendung, Eigensinn, Leichtgläubigkeit und Unbesonnenheit in ihrer Verschmelzung eine Höhe erreichen, die über das Maass der Wahrscheinlichkeit hinauszugehen scheint, wenn man nicht wüsste, wohin ein falscher Begriff zu führen vermag.

Die Rolle wurde gespielt von Molière selber, der hier wie in der Rolle des Chrysal, die manche Aehnlichkeit mit der Orgons hat, seine ganze komische Verve, seine ganze Virtuosität im Poltern entfalten konnte. Auf die Punkte, wo die Situation ihn dazu aufforderte, wurde im Commentar aufmerksam gemacht.

Elmire, Orgons Frau in zweiter Ehe. Der Name, vielleicht eine Modification von Elvire, kommt sonst bei Mol. und in der Theatertradition vor ihm nicht vor. Elmire ist eine der schönsten Schöpfungen des Dichters, einer seiner edelsten Charactere, für den ich in seiner

Bühne kein Analogon wüsste. Verheirathet, an einen beschränkten Mann, dem sie sich in jeder Hinsicht überlegen
fühlt, lässt ihre Ehe sie für Geist und Herz unbefriedigt,
sie wendet daher ihre ganze Liebe den Stiefkindern zu.
Sie ist der Typus einer sittlich reinen Frau, die trotz allem
Bewusstsein über ihre verführerische Schönheit ihrem un-
geliebten Manne die Treue bewahrt, die, ohne mit Tugend
und Sprödigkeit gross zu thun, sich zu vertheidigen weiss; —
sie, die sogar, um den Heuchler zu entlarven, sich zum
Spiel der Coquette entschliesst und ihrer Frauenwürde ein
momentanes Opfer bringt, zu dem sie sich bei ihrer im
Verkehr mit der Welt erlangten Gewandtheit entschliessen
darf.   Sie trägt ihr Loos im Stillen und erlaubt sich kaum
eine Klage über die Verbohrtheit ihres Mannes und die
Scheltereien seiner fanatischen Mutter.   Die Rolle ist eine
der schwierigsten und belohnendsten Aufgaben, die Spielerin derselben hat reizende Hingebung und feine Coquetterie
mit sittlichem Anstande und durchblickendem Widerwillen
in den beiden bedenklichen Scenen des dritten und vierten
Actes zu verschmelzen.   Mademoiselle Mars feierte darin
ihre grössten Triumphe, sie löste dies Problem in bewunderungswürdiger Weise und leuchtet noch heutiges Tages
den Schauspielerinnen, die ihre Tradition inne zu halten
streben, als glänzendes Muster vor.   Die Schöpferin derselben war Armande Béjart, Molières reizende Frau (siehe
Anh. 1 zum *Mis.*), die, wie wir sahen, aus eitel Putzsucht
in Gefahr war, sie zu verderben und von der anzunehmen
ist, dass ihrem Spiel die Momente verführerischer Coquetterie besser, als die der sittlichen Indignation und der
Empörung des beleidigten Zartgefühls gelungen sein werden.   Robinets Lob:

> *Car on ne sçaurait constamment*
> *Jouer plus naturellement*

bezieht sich zweifelsohne darauf.

Damis, Orgons Sohn aus erster Ehe.   Der griechische
Name kommt für verschiedene Personen öfter bei Mol. vor,
er enthält keine typische Characterbezeichnung.   Die Rolle
des offnen, alle Lüge und Heuchelei hassenden, stets un-

besonnenen jungen Brausekopfes, der, was er gut machen will, durch Ueberstürzung verdirbt, wurde gespielt von Hubert, einem der besten Schauspieler der Molièrischen Truppe, der erst 1664 aus der *Troupe du Marais* in diese übergetreten war und vom Dichter persönlich angeleitet wurde; er glänzte besonders in Frauenrollen z. B. als Bélise (s. Anh. I, z. d. *Fem. sav.*), als Madame Jourdain im *Bourgeois Gentilhomme* und in der *Comtesse d'Escarbagnas*, die Mol. speciell für ihn geschrieben haben soll.

Mariane, Orgons Tochter aus erster Ehe. Der Name war schon zu Mol. Zeit ein populairer und kommt einige Male bei ihm vor. Das schüchterne, bescheidene, stille, zartfühlende Mädchen, das nicht wagt, sich gegen die väterliche Autorität aufzulehnen, deren tiefe Liebe zu Damis in ihrer Empfindlichkeit im Liebeszank mit ihm eben so sehr hervortritt, wie in der leidenschaftlichen Aufgeregtheit, mit der sie ihr Erbtheil verschenken und ins Kloster gehn will, erregt durch ihre bedrängte Lage grosse Theilnahme, sie gleicht durch ihr Schicksal und manche Züge ihres Characters der Henriette in den *Fem. sav.*, hat aber nicht ihre selbstbewusste Kraft und Schneidigkeit. Diese ächt jungfräuliche, mädchenhafte Rolle wurde von Mlle. Debrie gespielt, die vermöge ihrer Charactereigenthümlichkeit vortrefflich dazu passte. (Siehe Näheres über sie im Anh. 1. zum *Mis.*)

Valère, Mariannens Geliebter. Der Name lateinischen Ursprungs war aus der italienischen Comödie herübergekommen und wurde von Mol., der ihn häufig in seiner Bühne hat, meistens für Liebhaber verwendet. Der brave junge Mann, der Mariannens vollkommen würdig ist, tritt nur in zwei Scenen auf, in der des Liebeszankes, wo seine Gereiztheit seine tiefe Liebe und sein männliches Selbstgefühl verräth und im fünften Act, wo sich seine Umsicht und seine edelmüthige, dem Orgon Alles verzeihende Hilfsbereitschaft kund giebt. Er hat die ihm am Schluss zu Theil werdende Hand Mariannens als *amant généreux et sincère* redlich verdient. Die Rolle wurde gespielt von La Grange, dem treuen Gefährten des Dichters,

der ihm in Allem als *ad latus* beistand. (siehe über ihn
Anh. 1, zum *Mis.*)

Chapuzeau im *Théâtre Français* sagt von ihm:
*Quoique sa taille ne passe guère la médiocre, c'est une ·taille
bien prise, un air libre et dégagé; et, sans l'ouir parler, sa
personne plaît beaucoup. Il passe avec justice pour bon
acteur, soit pour le sérieux, soit pour le comique, et il n'y a
point de rôle qu'il n'exécute bien.* Sein berühmter Nachfolger
Grandval sprach die Anfangsworte der Scene des Liebeszankes A. II. 4: *On vient de débiter, Madame, une nouvelle ‖ Que je ne savais pas et qui sans doute est belle*
mit ungläubigem Tone und bewies darin eine grosse
Feinheit, denn zeigte er sich gleich bekümmert, so hätte
Marianne keinen Grund, empfindlich zu werden.

Cléante, Orgons Schwager.   Der Name, griech.
Κλεάνϑης kommt öfter bei Mol., meistens als Liebhaber-
name vor, hier trägt ihn der Weise des Stückes, der ruhig
klare Mann von überlegenem Geist und sicherer Bildung,
der die Schlangenkunst Tartüffs und die Thorheit seines
Schwagers überschaut und bestrebt ist, zu vermitteln und
Alles ins rechte Geleise zu bringen.   Er ist dazu berufen,
des Dichters Ansicht zu vertreten und jeder Missdeutung,
die das Stück hervorrufen würde, vorzubeugen.   Er ist
einer von den weisen Brüdern und Schwägern der Molièrischen Bühne, die die Wahrheitswage ruhig in Händen
halten und über den Conflicten stehen;   den Mangel dramatischer Wärme, der diesen Charactern anhaftet, für die
der Kunstausdruck *les raisonneurs* gilt, müssen sie durch
die Schönheit ihrer Diction — sie sagen meist Gediegnes und
Vortreffliches — wieder einzubringen suchen. La Thorillère,
der Schöpfer dieser Rolle, that es; er war ein schöner,
grosser Mann mit tönendem Organ. (s. über ihn *Mis.*
Anh. 1.)

Tartuffe. Der Name, in dessen Klang schon etwas
Gleisnerisches liegt, hat mannigfache Ableitungen erfahren,
auf die hier näher einzugehen zu weit führen würde; er
soll mit διάβολος, aus dem im dialectischen Deutsch ter
Teifel (der Teufel) geworden, zusammenhängen und an-

dererseits seinen Ursprung folgender Anecdote, die aber
nichts weniger als verbürgt ist, verdanken.   Molière befand
sich einst mit mehreren Geistlichen beim päpstlichen Nuntius,
als zufällig ein Gemüsehändler eintrat, der Trüffeln feilbot,
und dabei mit schmunzelndem Gesichte ausrief, indem er
dem Nuntius einige sehr delicate überreichte: *Tartuffoli,
signor nuncio, tartuffoli*, und dabei soll im Geiste des Dichters
der Name entstanden sein, der für alle Zeiten die Personi-
fication der Heuchelei bedeutet.   Die plausibleste, auch von
Moland adoptirte Erklärung ist die vom sprach- und litte-
raturkundigen Chasles, die ich hier mittheile: *Tartuffe est
simplement le Truffactor de la basse latinité, le trompeur, mot
qui se rapporte à l'italien et à l'espagnol truffa combiné avec
la syllabe augmentative „tra", indiquant une qualité super-
lative et l'excès d'une qualité et d'un défaut.   Truffer c'est
tromper, tra-truffar tromper excessivement et avec hardiesse. L'euphonie a donné ensuite tartuffar, puis Tartuffe.
Truffaldin le fourbe véniten se rapporte à la même origine.*
Zu bemerken ist noch, dass der Name *Montufar* der
Novelle Scarrons, der Mol. Züge seines Helden entlehnt
hat, (s. d. Comm. A. III V. 278) Aehnlichkeit mit Tartuffe hat.
     Der Name wurde aber gleich aus einem nomen pro-
prium ein appellativum.   Schon in seinem ersten Placet
gebraucht ihn Mol. als solchen, indem er sagt: *Les tartuffes,
sous main, ont eu l'adresse de trouver grâce auprès de votre
majesté.* Dies Placet ging aber jeder öffentlichen Vorstellung
voraus und datirt vom Jahre 1664.   In den Erwiderungen
gegen Rochemonts Bemerkungen über das *Fest. de Pierre*
(1665) kommt der Name forwährend als synonym mit
Heuchler vor.   Er war schon so in den gewöhnlichen Gebrauch übergegangen, dass als Molière sein Werk drucken
liess, er das verallgemeinernde le davor setzte und nicht *Tartuffe
ou l'Imposteur*, sondern *Le Tartuffe ou l'Imposteur* schrieb.
So hatte derselbe schon, ehe die Litteratur und die
Bühne ihn kannten, sprichwörtliche Kraft und symbolisch
typische Bedeutung.   (Ueber das Urbild des Tart. s.
Anh. II.)

Die Rolle des Tartüff ist eine der schwierigsten, aber auch belohnendsten der gesammten Molièrischen Bühne, sie war von jeher in- und ausserhalb Frankreich das Lieblingsproblem grosser Schauspieler, die bald mehr den süsslichen Frömmler, bald mehr den sinnlichen Satyr in ihr betonten und die bestrebt waren, den Heuchler so zu spielen, dass er dem Orgon und seiner Mutter für einen Heiligen gelten konnte; dass seine äussere Erscheinung etwas Glattes, Insinnuirendes hat und doch seine innerliche Ruchlosigkeit und seine Seelengemeinheit oft blitzartig hervorbricht, dass sich aus dem Gegensatz zwischen Schein und Sein und aus der Verlegenheit, in welche dieser Widerspruch ihn bringt, Komik entwickelt, ist ein Triumph für Mol. Kunst. Rötscher hat in seinem Cyclus dramatischer Charactere B. II diese Characterrolle so eingehend und scharfsinnig analysirt, dass ich, da hier der Raum eine weitere Ausführung verbietet, mir erlaube, auf den vorzüglichen Aufsatz zu verweisen. Der Schöpfer der Rolle war Du Croisy, einer der besten Schauspieler der Mol. Truppe (s. Anh. I zum *Mis.*). Der Dichter hatte sie mit ihm selber einstudirt.

Dorine, Mariannens Zofe. Der Name ist offenbar eine Modification von Doris und kommt, so viel mir bekannt, in der zeitgenössischen Tradition und bei Mol. nicht vor. Dies kecke gewitzigte Frauenzimmer, das sich erlaubt, überall mit boshaftem Spott hineinzureden, ist in einer Doppelstellung, die in ihrem Auftreten, in ihrer Kleidung, in dem Einfluss den sie auf ihre Gebieterin Marianne, zu deren Vertrauten sie sich emporgeschwungen hat, und zugleich in der Art und Weise, wie Orgon und Mad. Pernelle sie behandeln, sich kund giebt. Die Anhänglichkeit an ihre Herrschaft giebt ihr ein gemüthliches, ihr Hass gegen Tartüff, den sie gleich anfangs durchschaut, ein satirisches Pathos; sie ist ein Pendant zur Toinette im Eingebildeten Kranken und hat durch ihr langes Verweilen im Dienst sich die bekannten Vorrechte solcher Dienstboten errungen, die sich mit der Herrschaft glauben identificiren zu können. Es wird der von echt Molièrischem Humor durchhauchten Vertreterin des Mutterwitzes schwer werden, manche Stellen, die über ihren Horizont hinausgehen und auf die der Commentar aufmerksam machte, mit ihrer sonstigen Redeweise in Einklang zu bringen. Die Schöpferin dieser belohnenden, echt komischen Rolle, die immer ein Lieblingsproblem grosser Schauspielerinnen geblieben ist, war Madeleine Béjart, über deren viel bewegtes und in die Geschichte des Dichters tief eingreifendes Leben an einer anderen Stelle ausführlicher zu berichten ist. Sie hatte den Ruf, eine der besten Schauspielerinnen ihrer Zeit zu sein, sowohl im Tragischen, wie im Komischen, und spielte mit gleichem Erfolg die *Jocaste* in Racines Tragödie *la Thébaïde* wie die Dorine, zu deren Darstellung die spätere Bitterkeit ihrer Laune und die Heftigkeit ihres Characters sie besonders geeignet machte.

Mousieur Loyal, sergent. Der Name dieses juristischen Tartüff ist offenbar symbolisch, ob er zugleich auf Loyola hindeuten soll, wage ich nicht zu entscheiden. Mr. Loyal ist eine Wichtigkeitsperson, er ist nicht simpler sergent, wie das Register ihn nennt, er ist, wie er sich selbst bezeichnet, *huissier à verge*, d. h. ein Gerichtsbeamter mit dem Stabe, mit dem derselbe diejenigen berührte, gegen die er einen Gerichtsbefehl auszuführen hatte. Sein Amt hatte Aehnlichkeit mit dem der englischen Constabler. Dass er aus der Normandie stammt, ist auch nicht ohne Bedeutung, die Normannen galten zu Mol. Zeit für Schlauköpfe. *Gens pesant l'air, fine fleur de Normand.* Laf. *Cont.* V, 4. Die Rolle macht, zumal wenn der Schauspieler das schon an und für sich baroke Pedellencostüm noch überladet und in seiner Erscheinung gar zu komisch ist, leicht einen burlesken Eindruck, der vom Dichter nicht beabsichtigt wurde, und in die ernste bedrängte Lage der Familie nicht passt. Der erste Spieler der Rolle war Debrie, der auch den Notar in den *Fem. sav.* spielte. (Siehe den Anh. I.)

Un Exempt, hier wohl ein *exempt de police*, ein früher gewöhnlicher Name für einen Polizeibeamten. Der Spieler der Rolle ist nicht angegeben.

Flipote, Zusammenziehung aus Philipotte; der Name kommt wie auch der Laurent unter den Theaterdienern vor.

Nach dem Theaterregister hiess ein Theaterdiener Loyal, vielleicht hat auch dies den Dichter, der gern Namen aus seiner Umgebung nahm, zu der Wahl dieses Namens mit bestimmt.

ANHANG II.

Portraits, Anspielungen und Urtheile.

Ueber manches Einschlägige hat schon der Commentar
Andeutungen gegeben. Dass Mol. nicht als mechanischer
Daguerreotypist, sondern als freischaffender Künstler ver-
fuhr und Allem, wodurch er angeregt wurde, auf was
er zielte und was er benutzte, ein selbständiges Leben ein-
hauchte, das wurde schon bei dem *Mis.* und den *Fem. sav.*
von mir betont. Hier gilt dies besonders vom sogenannten
Urbilde des Tartüff. Dass der Präsident Lamoignon dies
nicht gewesen ist und nicht sein konnte, ist längst erwiesen.
Lamoignon war ein in jeder Hinsicht ehrenwerther Mann
von streng sittlichem und christlichem Lebenswandel, er
war der Freund und Beschützer Boileaus und Corneilles
und hatte zu viel Anspruch auf Achtung gerade von Seiten
der Litteraten und Dichter, als dass ihn Mol. ohne Grund
hätte verspotten wollen und dürfen; vergl. Lindau, Litte-
rarische Rücksichtslosigkeiten p. 202 und 206, wo auf ·
Boileaus Vorrede zu seinem *Lutrin* hingewiesen wird, die dem
Präsidenten ein hohes Lob spendet. Auf ihn konnte sich auch
nicht die pikante Anecdote beziehen, nach der vor der plötz-
lich inhibirten zweiten Aufführung Molière vor die Lampen
getreten · sein und gesagt haben soll: „Meine Herren!
„Wir hofften, die Ehre zu haben, Ihnen zum zweiten
Male den Tartüff vorzuführen, aber der Herr Präsident will nicht, dass man ihn spiele; *qu'on le joue* ist
doppelsinnig: spiele oder verhöhne und *le* kann sowohl
auf den Tartüff, wie auf den Präsidenten gehen. Der Witz

ist schon lange vor Mol. gemacht worden. In den Ména-giana IV. p. 273 ff. wird erzählt: *On avait fait à Madrid une Comédie sur l'Alcade. Il eut le crédit de la défendre. Néanmoins les comédiens eurent assez d'accès auprès du Roy pour la faire réhabiliter. Celui qui fit l'annonce la veille que cette Pièce devoit être représentée dit au Parterre: Mes-eurs, le Juge (c'était le nom de la Pièce) a souffert quel-ques difficultés. L'Alcade ne voulait pas qu'on le jouât, mais enfin sa Majesté consent qu'on le représente.*

Manche Zeitgenossen, die durchaus nach einem leib-haftigen Urbild zum Tartüff verlangten, wollten dasselbe im Abbé Roquette sehen, der 1667 Bischof von Autun wurde, und allerdings für einen argen Heuchler und Stellener-schleicher galt. Man beruft sich bei Annahme dieser Be-ziehung auf einen Brief J. B. Rousseaus an Brossette, in dem es heisst, dass *l'aventure du Tartuffe se passa chez la duchesse de Longueville*, bei der der Abbé aus- und einging. Indess schwebt über der ganzen Sache ein widerspruchs-volles Dunkel, welches Fritsche in seinem Namenbuch da-durch aufzuhellen sucht, dass er meint, aus dem Ausdruck *chez la duchesse* (bei ihr im Hause) ginge noch nicht hervor, die Angegriffene müsste die Herzogin, die schon ein Alter von 45 Jahren hatte und deren Grabrede Roquette gehalten hat, gewesen sein. Uebrigens behauptet der Abbé de Choisy in seinen Memoiren, dass Molière vieles vom Abbé Roquette in seiner Haltung und seinem Wesen entlehnt habe. Es ist derselbe Roquette, auf den Boileau folgendes Epigramm gemacht hat:

On dit que l'abbé Roquette
Prêche les sermons d'autrui,
Moi qui sais qu'il les achète,
Je soutiens qu'ils sont à lui.

Anknüpfend an dies Epigramm hat Chénier folgendes auf Talleyrand, der gleichfalls Bischof von Autun war, verfasst.

De Roquette en son temps, T . . . . dans le nôtre
Furent tous deux prélats d'Autun,
Tartuffe est le portrait de l'un,
Ah! si Molière eût connu l'autre!

Der Commentar weist auf die gegen die Jesuiten gerichteten Anspielungen hin, es ist aber irrig, zu glauben der Dichter habe in seinem Kampfe nur sie im Auge gehabt; erst im dritten Acte gilt ihnen speciell seine Satire. Das, was er bekämpfte, war die Frömmelei, die von der Partei des alten Hofes und den höheren Ständen ausging, die, durch die Geistlichkeit geschürt, sich auch über den Bürgerstand verbreitete. Die puritanische Strenge der Jansenisten und ihr schroffer Rigorismus erfährt in den Reden Cleants manche Zurechtweisung. Ein religiöses oder theologisches Pathos hatte Mol. nicht, er ergriff im heiss entbrannten Streit zwischen den Jansenisten und Molinisten nicht Partei und fragte nicht, ob die Jansenisten Recht hatten, die die Gesellschaft Jesu für eine ehrgeizige, Staatsgefährliche Corporation erklärten, welche mit Hülfe einer weltlich-sophistischen Moral die Gewissen der Schwachen zu gewinnen und die Starken zu schrecken suchte, oder ob man den Jesuiten beistimmen müsse, welche die puritanischen Bewohnern des Port-Royal der Ketzerei und des Schismas beschuldigten. Sein Standpunkt war ein allgemeiner, überwiegend sittlicher. Das war er auch in dem Zwiespalt, der nach den Fronde-Unruhen in den höfischen Kreisen eingetreten war und sich in die bürgerlichen hinübergepflanzt hatte. Die Partei des alten Hofes, an deren Spitze die alte devote Herzogin von Navailles stand, scandalisirte sich über die Lebenslust, Genusssucht und Frivolität des sich bildenden neuen, und so entstand ein Kampf zwischen offenem Weltsinn und devotem Rigorismus, der sich auch in unsrem Stücke wiederspiegelt. Die Jansenisten haben dem Molière seinen Spott nicht so verziehen, wie die Jesuiten, die ihn später in Ruhe liessen, und deren einer, der *père* Bouhours, dem Dichter ein lobreiches Epitaph widmete.

Die Anspielung auf den König in der Schlussrede ist so handgreiflich, dass sie nie in Frage gezogen worden ist. Das unmittelbare Eingreifen der Majestät, die als *deus ex machina* auftritt, ist eine dem spanischen, von Molière gekannten Drama geläufige Wendung. Die Lobrede des Polizeibeamten ist nicht eine blosse an Ludwig XIV. gerichtete

captatio benevolentiae. Tartüffs Character und Handlungs-
weise sind für die bloss poetische Gerechtigkeit des Lustspiels: Enttäuschung, verachtet sein und lächerlich gemacht
werden, zu abscheulich; wir verlangen eine ernstere Sühnung,
doch das, was er begeht, seine Heuchelei, Undankbarkeit,
Sinnlichkeit, Habsucht, Rachgier und sein Freundschafts-
verrath, entschlüpft der weltlichen Justiz. Die *lettre sur
l'Imposteur* sagt ganz richtig: *il falloit que quelque dieu y
mette la main,* nur der absolute Fürst konnte sich über die
gewöhnlichen Formen hinwegsetzen und solche sittliche Ver-
brechen aus eigner Machtvollkommenheit bestrafen. So spricht
sich auch Goethe aus: (Goethes nachgelassene Werke B. 6.
p. 127): „Der Tartüff des Molière erregt Hass: er ist ein ver-
brecherischer Mensch, der Frömmigkeit und Sitte heuchelt,
um eine bürgerliche Familie in jedem Sinne zu Grunde zu
richten; weshalb uns denn auch der polizeiliche Ausgang
willkommen erscheint.“

Molière entlarvt nicht allein die unsittliche Bigotterie
seines Jahrhunderts und stellt im Tartüff ein Schreckbild
für alle Zeiten auf. Das Stück richtete sich auch direct
an Ludwig XIV, dessen Geist noch frei war, den die Scheinheiligkeit jedoch schon zu umgarnen drohte. Indem der
Dichter den Fürsten, in welchem jeder den König erkennen
musste, den scheinheiligen Betrüger richten und bestrafen
lässt, macht er Ludwig gewissermassen zum Bundesgenossen
in seinem Kampfe. Er warnt und ermahnt ihn indirect,
und selbst die Lobrede des Beamten thut dies, indem sie
ein Fürstenideal aufstellt, und, wenn gleich in poetisch-
hyperbolischer Weise nur solche Vorzüge hervorhebt, die
Ludwig allerdings damals noch besass. Unter den Blumen
des Lobes ist der Stachel der Warnung und Ermahnung versteckt.

Die Rede ist keine blosse, um Gunst und um Schutz
flehende Schmeichelei, sie enthält keine Connivenz für des
Königs *dévotion facile* von Seiten des Dichters, der an
seinem Beschützer und Wohlthäter, welcher seiner Truppe
während der Unterdrückung des Stückes die Titel *comédiens
du roi* und ihm selber eine Pension von 7000 Franken ver-
liehen hatte, mit dankbarem Herzen hing, und zwar ohne etwas

von jener ihm durch Schlegel beigelegten Kammerdiener-Moral zu besitzen.

Die Bedeutung und Wirkung des Tartüff beschränkt sich nicht auf sein Zeitalter, sie dauert noch immer fort, eben so wie die schon bei seinem Erscheinen lebhaft geführte Polemik für und gegen denselben.

In ihr erhoben sich nicht allein die Frömmler und Scheinheiligen, die Alles zu verlieren hatten, wenn ihnen die fromme Larve abgerissen wurde, gegen das gefährliche Drama, sondern auch wahrhaft Fromme, Geistliche, die es ehrlich meinten und die da fürchteten, Molières Comödie könnte, indem sie die falsche Frömmigkeit blossstellte, zugleich der wahren schaden und mit den Schlechten zugleich die Guten verdächtigen. So fasste auch Bossuet die Sache auf. Dass der Tartüff, zu dem das Volk und der Bürger jedesmal als Wehr und Waffe griff und noch heute greift, wenn es gegen Frömmelei, Ultramontanismus und Pfaffenlist kämpft, der Tartüff, der der antikirchlichen Richtung des achtzehnten Jahrhunderts besonders zusagte, ein zweischneidiges Schwert sei, ist selbst von solchen Männern empfunden worden, die durchaus nicht von einer orthodox-kirchlichen Gesinnung belebt waren. So meint der bekannte Critiker Geoffroy bei aller Anerkennung der künstlerischen Vorzüge des Stückes, es hätte mehr geschadet, als genützt und dem Tartüff zum Trotz habe sich die Zahl der Heuchler nur noch vermehrt. — Interessant ist auch Napoleons Aeusserung über das Stück (s. die Memoiren von St. Helena):

„Das Ensemble ist von Meisterhand, es ist das Musterwerk eines unnachahmlichen Mannes. Indess das Stück hat einen solchen Character, dass ich keineswegs über die langen Verhandlungen erstaunt bin, die es in Versailles hervorgerufen hat und über Ludwigs XIV. Zaudern, bis er es frei gab. Mich wundert nur, dass er es gethan hat. Das Stück stellt die Frömmigkeit in so gehässigen Farben dar, eine gewisse Scene desselben bietet eine so bedenkliche indecente Situation, dass ich meinerseits nicht anstehe zu erklären: Wäre es zu meiner Zeit erschienen, so hätte ich die Darstellung desselben nicht erlaubt."

Zu den Vertheidigern des Tartüff gehörte unter anderen der fromme Bischof Fénelon, er hatte ohne Zweifel das Stück dabei im Auge, wenn er in Télémaque sagte, der Heuchler sei der gefährlichste aller Bösen, die falsche Frömmigkeit sei Ursache, dass die Menschen nicht der ächten trauten. Er ging aber noch weiter, er tadelte den Jesuiten Bourdaloue wegen seiner Verfolgung Molières mit den Worten: *Bourdaloue n'est point Tartüffe, mais ses ennemis diront qu'il est jésuite.* Zum Schluss führe ich noch einen Ausspruch Génins an, der in prägnanter Kürze die ganze Bedeutung des Werkes zusammenfasst:

„Der Lustspieldichter unternahm es, öffentlich die Heuchelei zu entlarven, die vielleicht schon im Begriff war, auf den Thron zu steigen, er beschloss, dies scheussliche Angesicht in ein solches Licht zu stellen, dass es zugleich Schrecken, Ekel und Lust zum Lachen hervorriefe. Welch eine Aufgabe für die Kunst! Denn es giebt mit Ausnahme des Undankaren vielleicht keinen Charakter, der mehr dem Wesen der Comödie widerspricht, als der Heuchler; beide aber, der Undankbare und der Heuchler sind im Tartüffe mit einander verschmolzen."

Druck von Bär & Hermann in Leipzig.

MOLIÈRE

MIT

DEUTSCHEM COMMENTAR, EINLEITUNGEN UND EXCURSEN

HERAUSGEGEBEN

VON

DR. ADOLF LAUN.

PROFESSOR.

IV.

LE BOURGEOIS GENTILHOMME.

BERLIN
G. VAN MUYDEN
II. CARLSTRASSE II.

PARIS
SANDOZ & FISCHBACHER
33. RUE DE SEINE 33.

1874.

EINLEITUNG.

Trotz der eingelegten Zwischenspiele mit Tanz und Musik, trotz des possenhaften Schlusses und der mangelhaften Oeconomie im Aufbau des Stückes verdient der *Bourgeois gentilhomme* in die Reihe der Molière'schen Character- und Sittencomödien gestellt zu werden, wenn auch der Dichter selber ihm die Bezeichnung *comédie-ballet* gegeben hat. Es ist ein sorgfältiges und ausführliches, wenn auch karrikirtes Charactergemälde gleich dem Eingebildeten Kranken, zu dem es in Form und Zuschnitt ein Seitenstück ist.

Molière verspottet in diesem Stücke nicht eine einem einzelnen Individuum anhaftende Sonderbarkeit oder Verkehrtheit wie im *Etourdi*, *Avare*, im *Misanthrope* oder *Malade imaginaire*, sondern die allgemeinste Schwäche der Menschen, die Eitelkeit, von der Niemand frei ist, am wenigsten die Franzosen. Es gilt hier der Spott im Besondern der Eitelkeit der reichgewordenen Parvenüs, an denen sein Zeitalter schon eben so reich war; wie es das unsrige ist. Alle Comik beruht auf dem Gegensatze und nirgends tritt dieser so schroff hervor, als da, wo der sich als vornehm und gebildet Gebehrdende in jedem Augenblicke

verräth, dass er weder das Eine noch das Andere ist, wo
Schein und Wirklichkeit sich widersprechen und die Prä-
tension sich auf etwas stützt, von dem nur das Gegentheil
vorhanden ist. Herr Jourdain, des reich gewordenen Tuch-
händlers Sohn, spielt den feingebildeten Edelmann und ist
durch des Dichters unerreichte comische Kunst zu einem
Typus geworden, den die Dichter aller Zeiten und Länder
unter zeit- und localgemässen Variationen unzählige Male
reproducirt haben. In den *Précieuses ridicules*, in der *Comtesse d'Escarbagnas* und den *Femmes savantes* ist die Vor-
nehm- und Gebildetthuerei zwar auch das Grundthema,
aber nirgends concentriren sich alle Schlaglichter der Comik
so auf einen einzigen Repräsentanten dieser Schwäche, nirgends erscheint die Narrheit in so grossartiger Gestalt, als
beim Herrn Jourdain, der von Anfang bis zu Ende in immer
tolleren Extravaganzen die Bühne beherrscht und fast alles
Interesse auf sich allein lenkt. Der Fecht-, der Tanz-
und der Musikmeister, wie der Schneider und der Philosoph sind daneben nur Typen der Standeseitelkeit und
können sich, mit wie wahren, hübschen Zügen sie auch
bedacht sind, nicht mit dem Helden des Stückes messen.
Als Lehrer, Warner und Berather seiner Zeitgenossen wendet sich der Dichter, hier wieder dem Volke und dem
Bürgerstande, aus dem er hervorgegangen ist und in dem
er wurzelt, zu und sucht ihn von jener immer weiter um
sich greifenden Krankheit zu curiren. Seine Medicin ist
hier wie immer eine drastische Darstellung des zu Vermei-
denden. Er carrikirt sehr stark, aber er thut es in einer
Weise, dass aus den Uebertreibungen des Zerrbildes doch
immer die Wahrheit des Urbildes hervorleuchtet, man braucht
die ausschweifenden Züge nur zusammenzuziehen, und man
bekommt ein der Wirklichkeit entsprechendes Gesicht. —
Es wird behauptet, der Dichter habe einen gewissen Gaudouin,

der als Hutmacher ein grosses Vermögen erworben und im Umgange mit vornehmen Herren und coketten Weibern aus Grossthuerei wieder verschwendet hatte, zum Vorbild gehabt. Doch einer so speciellen Anregung bedurfte es nicht; von Grossthuern aus dem Bürgerstande, von eitlen Emporkömmlingen wimmelte es schon zu seiner Zeit. Lafontaine bezeugt es, wenn er sagt:

> Tout bourgeois veut bâtir comme les grands seigneurs,
> Tout prince a des ambassadeurs,
> Tout marquis veut avoir des pages.

und diese Manie als etwas specifisch Französisches ansieht:

> La sotte vanité nous est particulière;
> C'est proprement le mal français.

Dass unter allen Emporstrebern der Spiessbürger die comischste Person sei, hat Voltaire im Folgenden hübsch auseinandergesetzt: *La folie du bourgeois est la seule qui soit comique et qui puisse faire rire au théâtre: ce sont les extrêmes disproportions des manières et du langage d'un homme avec les airs et les discours qu'il veut affecter qui font un ridicule plaisant. Cette espèce de ridicule ne se trouve point dans les princes ou dans les hommes élevés à la cour, qui couvrent toutes leurs sottises du même langage; mais ce ridicule se montre tout entier dans un bourgeois élevé grossièrement, et dont le naturel fait à tout moment un contraste avec l'art dont il veut se parer. (Oeuvres de Voltaire, tome 48. Paris 1829.)* Wie begründet und zugleich wie einschlagend zu Molière's Zeit die von ihm hier gehandhabte Satire war, geht aus einer Betrachtung der damaligen socialen Verhältnisse hervor. Der Adel, obgleich seiner lehnsherrlichen Macht beraubt, war doch noch im Besitz der höchsten Stellen in der Verwaltung, in der Armee und bei Hofe. Er bildete noch immer eine abgesonderte, bevorzugte Classe und wurde vom emporstrebenden Bürgerstande darum beneidet. Viele aus demselben, um ihm gleich zu werden, kauften sich ein Adelspatent, dessen Verkauf für den Staatsschatz sehr einträglich war. Diese für ihr schweres Geld Geadelten hätte der Dichter nicht verspotten dürfen, sie brachten zu viel ein. Aber daneben gab es andere, die wie George Dandin durch Heirath zum Adel emporstrebten oder sich durch Liberalität, Verschwendung und prätendirte feine Manieren ihm zu nähern und in seinen Umgang zu kommen suchten. Zu dieser viel verbreiteten Species von Emporkömmlingen gehört unser Jourdain, der zugleich durch eine vornehme Heirath seiner Tochter immer höher zu kommen hofft. — Wie kindisch und thöricht er sich in diesem seinen Emporstreben benimmt, in welch widerspruchsvolle comische Situation er dabei geräth, sucht der Commentar im Näheren nachzuweisen.

Der Dichter hatte aber noch ein Zweites im Auge, er wollte auch ein Gemälde des herz- und gewissenlosen Adels seiner Zeit entwerfen, der sich nicht schämte, zu der von ihm verachteten Bourgeoisie herabzusteigen, wenn sie dumm genug war, sich ausbeuten zu lassen. Ein Repräsentant dieser verächtlichen Menschenclasse ist der Graf Dorante, der mit seiner leichten weltmännischen Eleganz den armen Tropf besticht und hinters Licht führt. Diese unverschämten vornehmen Roués, vor denen Molière den Bürger warnen will, kommen öfter auf seiner Bühne vor. Der ruchlose Don Juan seines *Festin de Pierre* ist der vollendetste Typus derselben. Dorante ist nicht mit so grossen Strichen gezeichnet, stellt aber hinreichend die sittliche Hohlheit und Seelengemeinheit dieses herabgekommenen Adels dar, der kein Mittel scheut, um auf Kosten Anderer zu leben und zu schwelgen. Die Memoiren der Zeit schildern Manchen, auf den die Charakterzeichnung Dorantes vollkommen passt. Die Marquise Dorimene, die ihm zur Seite steht, ist nicht

mit so gehässigen Farben gemalt, sie ist scheinbar unschul-
dig an den Betrügereien, die sich ihr Anbeter gegen den
armen Jourdain erlaubt, und beobachtet eine gewisse Feinheit und Würde, sie ist aber als Wittwe so erfahren und
klug, dass wir vermuthen, sie sieht vieles nur deshalb nicht,
weil sie es nicht sehen will. Sie ist eine vom Dichter mit
feinem Griffel ausgeführte Silhouette, zu der ihm eine der
eleganten, gewandten, klugen und geistreichen Frauen
seiner Zeit gesessen haben mag.

Um diese Personen gruppiren sich die anderen Charactere des Stückes, die der stets auf Licht- und Schatten-
gebung bedachte Dichter zu ihnen in einen hübschen Gegensatz stellt.

Ist Jourdain der seinen Stand verachtende Bürgersmann,
so fühlt Cléonte, der Liebhaber seiner Tochter, die ganze
Würde und Bedeutung desselben und denkt als verständi-
ger und gebildeter junger Mann nicht daran, sich über ihn
erheben zu wollen. Madame Jourdain denkt gleichfalls nicht
daran und bekämpft mit derbem *bon sens* und schlagfertigem
Mutterwitz die Thorheiten ihres Mannes; die Magd Nicole,
eine Geistesschwester der Martine in den *Femmes savantes*,
der Dorine im *Tartuffe* und der Toinette im *Mal. im.*, tritt
gleichfalls der Verkehrtheit, die sich ihrem natürlichen Ver-
stande darlegt, entgegen, wenn auch in einer Weise, die
sie von jenen typischen Gestalten hinreichend unterscheidet.
Lucile ist die würdige Tochter der Madame Jourdain, aber,
wie bei Molière ihren Eltern gegenüber die Kinder fast
immer sind, feiner gebildet und nicht so derb im Ausdruck;
sie ist klug, einfach und natürlich und wie geschaffen für
ihren Cléonte. Der schelmische Bediente durfte in einem
Familien- und Charactergemälde, dessen Ausgang eine
possenhafte Mystification sein sollte, nicht fehlen, und Covielle, als Erfinder und Ausführer derselben, macht seinen

Vorgängern, den Scapins, Mascarilles und Gros-Renés alle
Ehre und entledigt sich seiner Aufgabe mit Gewandtheit,
schlagfertigem Witz und gutem Humor.

Aus den obigen Andeutungen, die im Commentar und
den Anhängen ihre nähere Ausführung erhalten, geht hervor, dass der Dichter sein Stück auf eine wirkliche Charactercomödie und ein dramatisches Sittengemälde angelegt
hatte, das in Plan, Aufbau und Ausführung sich seinen
anderen derartigen Schöpfungen an die Seite gestellt haben
würde, wenn nicht der Umstand, dass es ein bestelltes
Festivitätsstück mit Tanz, Gesang und Musik war, störend
in die Anlage und Oeconomie des Ganzen eingegriffen
hätte, wenn er nicht gezwungen gewesen wäre, hastig zu
arbeiten. Die Aufgabe, am Schluss jedes Actes ein Ballet
anzufügen, das mit der Handlung in Verbindung stand,
löste er dabei mit vielem Glücke und schuf dadurch etwas
Originelles und Eigenthümliches, das vor den systematischen
Critikern aus Boileaus Schule nicht bestand, aber sehr geeignet war, das Publicum zu belustigen. Das war die
Grösse und Genialität des Dichters, dass er nicht allein, wo
er sich den vorhandenen Regeln unterwarf, sondern auch
wo er sich von ihnen mit Aristophanischer Freiheit und
Kühnheit losmachte, Bedeutendes und Geistvolles zu schaffen
wusste.

Die erste Aufführung dieses Stückes hatte in Chambord
am 13. October 1670 statt und in Paris am 23. November
auf dem *Théâtre royal*; es erlebte bis zum Schluss der
Bühne um Ostern des folgenden Jahres 24 Vorstellungen.
Ueber den sonderbaren Einfall, den Herrn Jourdain in einer
türkischen Posse durch seine Ernennung zum Mamamouchi
und durch die Bewerbung des Grosstürken um die Hand

seiner Tochter mystificiren zu lassen, giebt das 1724 von einem Anonymus geschriebene Leben Molière's folgenden Aufschluss: Ein Gesandter der Ottomanischen Pforte kam an den französischen Hof. Der König, der sich gern in seinem Glanze zeigte, gab ihm in einer prächtigen, mit Edelsteinen besetzten Kleidung Audienz. Dieser Gesandte sprach, nachdem er den Empfangssaal verlassen hatte, seine Bewunderung über das gute Aussehen und die majestätische Haltung des Königs aus, ohne der Kostbarkeiten, mit denen er geschmückt war, zu erwähnen. Ein Hofmann brachte die Rede darauf und fragte ihn, was er dazu meinte. Er erwiderte, das sei für Jemanden, der die Levante kenne, ja Nichts, und fügte hinzu: „wenn Seine Hoheit, der Sultan, ausreitet, dann sind in der Decke seines Pferdes mehr Edelsteine als in dem Kleide des Königs von Frankreich". Ueber diese Aeusserung waren die Anbeter der französischen Majestät im höchsten Grade verdutzt. Colbert, der mit Molière über diesen Vorfall sprach, fragte ihn, ob es kein Mittel gäbe, den Stolz des Ungläubigen zu demüthigen. Molière versprach, er wolle dies versuchen und erfand, indem er sich mit dem Musiker Lulli in's Einverständniss setzte, jene tolle Ceremonie, in welcher die asiatische Etiquette und die Gebräuche des Alcoran lächerlich gemacht wurden. Der Gesandte, den man durch die Persifflage ärgern wollte, benahm sich sehr gemässigt, er meinte nur, man hätte, wie es türkische Sitte wäre, die Bastonnade unter den Fusssohlen, aber nicht auf dem Rücken appliciren müssen. — Wir hätten aus einem andern als ethnographisch-culturgeschichtlichen Grunde gewünscht, der Dichter hätte sich an die türkische Sitte gehalten, und, da er selber die Rolle Jourdains spielte, sich die Bastonnade lieber mit leisen Streichen auf die Füsse, als mit derben Schlägen auf den Rücken geben lassen. Es wäre dies weniger drastisch, aber für seine persönliche Würde weniger compromittirend gewesen. Man kennt ja die Bedenken Boileaus und der Academie in dieser Hinsicht.

Uebrigens beruht diese Anecdote auf keinem sichern Grunde. In der That kam im Frühjahr 1670 ein türkischer Gesandter nach Paris, der nach der *Gazette* Muta Ferraca hiess, er reiste aber schon am 29. Mai wieder ab, und man hat keine Andeutung, dass er einen unmittelbaren Nachfolger gehabt hat.

Die Leichtgläubigkeit des Herrn Jourdain, der sich einbildet, er sei zum Mamamouchi ernannt worden, wurde von der damaligen Critik als zu extravagant getadelt, indessen die Möglichkeit einer solchen Bethörung wird von den Commentatoren durch folgendes Beispiel erläutert: Der Abbé de Saint Martin, der einen Theil seines grossen Vermögens auf die Verschönerung der Stadt Caen mit Brunnen und sonstigen monumentalen Gebäuden verwendete, war ebenso leichtgläubig wie Monsieur Jourdain, denn er liess sich weiss machen, der König von Siam, der seine Schriften gelesen hätte, habe ihn zum Mandarinen ernannt, und liess sich unter eben so lächerlichen Ceremonien, wie die des Herrn Jourdain sind, mit dieser Würde bekleiden. Er blieb sein Lebelang überzeugt, dass er Mandarin und Marquis de Mou sei und unterschrieb sich immer als solcher. Die grosse Farce wurde mit ihm zu Caen im Jahre 1686, sechszehn Jahre nach der ersten Aufführung des *Bourgeois gentilhomme* gespielt.

Ueber den Erfolg, den das Stück bei seiner ersten Aufführung im Schlosse zu Chambord, wo Mol. den mit gleicher glücklichen Laune geschriebenen Herrn von Pourceaugnac gerade ein Jahr vorher aufgeführt hatte, erzählt Grimarest in seiner freilich nicht sehr zuverlässigen *Vie de Molière* Folgendes: Bei der ersten Aufführung hatte der

König kein Zeichen der Befriedigung gegeben und sagte beim Abendessen kein Wort zu Molière. Diese Schweigsamkeit schien den Hofleuten ein sicheres Zeichen der königlichen Unzufriedenheit zu sein, und sie begannen schon den Dichter als in Ungnade gefallen anzusehen und fielen über ihn her. „Molière hält uns wohl für Einfaltspinsel, dass er uns mit solchen Jämmerlichkeiten zu belustigen denkt?" meinte der Herzog von ***. „Was will er mit seinem *Halaba bala chou* sagen", fügte der Herzog von *** hinzu. „Der arme Mensch ist toll, er ist erschöpft, wenn nicht ein Anderer das Theater übernimmt, dann ist es verloren. Er verfällt ja wieder ganz auf die alte italienische Posse". Es giengen fünf oder sechs Tage hin, ehe man das Stück zum zweiten Male aufführte, und während derselben Zeit hielt sich der ganz bedrückte Molière in seinem Zimmer, indem er sich vor dem Spott der Hofleute fürchtete, er sendete nur seinen Zögling Baron auf Kundschaft aus, und dieser brachte ihm immer schlechte Nachrichten. Der ganze Hof war gegen ihn.

Indessen das Stück wurde zum zweiten Mal gespielt. Nach der Vorstellung liess der König, der sich noch nicht ausgesprochen hatte, Molière rufen und sagte ihm: „Ich habe Euch noch nicht von der ersten Vorstellung gesprochen, weil ich fürchtete von der guten Darstellung bestochen zu sein, jetzt sage ich Euch aber: Ihr habt nie etwas gemacht, das mich mehr belustigt hätte. Euer Stück ist vortrefflich." Molière athmete bei diesem Lobe wieder auf und wurde nun mit schmeichelhaften Urtheilen von Seiten der Hofleute überhäuft, die alles Gute, was der König von dem Stücke gesagt hatte, einstimmig wiederholten. „Der Mann ist unnachahmlich", sagte derselbe Herzog von ***, der ihn so scharf getadelt hatte. „In Allem, was er schafft, ist eine *vis comica*, die die Alten nicht in demselben Maasse besitzen."

Die zweite Vorstellung hatte übrigens nach der *Gazette* nicht fünf, sondern nur drei Tage nach der ersten, am 16. October statt; sie wiederholte sich in Chambord am 20. und 21. und dann am 9., 11. und 13. November in St. Germain en Laye. Darauf erhielt Molière die Erlaubniss, das Stück in der Stadt aufzuführen. Robinet kündigte in seiner *lettre* vom 22. November die Vorstellung, die abwechselnd mit der von Corneille's *Bérénice* statthaben würde, mit den Worten an:

> — — — *Et que, par grâce singulière,*
> *Mardi l'on y donne au public*
> *De bout en bout et ric en ric* (Schlag auf Schlag)
> *Son charmant Bourgeois gentilhomme,*
> *C'est à dire presque tout comme*
> *A Chambord et dans Saint-Germain*
> *L'a vu notre grand souverain,*
> *Mêmes avecques des entrées,*
> *De ballet les mieux préparées,*
> *D'harmonieux et grands concerts*
> *Et tous les ornements divers*
> *Qui firent de ce gai régale*
> *La petite oie à la royale.*

(Die bei diesem lustigen Feste das waren, was die Federn und Bänder beim Galakleide sind.)

Die erste, bald nach der ersten Vorstellung erfolgte Ausgabe hatte folgenden Titel: *Le Bourgeois gentilhomme comédie-ballet faite à Chambord pour le divertissement du Roy par J. B. P. Molière. Et se vend pour l'autheur. A Paris, chez Pierre Le Monnier au Palais, vis à vis la porte de l'église de la Sainte-Chapelle, à l'image S. Louis et au Feu divin 1671. Avec privilége du Roy.* Die zweite Ausgabe: *Le Bourgeois gentilhomme comédie-ballet faite à Chambord pour le divertissement du Roy par J. B. P. Molière. A Paris, chez Claude Barbin, au Palais: sur le second perron de la Sainte-Chapelle 1673. Avec privilége du Roy.*

In der Gesammtausgabe von 1682 findet sich das Stück unter dem obigen Titel.

Ehe diese Ausgabe erschienen war, hatte man auch schon das Libretto *Livre du ballet: Le Bourgeois gentil-homme, comédie-ballet, donné par le Roy à toute sa cour dans le château de Chambord, au mois d'Octobre* 1670 *chez Robert Ballard, seul imprimeur du Roy pour la musique* 1670. *Avec privilège de sa Majesté.*

Auf die einzelnen Anregungen, die Molière für diese und jene Scene, für diesen und jenen Characterzug aus seiner Lectüre und aus zeitgenössischen Ereignissen erhalten hat, weist der Commentar hin. Die Schöpfung des Hauptcharacters, der Gedanke und die Handlung des Stückes sind ganz sein Eigenthum.

Herr Jourdain wurde durch Molière sum Typus der Parvenüs, der im Anschluss an veränderte Zeitverhältnisse und gesellschaftliche Zustände auf der französischen Bühne geblieben ist. Lesage's *Turcaret*, seine bedeutendste Nachahmung, lebt noch heute in den reich gewordenen Industriellen, Finanz- und Börsenmännern weiter, deren innere Bildung ihrem äussern Glanze nicht entspricht und deren typische Rohheit mit ihrem Anspruch auf feines und vornehmes Wesen in einen comischen Contrast tritt. Scribe, Ponsard, Sandeau und Andere haben diesen Character unter mancherlei Variationen und Nüancen. Auch die deutsche Bühne hat ihn in verschiedenen Gestalten. Vorzugsweise kennen ihn die Wiener Possen, unter denen nur an Raimunds Bauer als Millionair erinnert zu werden braucht. Eine mehr oder weniger directe Nachahmung ist Holbergs Honette Ambition, sie ist aber bei der schwerfälligen Weise dieses Dichters bei weitem nicht so leicht

und lustig. Herr Hieronymus, der dänische Jourdain, wird
vom raffinirten Bedienten Heinrich statt von einer sich ge-
mein machenden vornehmen Person, wie Molières Graf
Dorante, geprellt, und damit fällt die socialsatirische Bedeutung, die Molière im Auge hatte, fort. Indess es ist
in dem Holbergschen Stück ein psychologisch interessanter
Zug. Hieronymus zieht nämlich seine Anfangs verständige
Frau, der er die eigne Rang- und Titelsucht in die Schuhe
schiebt, allmälich mit in seine Thorheit hinein. Vielleicht
hätte auch Molière, der die weiblichen Schwächen wie kein
Anderer kannte, sich zu dieser Wendung entschlossen,
wenn es nicht in seinem Princip gelegen hätte, das Interesse nicht zu zersplittern und alle komischen Schlaglichter
auf ein einziges Individuum zu concentriren. Dabei wäre
auch der Contrast zwischen der geistig gesund bleibenden
Frau und dem närrisch gewordenen Manne dem scharf
hervortretende Contraste liebenden Dichter verloren gegangen.

LE
BOURGEOIS GENTILHOMME.

COMÉDIE-BALLET EN CINQ ACTES.

1670.

PERSONNAGES DE LA COMÉDIE.

M. JOURDAIN, bourgeois.
Mme JOURDAIN, sa femme.
LUCILE, fille de Mr. Jourdain.
CLÉONTE, amoureux de Lucile.
DORIMÈNE, marquise.
DORANTE, comte, amant de
 Dorimène.
NICOLE, servante de Mr. Jour-
 dain.
COVIELLE, valet de Cléonte.
UN MAITRE DE MUSIQUE.
UN ÉLÈVE du maître de musique.
UN MAITRE A DANSER.
UN MAITRE D'ARMES.
UN MAITRE DE PHILOSOPHIE.
UN MAITRE TAILLEUR.
UN GARÇON TAILLEUR.
DEUX LAQUAIS. ·

·PERSONNAGES DU BALLET,

DANS LE PREMIER ACTE.

UNE MUSICIENNE.
DEUX MUSICIENS.
DANSEURS.

DANS LE SECOND ACTE.

GARÇONS TAILLEURS dansants.

DANS LE TROISIÈME ACTE.

CUISINIERS dansants.

DANS LE QUATRIÈME ACTE.

CÉRÉMONIE TURQUE.

LE MUFTI.
TURCS assistants du Mufti, chan-
 tants.
DERVIS chantants. ·
TURCS dansants.

DANS LE CINQUIÈME ACTE.

BALLET DES NATIONS.

UN DONNEUR DE LIVRES dansant.
IMPORTUNS, dansants.
TROUPE DE SPECTATEURS chan-
 tants. ·
PREMIER HOMME du bel air.
SECOND HOMME du bel air.
PREMIÈRE FEMME du bel air.
SECONDE FEMME du bel air.
PREMIER GASCON.
SECOND GASCON.
UN SUISSE.
UN VIEUX BOURGEOIS babillard.
UNE VIEILLE BOURGEOISE babil-
 larde.
ESPAGNOLS chantants.
ESPAGNOLS dansants.
UNE ITALIENNE.
UN ITALIEN.
DEUX SCARAMOUCHES.·
DEUX TRIVELINS.
ARLEQUIN.
DEUX POITEVINS chantants et
 dansants.
POITEVINS et POITEVINES dan-
 sants.

La scène est à Paris, dans la maison de M. Jourdain.

ACTE PREMIER.

(L'ouverture se fait par un grand assemblage d'instruments; et, dans le milieu
du théâtre, on voit un élève du maître de musique qui compose, sur une
table, un air que le bourgeois a demandé pour une sérénade.)

SCÈNE I.

UN MAITRE DE MUSIQUE, UN MAITRE A DANSER,
TROIS MUSICIENS, DEUX VIOLONS, QUATRE DANSEURS.

LE MAITRE DE MUSIQUE, aux musiciens. Venez, entrez
dans cette salle, et vous reposez là, en attendant qu'il 5
vienne.

LE MAITRE A DANSER, aux danseurs. Et vous aussi, de
ce côté.

LE MAITRE DE MUSIQUE, à son élève. Est-ce fait?

L'ÉLÈVE. Oui. 10

LE MAITRE DE MUSIQUE. Voyons... voilà qui est bien.

LE MAITRE A DANSER. Est-ce quelque chose de nouveau?

LE MAITRE DE MUSIQUE. Oui, c'est un air pour une
sérénade, que je lui ai fait composer ici, en attendant que
notre homme fût éveillé. 15

LE MAITRE A DANSER. Peut-on voir ce que c'est?

LE MAITRE DE MUSIQUE. Vous l'allez entendre avec le
dialogue, quand il viendra; il ne tardera guère.

LE MAITRE A DANSER. Nos occupations, à vous et à
moi, ne sont pas petites maintenant. 20

---

3. Die Worte dieser Serenade sind: *Je languis nuit et jour* etc.
siehe weiter unten. Acte I. 2.

9. *Est-ce fait?* Er fragt den Schüler, ob das Musikstück
fertig sei?

14. Die ich ihn (den Schüler) hier habe componiren
lassen.

LE MAITRE DE MUSIQUE. Il est vrai. Nous avons trouvé ici un homme comme il nous le faut à tous deux. Ce nous est une douce rente que ce monsieur Jourdain, avec
25 les visions de noblesse et de galanterie qu'il est allé se mettre en tête; et votre danse et ma musique auraient à souhaiter que tout le monde lui ressemblât.

LE MAITRE A DANSER. Non pas entièrement; et je voudrais, pour lui, qu'il se connût mieux qu'il ne fait aux
30 choses que nous lui donnons.

LE MAITRE DE MUSIQUE. Il est vrai qù'il les connaît mal, mais il les paie bien; et c'est de quoi maintenant nos arts ont plus besoin que de toute autre chose.

LE MAITRE A DANSER. Pour moi, je vous l'avoue, je
35 me repais un peu de gloire. Les applaudissements me touchent, et je tiens que, dans tous les beaux arts, c'est un supplice assez fâcheux que de se produire à des sots, que d'essuyer, sur des compositions, la barbarie d'un stu-pide. Il y a plaisir, ne m'en parlez point, à travailler pour
40 des personnes qui soient capables de sentir les délicatesses d'un art, qui sachent faire un doux accueil aux beautés d'un ouvrage, et, par de chatouillantes approbations, vous régaler de votre travail. Oui, la récompense la plus agré-able qu'on puisse recevoir des choses que l'on fait, c'est

---

22. *à tous deux* ohne Artikel, alle beide (zusammen).

35. *je me repais*, weide, erfreue mich. Baudissin hat: Ich werde auch vom Ruhme ein wenig satt, was nicht sinnentsprechend ist. Der idealistisch gesinnte Tanzmeister, *maître à danser* sagte man damals, schwärmt für den Ruhm und drückt sich, mit satirischer Absicht von Seiten des Dichters, sehr pretiös aus, der Musikmeister ist viel practischer gesinnt.

39. *Ne m'en parles point*, das bedarf keiner Bere-dung, es liegt etwas Affirmirendes darin. Wolf: Reden Sie mir nicht davon, was keinen rechten Sinn giebt.

43. *régaler de qlqch.* entschädigen cf. *Et.* III. 13.
    Mais pour vous régaler. || *Du souci* etc.
Auger leitet es ab von *rendre égal.* Génin und Chasles meinen, es sei die Iterativform vom alten *galer*, keltisch *galt*, spanisch und ital. *gala*, sich erfreuen, es war auch transitiv: *çà, là galons-le en enfant de bon lieu* (Laf. *Le Diable de Pape-figuière*); andere leiten es ab von *rex, regal*, spanisch *regalo*, ein königliches Fest; *regalar*, königlich bewirthen, beschen-ken, belohnen.

de les voir connues, de les voir carressées d'un applaudis- 45
sement qui vous honore. Il n'y a rien, à mon avis, qui
nous paie mieux que cela de toutes nos fatigues; et ce
sont des douceurs exquises que des louanges éclairées.

LE MAITRE DE MUSIQUE. J'en demeure d'accord, et je
les goûte comme vous. Il n'y a rien assurément qui cha- 50
touille davantage que les applaudissements que vons dites;
mais cet encens ne fait pas vivre. Des louanges toutes
pures ne mettent point un homme à son aise: il y faut
mêler du solide; et la meilleure façon de louer, c'est de
louer avec les mains. C'est un homme, à la vérité, dont 55
les lumières sont petites, qui parle à tort et à travers de
toutes choses, et n'applaudit qu'à contresens; mais son
argent redresse les jugements de son esprit; il a du discernement dans sa bourse, ses louanges sont monnoyées:
et ce bourgeois ignorant nous vaut mieux, comme vous 60
voyez, que le grand seigneur éclairé qui nous a intro-
duits ici.

LE MAITRE A DANSER. Il y a quelque chose de vrai
dans ce que vous dites; mais je trouve que vous appuyez
un peu trop sur l'argent; et l'intérêt est quelque chose 65
de si bas, qu'il ne faut jamais qu'un honnête homme montre
pour lui de l'attachement.

---

51. *davantage que* statt *plus que*, häufig bei den besten
Schriftstellern des siebzehnten Jahrhunderts bei Pascal, Racine
et. cf. *Méd. m.* 1. II. 2 und *Et.* I. 9:
    Oui, vous ne pourriez lui dire davantage
    Que ce que je lui dis pour le faire être sage.
Génin erklärt den von späteren Grammatikern getadelten Gebrauch
so: *Le substantif avantage se construit avec sur. Davantage (de
ou par avantage) marque une comparaison et se construit comme
plus avec la marque du comparatif que. L'idée de l'adjectif au comparatif prévaut sur la forme du substantif.*

55. *louer avec les mains* könnte bedeuten: b e k l a t s c h e n,
bedeutet hier aber wie das folgende *ses louanges sont monnoyées* zeigt: i n d e m m a n z a h l t.

67. *pour lui,* auf ein nicht persönliches Wort gehend häufig
bei Mol. und Zeitgen.

In Frankreich haben die Tanzmeister von jeher grosses Gewicht auf ihre Kunst gelegt. Vestris meinte: „Es giebt nur drei
grosse Männer in Europa: der König von Preussen, Voltaire und

Le Bourgeois gentilhomme.   2

8

18 LE BOURGEOIS GENTILHOMME.

LE MAITRE DE MUSIQUE. Vous recevez fort bien pourtant l'argent que notre homme vous donne.

70 LE MAITRE A DANSER. Assurément; mais je n'en fais pas tout mon bonheur; et je voudrais qu'avec son bien il eût encore quelque bon goût des choses.

LE MAITRE DE MUSIQUE. Je le voudrais aussi; et c'est à quoi nous travaillons tous deux autant que nous pouvons.

75 Mais, en tout cas, il nous donne moyen de nous faire connaître dans le monde; et il payera pour les autres ce que les autres loueront pour lui.

LE MAITRE A DANSER. Le voilà qui vient.

SCÈNE II

M. JOURDAIN, en robe de chambre et en bonnet de nuit; LE MAITRE DE MUSIQUE, LE MAITRE A DANSER, L'ÉLÈVE DU MAITRE DE MUSIQUE, UNE MUSICIENNE, DEUX MUSICIENS, DANSEURS, DEUX LAQUAIS.

M. JOURDAIN. Hé bien, messieurs! Qu'est-ce? Me ferez-
80 vous voir votre petite drôlerie?

LE MAITRE A DANSER. Comment! quelle petite drôlerie?

M. JOURDAIN. Hé! la... Comment appelez-vous cela? Votre prologue ou dialogue de chansons et de danse.

LE MAITRE A DANSER. Ah! ah!

85 LE MAITRE DE MUSIQUE. Vous nous y voyez préparés.

---

ich." Die Tanzkunst stand damals in hohem Ansehen. Ludwig XIV. gründete 1661 eine *Académie royale de danse.*

Darin, dass der Musikmeister geldgieriger ist als der Tanzmeister, liegt vielleicht eine Anspielung auf Lulli, der, als vagabondirender Violinspieler aus Italien gekommen, sich sehr bereicherte und ein grosses Vermögen hinterliess.

78. Diese Expositionsscene ist vortrefflich, wir kennen schon den albernen Emporkömmling, der, um es den Vornehmen gleich zu thun, sich in aller Eile zu bilden sucht. Das Zwiegespräch der beiden Lehrer malt ihn und sie selber in ihrer Eigenthümlichkeit.

80. *votre petite drôlerie,* Ihre Schnurre, der Tanzmeister nimmt das dem Jourdain angemessene Wort natürlich übel.

83. *prologue ou dialogue de chansons* bezeichnet Jourdains Bildungsstandpunkt.

M. JOURDAIN. Je vous ai fait un peu attendre; mais c'est que je me fais habiller aujourd'hui comme les gens de qualité; et mon tailleur m'a envoyé des bas de soie que j'ai pensé ne mettre jamais.

LE MAITRE DE MUSIQUE. Nous ne sommes ici que 90 pour attendre votre loisir.

M. JOURDAIN. Je vous prie tous deux de ne vous point en aller qu'on ne m'ait apporté mon habit, afin que vous me puissiez voir.

LE MAITRE A DANSER. Tout ce qu'il vous plaira. 95

M. JOURDAIN. Vous me verrez équipé comme il faut, depuis les pieds jusqu'à la tête.

LE MAITRE DE MUSIQUE. Nous n'en doutons point.

M. JOURDAIN. Je me suis fait faire cette indienne-ci.

LE MAITRE A DANSER. Elle est fort belle. 100

M. JOURDAIN. Mon tailleur m'a dit que les gens de qualité étaient comme cela le matin.

LE MAITRE DE MUSIQUE. Cela vous sied à merveille.

M. JOURDAIN. Laquais! holà, mes deux laquais!

PREM. LAQUAI. Que voulez-vous, monsieur? 105

M. JOURDAIN. Rien. C'est pour voir si vous m'entendez bien. (Au maître de musique et au maître à danser.) Que dites-vous de mes livrées?

LE MAITRE A DANSER. Elles sont magnifiques.

M. JOURDAIN, entr'ouvrant sa robe et faisant voir son haut-de-chaus- 110 ses étroit de velours rouge, et sa camisole de velours vert. Voici encore un petit déshabillé pour faire le matin mes exercices.

---

89. in die ich (wegen ihrer Enge) beinahe nicht hineingekommen wäre.

91. *votre loisir*, dass es Ihnen genehm sei, noch jetzt *à votre loisir*, ganz nach Gefallen.

99. Die *indiennes*, die farbigen Stoffe aus Indien waren ein grosser Luxus; bald nachgemacht verloren sie ihren Werth, später war es mit den *perses*, dem Zitz, die sie ersetzten, ebenso. Die Spieler des Jourdain tragen jetzt einen Rock von Seide und gebrauchen das entsprechende Wort.

106. *si vous m'entendez bien*, ob Ihr aufpasst. Die Laquaien, die Jourdain ruft, der Schlafrock, den er anzieht, um besser zu hören, sind sehr drastische, den kindischen Spiessbürger characterisirende Züge.

112. um meine Fechtübungen zu machen.

LE MAITRE DE MUSIQUE. Il est galant.

M. JOURDAIN. Laquais!

115   PREM. ·LAQUAIS. Monsieur.

M. JOURDAIN. L'autre laquais!

SECOND LAQUAIS. Monsieur.

M. JOURDAIN, ôtant sa robe de chambre. Tenez ma robe.
(Au maître de musique et au maître à danser.) Me trouvez-vous bien
120 comme cela?

LE MAITRE A DANSER. Fort bien; on ne peut pas
mieux.

M. JOURDAIN. Voyons un peu votre affaire.

LE MAITRE DE MUSIQUE. Je voudrais bien auparavant
125 vous faire entendre un air (montrant son élève) qu'il vient de
composer pour la sérénade que vous m'avez demandée.
C'est un de mes écoliers, qui a pour ces sortes de choses
un talent admirable.

M. JOURDAIN. Oui, mais il ne fallait pas faire faire
130 cela par nn écolier; et vous n'étiez pas trop bon vous-
même pour cette besogne-là.

LE MAITRE DE MUSIQUE. Il ne faut pas, monsieur,
que le nom d'écolier vous abuse. Ces sortes d'écoliers en
savent autant que les plus grands maîtres; et l'air est aussi
135 beau qu'il s'en puisse faire. Écoutez seulement.

M. JOURDAIN, à ses laquais. Donnez-moi ma robe pour
mieux entendre ... Attendez, je crois que je serai mieux
sans robe. Non, redonnez-la-moi; cela ira mieux.

LA MUSICIENNE.

Je languis nuit et jour, et mon mal est extrême
140   Depuis qu'à vos rigueurs vos beaux yeux m'ont soumis.
Si vous traitez ainsi, belle Iris, qui vous aime,
Hélas! que pourriez-vous faire à vos ennemis?

M. JOURDAIN. Cette chanson me semble un peu lugubre;
elle endort, et je voudrais que vous la pussiez un peu ra-
145 gaillardir par-ci par-là.

---

143. *lugubre*, düster, wie ein Todtengesang. Sein Geschmack entspricht dem der damaligen Bürger. Der Flötist Des-
conteaux, derselbe, zu dem einst Molière von Lafontaine sprechend
sagte: *Nos beaux esprits ont beau se trémousser, ils n'effaceront pas
le bonhomme*, erzählt, dass wenn er an seinem Fenster eine alte,

LE MAITRE DE MUSIQUE. Il faut, monsieur, que l'air soit accommodé aux paroles.

M. JOURDAIN. On m'en apprit un tout à fait joli, il y a quelque temps. Attendez... la... Comment est-ce qu'il dit?

LE MAITRE A DANSER. Par ma foi, je ne sais. 150

M. JOURDAIN. Il y a du mouton dedans.

LE MAITRE A DANSER. Du mouton?

M. JOURDAIN. Oui. Ah!

(Il chante.)

Je croyais Jeanneton
Aussi douce que belle; 155
Je croyais Jeanneton
Plus douce qu'un mouton.
Hélas! hélas!
Elle est cent fois, mille fois plus cruelle
Que n'est le tigre aux bois. 160

N'est-il pas joli?

LE MAITRE DE MUSIQUE. Le plus joli du monde.

LE MAITRE A DANSER. Et vous le chantez bien.

M. JOURDAIN. C'est sans avoir appris la musique.

LE MAITRE DE MUSIQUE. Vous devriez l'apprendre, 165 monsieur, comme vous faites la danse. Ce sont deux arts qui ont une étroite liaison ensemble.

LE MAITRE A DANSER. Et qui ouvrent l'esprit d'un homme aux belles choses.

---

lustige Melodie aus der Zeit Heinrichs IV. gespielt hätte, alle Pariser stehen geblieben, dass sie aber gleichgültig weiter gegangen wären, wenn er eine neue Arie geblasen hätte.

151. *du mouton*, nicht *des moutons*. Jourdain meint natürlich Hammelfleisch, Schöpsenbraten.

160. Das sind die Verse der Originalausgabe, später hat man um einen Reim herauszubringen, sie verändert in:

Hélas, hélas! elle est cent fois,
Mille fois plus cruelle
Que n'est le tigre au bois;

indessen ältere Chansons haben nicht immer den vollen Reim.

164. Molière macht sich in den *Fâcheux* über die Dilettanten lustig, die Küustler sein wollen, hier über die Vornehmen und vornehm Thuenden, die sich ein künstlerisches Urtheil zuschreiben. Eine Person in den *Aïeux chimériques* von J. B. Rousseau sagt: *Un grand seigneur sait tout sans rien avoir appris.* Aehnliches sagt Mascarille in den *Préc. rid.* Sc. 9.

170   M. JOURDAIN. Est-ce que les gens de qualité apprennent aussi la musique?

LE MAITRE DE MUSIQUE. Oui, monsieur.

M. JOURDAIN. Je l'apprendrai donc. Mais je ne sais quel temps je pourrai prendre; car, outre le maître d'armes
175 qui me montre, j'ai arrêté un maître de philosophie qui doit commencer ce matin.

LE MAITRE DE MUSIQUE. La philosophie est quelque chose; mais la musique, monsieur, la musique...

LE MAITRE A DANSER. La musique et la danse... La
180 musique et la danse, c'est là tout ce qu'il faut.

LE MAITRE DE MUSIQUE. Il n'y a rien qui soit si utile dans un état que la musique.

LE MAITRE A DANSER. Il n'y a rien qui soit si nécessaire aux hommes que la danse.

185   LE MAITRE DE MUSIQUE. Sans la musique, un état ne peut subsister.

LE MAITRE A DANSER. Sans la danse, un homme ne saurait rien faire.

LE MAITRE DE MUSIQUE. Tous les désordres, toutes
190 les guerres qu'on voit dans le monde n'arrivent que pour n'apprendre pas la musique.

LE MAITRE A DANSER. Tous les malheurs des hommes, tous les revers funestes dont les histoires sont remplies, les bévues des politiques, et les manquements des grands ca-
195 pitaines, tout cela n'est venu que faute de savoir danser.

M. JOURDAIN. Comment cela?

LE MAITRE DE MUSIQUE. La guerre ne vient-elle pas d'un manque d'union entre les hommes?

---

175. *qui me montre*, der mir Unterricht giebt; *montrer* hat jetzt den Dativ der Person und den Acc. der Sache: *qui me montre la grammaire.*

185. In einem Edict, welches Charles IX. 1576 zur Errichtung einer Academie der Musik erlassen hatte, wird der Einfluss der Musik auf die Sitten unter Hinweisung auf die Aussprüche der Philosophen nachgewiesen, aber behauptet, ihre Ausübung müsse „durch gewisse Gesetze beschränkt werden, denn: *où la musique est désordonnée, là volontiers les moeurs sont dépravez et où elle est bien ordonnée, là sont les hommes bien moriginez.*"

194. *les manquements*, die Misgriffe, hat in diesem Sinne gealtert.

M. JOURDAIN. Cela est vrai.

LE MAITRE DE MUSIQUE. Et si tous les hommes ap- 200
prenaient la musique, ne serait-ce pas le moyen de s'accorder ensemble, et de voir dans le monde la paix uni-
verselle?

M. JOURDAIN. Vous avez raison.

LE MAITRE A DANSER. Lorsqu'un homme a commis 205
un manquement dans sa conduite, soit aux affaires de sa
famille, ou au gouvernement d'un état, ou au commande-
ment d'une armée, ne dit-on pas toujours: Un tel a fait
un mauvais pas dans une telle affaire?

M. JOURDAIN. Oui, on dit cela.   210

LE MAITRE A DANSER. Et faire un mauvais pas peut-
il procéder d'autre chose que de ne savoir pas danser?

M. JOURDAIN. Cela est vrai, vous avez raison tous
deux.

LE MAITRE A DANSER. C'est pour vous faire voir l'ex- 215
cellence et l'utilité de la danse et de la musique.

M. JOURDAIN. Je comprends cela à cette heure.

LE MAITRE DE MUSIQUE. Voulez-vous voir nos deux
affaires?

M. JOURDAIN. Oui.   220

LE MAITRE DE MUSIQUE. Je vous ai déjà dit, c'est un
petit essai que j'ai fait autrefois des diverses passions que
peut exprimer la musique.

M. JOURDAIN. Fort bien.

LE MAITRE DE MUSIQUE, (aux musiciens). Allons, avancez. (à M. 225
Jourdain.) Il faut vous figurer qu'ils sont habillés en bergers.

M. JOURDAIN. Pourquoi toujours des bergers? On ne
voit que cela partout.

---

201. *s'accorder ensemble*, sich in Harmonie setzen.
Das Wort *harmonie* wurde bildlich noch kaum gebraucht, doch
steht in der *Esther* von Rac.: *troublent l'heureuse harmonie (des états).*

211. Solche wohlfeile Wortspiele genügen, um Jourdain zu
überzeugen.

222. *essai*, ein früheres Musikstück, nicht das vom
Schüler componirte.

227. Seit dem Schäferdrama *Il Pastor fido* in Italien und
der *Astrée* waren die Schäfereien im Roman, auf der Bühne und
auf Bildern in Mode.

Jourdain ist critischer als man erwarten sollte.

LE MAITRE A DANSER. Lorsqu'on a des personnes à
230 faire parler en musique, il faut bien que, pour la vraisem-
blance, on donne dans la bergerie. Le chant a été de
tout temps affecté aux bergers; et il n'est guère naturel,
en dialogue, que des princes ou des bourgeois chantent
leurs passions.
235   M. JOURDAIN. Passe, passe. Voyons.

DIALOGUE EN MUSIQUE.

UNE MUSICIENNE ET DEUX MUSICIENS.

LA MUSICIENNE.
Un coeur, dans l'amoureux empire,
De mille soins est toujours agité.
On dit qu'avec plaisir on languit, ou soupire;
Mais, quoi qu'on puisse dire,
240   Il n'est rien de si doux que notre liberté.

PREMIER MUSICIEN.
Il n'est rien de si doux que les tendres ardeurs
Qui font vivre deux coeurs
Dans une même envie;
On ne peut être heureux sans amoureux désirs.
245   Otez l'amour de la vie,
Vous ôtez les plaisirs.

SECOND MUSICIEN.
Il serait doux d'entrer sous l'amoureuse loi,
Si l'on trouvait en amour de la foi;
Mais, hélas! ô rigueur cruelle!
250   On ne voit point de bergère fidèle;
Et ce sexe inconstant, trop indigne du jour,
Doit faire pour jamais renoncer à l'amour.

PREMIER MUSICIEN.
Aimable ardeur!

LA MUSICIENNE.
Franchise heureuse!

---

232. Ein Stich auf die *Académie royale de musique*, die 1669
als Nachfolgerin der Italienischen Oper gegründet war, und in
der sich bald alle Heroen der Mythologie und Geschichte singend
und gesticulirend producirten.

247. *entrer sous l'amoureuse loi* und *vivre dans une
même envie* wurde von der Academie getadelt. In den flüchtig
geschriebenen *intermèdes* findet sich manches Unhaltbare.

254. *franchise*, hier Freiheit, so auch bei Rac. *Poés. div.* 9.
Je vis sans difficulté ma franchise asservie.

SECOND MUSICIEN.
Sexe trompeur!   255

PREMIER MUSICIEN.
Que tu m'es précieuse!

LA MUSICIENNE.
Que tu plais à mon coeur!

SECOND MUSICIEN.
Que tu me fais d'horreur!

PREMIER MUSICIEN.
Ah! quitte, pour aimer, cette haine mortelle!

LA MUSICIENNE.
On peut, on peut te montrer   260
Une bergère fidèle.

SECOND MUSICIEN.
Hélas! où la rencontrer?

LA MUSICIENNE.
Pour défendre notre gloire,
Je te veux offrir mon coeur.

SECOND MUSICIEN.
Mais, bergère, puis-je croire   265
Qu'il ne sera point trompeur?

LA MUSICIENNE.
Voyons, par expérience,
Qui des deux aimera mieux.

SECOND MUSICIEN.
Qui manquera de constance,
Le puissent perdre les dieux!   270

TOUS TROIS ENSEMBLE.
A des ardeurs si belles
Laissons-nous enflammer:
Ah! qu'il est doux d'aimer,
Quand deux coeurs sont fidèles!

M. JOURDAIN. Est-ce tout?   275
LE MAITRE DE MUSIQUE. Oui.

M. JOURDAIN. Je trouve cela bien troussé, et il y a
là-dedans de petits dictons assez jolis.

------

278. *bien troussé*, nett zurecht gemacht; *trousser*,
ursprüngl. aufschürzen, dann zurechtlegen, zurechtmachen.
Pourc.: *c'était un repas bien troussé.*

LE MAITRE A DANSER. Voici, pour mon affaire, un
280 petit essai des plus beaux mouvements et des plus belles
attitudes dont une danse puisse être variée.

M. JOURDAIN. Sont-ce encore des bergers?

LE MAITRE A DANSER. C'est ce qu'il vous plaira. (Aux
danseurs.) Allons.

ENTRÉE DE BALLET.

285 Quatre danseurs exécutent tous les mouvements différents et toutes
les sortes de pas que le maître à danser leur commande.

ACTE SECOND.

SCÈNE I.

M. JOURDAIN, LE MAITRE DE MUSIQUE,
LE MAITRE A DANSER.

M. JOURDAIN. Voilà qui n'est point sot, et ces gens-là
se trémoussent bien.

LE MAITRE DE MUSIQUE. Lorsque la danse sera mêlée
avec la musique, cela fera plus d'effet encore; et vous
5 verrez quelque chose de galant dans le petit ballet que
nous avons ajusté pour vous.

286. Dieser erste Act besteht nur aus zwei Scenen, der zweite
ist beinahe noch zweimal so lang, und der dritte länger als diese
beiden zusammen, vielleicht glich die Dauer der *intermèdes* dies
aus. Wahrscheinlich hatte der Dichter, vom Könige gedrängt,
nicht Zeit ein besseres Verhältniss hineinzubringen. In den ersten
beiden Acten ist die Handlung noch nicht im Gange, sie dienen
nur dazu, den Helden in's volle komische Licht zu stellen. Derselbe manifestirt sich durch die Handlung erst im dritten Act.
Der Uebergang in ein Divertissement ist hier besser motivirt als
bei den folgenden Acten.

2. *se trémousser* von *tremere*, sich tummeln, lebhaft bewegen, gern von Vögeln gebraucht.

M. JOURDAIN. C'est pour tantôt, au moins; et la personne pour qui j'ai fait faire tout cela me doit faire l'honneur de venir dîner céans.

LE MAITRE A DANSER. Tout est prêt. 10

LE MAITRE DE MUSIQUE. Au reste, monsieur, ce n'est pas assez: il faut qu'une personne comme vous, qui êtes magnifique, et qui avez de l'inclination pour les belles choses, ait un concert de musique chez soi tous les mercredis ou tous les jeudis. 15

M. JOURDAIN. Est-ce que les gens de qualité en ont?

LE MAITRE DE MUSIQUE. Oui, monsieur.

M. JOURDAIN. J'en aurai donc. Cela sera-t-il beau?

LE MAITRE DE MUSIQUE. Sans doute. Il vous faudra trois voix, un dessus, une haute-contre, et une basse, qui 20 seront accompagnées d'une basse de viole, d'un téorbe, et d'un clavecin pour les basses continues, avec deux dessus de violon pour jouer les ritournelles.

M. JOURDAIN. Il y faudra mettre aussi une trompette marine. La trompette marine est un instrument qui me 25 plaît et qui est harmonieux.

---

14. *concert de musique*, jetzt bloss *concert*.

14. *chez soi*, häufig bei allen guten Schriftstellern des 17. Jahrhunderts für *lui, elle, eux*, besonders wo es dem lateinischen *se, se ipsum* entspricht.

Qu'il fasse autant pour soi comme je fais pour lui.
Corn. *Polyeucte* III. 8.

20. *un dessus*, Sopran oder Discant.

20. *haute-contre*, Alt.

21. *basse de viole*, ein violinenartiges Instrument, aber grösser als eine Violine, mit sieben Saiten, die mit dem Bogen gestrichen wurden.

21. *téorbe* oder *tuorbe* (alt), eine Art Laute mit doppeltem Hals, in deren Saiten man mit dem Finger schlug.

22. *basse continue* = *basso continuo*, begleitender Bass.

Die Violine, die Teorbe, die Laute, das Clavier begleiteten ausschliesslich den Kammergesang, während die Violinen Präludien und Ritornellen spielten, wenn der Gesang schwieg. Es war, wie die Memoiren der Zeit bezeugen, Sitte bei den Vornehmen, ein Festgelage durch Tanz und Musik zu erheitern.

25. *trompette marine*, kein Blase-, sondern ein Saiteninstrument mit einer einzigen dicken Saite, die, über ein Stegbret

LE MAITRE DE MUSIQUE. Laissez-nous gouverner les choses.

M. JOURDAIN. Au moins, n'oubliez pas tantôt de m'en-
30 voyer des musiciens pour chanter à table.

LE MAITRE DE MUSIQUE. Vous aurez tout ce qu'il vous faut.

M. JOURDAIN. Mais, surtout, que le ballet soit beau.

LE MAITRE DE MUSIQUE. Vous en serez content; et,
35 entre autres choses, de certains menuets que vous y verrez.

M. JOURDAIN. Ah! les menuets sont ma danse, et je veux que vous me les voyez danser. Allons, mon maître.

LE MAITRE A DANSER. Un chapeau, Monsieur, s'il vous plaît.
(M. Jourdain va prendre le chapeau de son laquais, et le met par-dessus son
40 bonnet de nuit. Son maître lui prend les mains, et le fait danser sur un air de menuet qu'il chante.) La, la, la, la, la, la; la, la, la, la, la, la, la; la, la, la, la, la, la; la, la, la, la, la, la; la, la, la, la. En cadence, s'il vous plaît. La, la, la, la, la. La jambe droite, la, la, la. Ne remuez point tant les
45 épaules. La, la, la, la, la, la, la, la, la, la. Vos deux bras sont estropiés. La, la, la, la, la. Haussez la tête. Tournez la pointe du pied en dehors. La, la, la. Dressez votre corps.

M. JOURDAIN. Hé!

50 LE MAITRE DE MUSIQUE. Voilà qui est le mieux du monde.

M. JOURDAIN. A propos! apprenez-moi comme il faut faire une révérence pour saluer une marquise; j'en aurai besoin tantôt.

55 LE MAITRE A DANSER. Une révérence pour saluer une marquise?

M. JOURDAIN. Oui. Une marquise qui s'appelle Do-rimène.

---

gespannt, einen der Trompete ähnlichen Ton hervorbrachte. Jourdains Geschmack daran beweist sein musikalisches Feingefühl.

41. *menuet*, weil es *à pas menuets*, mit kleinen Schrit-
ten getanzt wurde.

43. *en cadence!* Tact gehalten!

46. *estropié*, verdreht, in falscher Richtung.

47. Den Körper grade gehalten!

57. Dass der Name der Marquise dabei genannt wird, scheint dem naiven Jourdain sehr wichtig.

LE MAITRE A DANSER. Donnez-moi la main.

M. JOURDAIN. Non. Vous n'avez qu'à faire; je le re- 60
tiendrai bien.

LE MAITRE A DANSER. Si vous voulez la saluer avec
beaucoup de respect, il faut faire d'abord une révérence
en arrière, puis marcher vers elle avec trois révérences en
avant, et à la dernière vous baisser jusqu'à ses genoux. 65

M. JOURDAIN. Faites un peu. (Après que le maitre à danser
a fait trois révérences.) Bon.

SCÈNE II.

M. JOURDAIN, LE MAITRE DE MUSIQUE, LE MAITRE A DANSER.

LE LAQUAIS. Monsieur, voilà votre maître d'armes qui
est là.

M. JOURDAIN. Dis-lui qu'il entre ici pour me donner 70
leçon. (Au maître de musique et au maître à danser.) Je veux que
vous me voyiez faire.

SCÈNE III.

M. JOURDAIN, UN MAITRE D'ARMES, LE MAITRE DE MUSIQUE, LE MAITRE A DANSER; UN LAQUAIS tenant deux fleurets.

LE MAITRE D'ARMES, après avoir pris les deux fleurets de la main
du laquais, et en avoir présenté un à M. Jourdain. Allons, monsieur,
la révérence. Votre corps droit. Un peu penché sur la 75
cuisse gauche. Les jambes point tant écartées. Vos pieds
sur une même ligne. Votre poignet à l'opposite de votre
hanche. La pointe de votre épée vis-à-vis de votre épaule.
Le bras pas tout-à-fait si étendu. La main gauche à la
hauteur de l'œil. L'épaule gauche plus quartée. La tête 80

---

76. Die Beine nicht so weit auseinander.

80. *quartée*, so hat die Originalausgabe; die von 1682 und alle
folgenden haben *quarrée* oder *carrée*, was kein Fechtausdruck
ist und keinen Sinn giebt; *quarter l'épaule*, die Schulter
zurückbiegen.

droite. Le regard assuré. Avancez. Le corps ferme.
Touchez-moi l'épée de quarte, et achevez de même. Une,
deux. Remettez-vous. Redoublez de pied ferme. Un saut
en arrière. Quand vous portez la botte, monsieur, il faut
85 que l'épée parte la première, et que le corps soit bien ef-
facé. Une, deux. Allons, touchez-moi l'épée de tierce, et
achevez de même. Avancez. Le corps ferme. Avancez.
Partez de là. Une, deux. Remettez-vous. Redoublez. Un
saut en arrière. En garde, monsieur, en garde.
(Le maître d'armes lui pousse deux ou trois bottes, en lui disant: En garde.)
90   M. JOURDAIN. Euh!
    LE MAITRE DE MUSIQUE. Vous faites des merveilles.
    LE MAITRE D'ARMES. Je vous l'ai déja dit, tout le
secret des armes ne consiste qu'en deux choses, à donner
et à ne point recevoir; et, comme je vous fis voir l'autre
95 jour par raison démonstrative, il est impossible que vous
receviez, si vous savez détourner l'épée de votre ennemi de
la ligne de votre corps; ce qui ne dépend seulement que

___

82. Stossen Sie die Quarte und gehen Sie in derselben Parade zurück.

83. Gehen Sie zurück. Fallen Sie noch einmal
festen Fusses aus.

84u.85. Wenn Sie den Stoss führen, muss die Klinge
zuerst vor und die Brust gedeckt sein.

86. Ziehen Sie eine Terz an und stossen Sie vor-
wärts.

87 u. 88. Avanciren Sie. Feste Haltung! Ausgefallen.
In Positur.

88u.89. Noch einmal ausgefallen. Ein Sprung zurück.
In Positur.

89. Sowohl in der Tanz- wie in der Fechtlection zeigen sich
Molière's genaue technische Kenntnisse, die sich auch in anderen
wissenschaftlichen und technischen Dingen kund geben; er in-
struirte sich wahrscheinlich bei Fachleuten, da man eine so uni-
verselle Kenntniss nicht bei ihm voraussetzen darf.

90. *Euh* hat statt *hé* die Ausg. v. 1682; dies kann mit einem
Ausrufungszeichen bedeuten: Au! Au! oder mit einem Frage-
zeichen: Nun, was meint Ihr dazu?

93. Dass die Fechtkunst eine Kunst der Feigheit sei, bemerkt
schon Montaigne: *En mon enfance la noblesse fuyait la réputation
de bien escrimer comme injurieuse et se desrobbait pour l'apprendre comme un mestier de subtilité desrogeant à la vraye et naive
vertu (courage).*

d'un petit mouvement du poignet, ou en dedans, ou en dehors.

M. JOURDAIN. De cette façon donc, un homme, sans 100 avoir du cœur, est sûr de tuer son homme, et de n'être point tué?

LE MAITRE D'ARMES. Sans doute; n'en vîtes-vous pas la démonstration?

M. JOURDAIN. Oui. 105

LE MAITRE D'ARMES. Et c'est en quoi on voit de quelle considération, nous autres, nous devons être dans un état; et combien la science des armes l'emporte hautement sur toutes les autres sciences inutiles, comme la danse, la musique, la... 110

LE MAITRE A DANSER. Tout beau, monsieur le tireur d'armes! Ne parlez de la danse qu'avec respect.

LE MAITRE DE MUSIQUE. Apprenez, je vous prie, à mieux traiter l'excellence de la musique.

LE MAITRE D'ARMES. Vous êtes de plaisantes gens, de 115 vouloir comparer vos sciences à la mienne!

LE MAITRE DE MUSIQUE. Voyez un peu l'homme d'importance!

LE MAITRE A DANSER. Voilà un plaisant animal avec son plastron! 120

LE MAITRE D'ARMES. Mon petit maître à danser, je vous ferais danser comme il faut. Et vous, mon petit musicien, je vous ferais chanter de la belle manière.

LE MAITRE A DANSER. Monsieur le batteur de fer, je vous apprendrai votre métier. 125

M. JOURDAIN, au maître à danser. Etes-vous fou de l'aller quereller, lui qui entend la tierce et la quarte, et qui sait tuer un homme par raison démonstrative?

LE MAITRE A DANSER. Je me moque de sa raison démonstrative, et de sa tierce, et de sa quarte. 130

M. JOURDAIN, au maître à danser. Tont doux, vous dis-je.

LE MAITRE D'ARMES, au maître à danser. Comment! petit impertinent!

M. JOURDAIN. Hé! mon maître d'armes!

LE MAITRE A DANSER, au maître d'armes. Comment! grand 135 cheval de carrosse!

M. JOURDAIN. Hé! mon maître à danser!

LE MAITRE D'ARMES. Si je me jette sur vous...

M. JOURDAIN, au maître d'armes. Doucement!

140   LE MAITRE D'ARMES. Si je mets sur vous la main...

M. JOURDAIN, au maître à danser. Tout beau.

LE MAITRE D'ARMES. Je vous étrillerai d'un air...

M. JOURDAIN, au maître d'armes. De grâce!

LE MAITRE A DANSER. Je vous rosserai d'une manière...

145   M. JOURDAIN, au maître à danser. Je vous prie!

LE MAITRE DE MUSIQUE. Laissez-nous un peu lui
apprendre à parler.

M. JOURDAIN, au maître de musique. Mon Dieu! arrêtez-
vous!

SCÈNE IV.

UN MAITRE DE PHILOSOPHIE, M. JOURDAIN, LE MAITRE DE MUSIQUE, LE MAITRE A DANSER, LE MAITRE D'ARMES, UN LAQUAIS.

150   M. JOURDAIN. Holà! monsieur le philosophe, vous ar-
rivez tout à propos avec votre philosophie. Venez un peu
mettre la paix entre ces personnes-ci.

LE MAITRE DE PHILOSOPHIE. Qu'est-ce donc? qu'y a-
t-il, messieurs?

155   M. JOURDAIN. Ils se sont mis en colère pour la pré-
férence de leurs professions, jusqu'à se dire des injures, et
en vouloir venir aux mains.

LE MAITRE DE PHILOSOPHIE. Hé quoi! messieurs, faut-
il s'emporter de la sorte? et n'avez-vous point lu le docte
160 traité que Sénèque a composé de la colère? Y a-t-il rien
de plus bas et de plus honteux que cette passion, qui fait
d'un homme une bête féroce? Et la raison ne doit-elle pas
être maîtresse de tous nos mouvements?

---

142. *Je vous étrillerai d'un air* ... Ich werde Sie auf
eine Weise durchfuchteln, dass ...

air, oft für *manière, façon* cf. *l'Et.* V. 13:
  Au contraire, j'agis d'un air tout différent.
Mis. I. 9: *Et traitent du même air l'honnête homme et le fat.*
Ibid. III. 5. *Fest. d. P.* I. 3.

LE MAITRE A DANSER. Comment, monsieur! Il vient
nous dire des injures à tous deux, en méprisant la danse, 165
que j'exerce, et la musique, dont il fait profession!

LE MAITRE DE PHILOSOPHIE. Un homme sage est au-
dessus de toutes les injures qu'on lui peut dire; et la grande
réponse qu'on doit faire aux outrages, c'est la modération
et la patience.   170

LE MAITRE D'ARMES. Ils ont tous deux l'audace de
vouloir comparer leurs professions à la mienne!

LE MAITRE DE PHILOSOPHIE. Faut-il que cela vous
émeuve? Ce n'est pas de vaine gloire et de condition que
les hommes doivent disputer entre eux; et ce qui nous 175
distingue parfaitement les uns des autres, c'est la sagesse
et la vertu.

LE MAITRE A DANSER. Je lui soutiens que la danse
est une science à laquelle on ne peut faire assez d'honneur.

LE MAITRE DE MUSIQUE. Et moi, que la musique en 180
est une que tous les siècles ont révérée.

LE MAITRE D'ARMES. Et moi, je leur soutiens à tous
deux que la science de tirer des armes est la plus belle et
la plus nécessaire de toutes les sciences.

LE MAITRE DE PHILOSOPHIE. Et que sera donc la phi- 185
losophie? Je vous trouve tous trois bien impertinents de
parler devant moi avec cette arrogance, et de donner impudemment le nom de science à des choses que l'on ne
doit pas même honorer du nom d'art, et qui ne peuvent
être comprises que sous le nom de métier misérable de 190
gladiateur, de chanteur et de baladin!

LE MAITRE D'ARMES. Allez, philosophe de chien!

LE MAITRE DE MUSIQUE. Allez, bélitre de pédant.

LE MAITRE A DANSER. Allez, cuistre fieffé.

---

191. *de chanteur et de baladin*, Strassensänger und
Jahrmarktstänzer.

192. *philosophe de chien*, Hundephilosoph, vielleicht
Umkehrung von *chien de philosophe*, Hund von einem Philosophen.

193. *bélitre de pédant*, Lump von einem Pedanten; *bélitre* wird mit dem Deutschen Bettler in Verbindung gebracht,
andere Ableitungen vom Lat. *balatro*, Gaukler, auch von *bal-
listarius*, Bogenschütz etc.

194. *cuistre fieffé*, Erzschulfuchs.

Le Bourgeois gentilhomme.

195　LE MAITRE DE PHILOSOPHIE. Comment! marauds que
veus êtes...
(Le philosophe se jette sur eux, et tous trois le chargent de coups.)
M. JOURDAIN. Monsieur le philosophe!
LE MAITRE DE PHILOSOPHIE. Infames, coquins, insolents!
M. JOURDAIN. Monsieur le philosophe!
200　LE MAITRE D'ARMES. La peste l'animal!
M. JOURDAIN. Messieurs!
LE MAITRE DE PHILOSOPHIE. Impudents!
M. JOURDAIN. Monsieur le philosophe!
LE MAITRE A DANSER. Diantre soit de l'âne bâté!
205　M. JOURDAIN. Messieurs!
LE MAITRE DE PHILOSOPHIE. Scélérats!
M. JOURDAIN. Monsieur le philosophe!
LE MAITRE DE MUSIQUE. Au diable l'impertinent!
M. JOURDAIN. Messieurs!
210　LE MAITRE DE PHILOSOPHIE. Fripons, gueux, traîtres,
imposteurs!
M. JOURDAIN. Monsieur le philosophe! Messieurs! Mon-
sieur le philosophe! Messieurs! Monsieur le philosophe!
(Ils sortent en se battaut.)

SCÈNE V.

M. JOURDAIN, UN LAQUAIS.

M. JOURDAIN. Oh! battez-vous tant qu'il vous plaira:
215 je n'y saurais que faire, et je n'irai pas gâter ma robe
pour vous séparer. Je serais bien fou de m'aller fourrer
parmi eux, pour recevoir quelque coup qui me ferait mal.

SCÈNE VI.

LE MAITRE DE PHILOSOPHIE, M. JOURDAIN,
UN LAQUAIS.

LE MAITRE DE PHILOSOPHIE, raccommodant son collet. Venons
à notre leçon.

---

200. Var. Ausg. v. 1682: *la peste de l'animal.*

204. *âne bâté*, gesattelter Esel, Dummkopf, gewöhn-
liches Schimpfwort.

214 Auch die folgende Scene ist episodisch, der Philosoph,
dessen Praxis so sehr seiner Theorie widerspricht, giebt Veran-

M. JOURDAIN. Ah! Monsieur, je suis fâché des coups 220 qu'ils vous ont donnés.

LE MAITRE DE PHILOSOPHIE. Cela n'est rien. Un philosophe sait recevoir comme il faut les choses; et je vais composer contre eux une satire du style de Juvénal, qui les déchirera de la belle façon. Laissons cela. Que voulez- 225 vous apprendre?

M. JOURDAIN. Tout ce que je pourrai; car j'ai toutes les envies du monde d'être savant; et j'enrage que mon père et ma mère ne m'aient pas fait bien étudier dans toutes les sciences quand j'étais jeune.   230

LE MAITRE DE PHILOSOPHIE. Ce sentiment est raisonnable; *nam, sine doctrina, vita est quasi mortis imago*. Vous entendez cela, et vous savez le latin, sans doute.

M. JOURDAIN. Oui; mais faites comme si je ne le savais pas. Expliquez-moi ce que cela veut dire.   235

LE MAITRE DE PHILOSOPHIE. Cela veut dire que, *sans la science, la vie est presque une image de la mort.*

M. JOURDAIN. Ce latin-là a raison.

LE MAITRE DE PHILOSOPHIE. N'avez-vous point quelques principes, quelques commencements des sciences?   240

M. JOURDAIN. Oh! oui. Je sais lire et écrire.

LE MAITRE DE PHILOSOPHIE. Par où vous plaît-il que nous commencions? Voulez-vous que je vous apprenne la logique?

M. JOURDAIN. Qu'est ce que c'est que cette logique? 245

LE MAITRE DE PHILOSOPHIE. C'est elle qui enseigne les trois opérations de l'esprit.

---

lassung zu einer culturwissenschaftlich wichtigen Darstellung. Man vergisst darüber, dass sie mit der eigentlichen Handlung Nichts zu schaffen hat.

232. Ein lateinisches Sprichwort im Hexameter. — In den Wolken des Aristophanes fragt Socrates den Strepsiades (A. II. sc. I.): „Womit willst Du anfangen, was willst Du zuerst lernen? Sprich, welche der Wissenschaften, die Du nie gelernt hast, soll ich Dich zuerst lehren? die Maasse, die Rhythmen oder die Verse?"

247. In der Logik giebt es drei Geistesoperationen: die Conception oder die Perception, das Urtheil und die Schlussfolgerung.

M. JOURDAIN. Qui sont-elles, ces trois opérations de l'esprit?

250   LE MAITRE DE PHILOSOPHIE. La première, la seconde et la troisième. La première est de bien concevoir, par le moyen des universaux; la seconde, de bien juger, par le moyen des catégories; et la troisième, de bien tirer une conséquence, par le moyen des figures: *Barbara, Celarent,*
255 *Darii, Ferio, Baralipton.*

M. JOURDAIN. Voilà des mots qui sont trop rébarbatifs. Cette logique-là ne me revient point. Apprenons autre chose qui soit plus joli.

LE MAITRE DE PHILOSOPHIE. Voulez-vous apprendre
260 la morale?

M. JOURDAIN. La morale?

LE MAITRE DE PHILOSOPHIE. ·Oui.

M. JOURDAIN. Qu'est-ce qu'elle dit, cette morale?

LE MAITRE DE PHILOSOPHIE. Elle traite de la félicité,
265 enseigne aux hommes à modérer leurs passions, et...

M. JOURDAIN. Non; laissons cela. Je suis bilieux comme tous les diables, et il n'y a morale qui tienne: je me veux mettre en colère tout mon soûl, quand il m'en prend envie.

270   LE MAITRE DE PHILOSOPHIE. Est-ce la physique que vous voulez apprendre?

M. JOURDAIN. Qu'est-ce qu'elle chante, cette physique?

LE MAITRE DE PHILOSOPHIE. La physique est celle qui explique les principes des choses naturelles et les propriétés
275 des corps; qui discourt de la nature des éléments, des métaux, des minéraux, des pierres, des plantes et des animaux, et nous enseigne les causes de tous les météores,

---

254. Das im Text angeführte B a r b a r a etc. ist der erste von von vier aus künstlich gemachten Worten bestehenden Versen, die an und für sich keinen Sinn haben und nur als Mittel dienen, um die neunzehn verschiedenen Arten eines regelrechten Syllogismus zu bezeichnen. Jedes Wort ist aus Sylben gebildet, welche die Sätze eines Syllogismus darstellen, der Vocal bezeichnet den Character des Satzes. Vergl. *Le Mariage forcé* (Sc. 6), wo der aristotelische Philosoph Pancratius dem Sganarelle ähnliche Dinge auseinandersetzt.

267. D a   h ä l t   k e i n e   M o r a l   S t a n d. Es geht ihm wie dem Philosophen.

l'arc-en-ciel, les feux volants, les comètes, les éclairs, le tonnerre, la foudre, la pluie, la neige, la grêle, les vents, et les tourbillons.   280

M. JOURDAIN. Il y a trop de tintamarre là-dedans, trop de brouillamini.

LE MAITRE DE PHILOSOPHIE. Que voulez-vous donc que je vous apprenne?

M. JOURDAIN. Apprenez-moi l'orthographe.   285

LE MAITRE DE PHILOSOPHIE. Très volontiers.

M. JOURDAIN. Après, vous m'apprendrez l'almanach, pour savoir quand il y a de la lune et quand il n'y en a point.

LE MAITRE DE PHILOSOPHIE. Soit. Pour bien suivre 290 votre pensée, et traiter cette matière en philosophe, il faut commencer, selon l'ordre des choses, par une exacte connaissance de la nature des lettres, et de la différente manière de les prononcer toutes. Et là-dessus j'ai à vous dire que les lettres sont divisées en voyelles, ainsi dites 295 voyelles, parcequ'elles expriment les voix; et en consonnes, ainsi appelées consonnes, parcequ'elles sonnent avec les voyelles, et ne font que marquer les diverses articulations des voix. Il y a cinq voyelles ou voix: A, E, I, O, U.

M. JOURDAIN. J'entends tout cela.   300

LE MAITRE DE PHILOSOPHIE. La voix A se forme en ouvrant fort la bouche: A.

M. JOURDAIN. A, A. Oui.

LE MAITRE DE PHILOSOPHIE. La voix E se forme en rapprochant la mâchoire d'en-bas de celle d'en-haut: A, E. 305

---

281. *tintamarre*, nach Pasquier von *tinter*, läuten und *marre*, Karst. Wenn die Weinbauern Feierabend machten, schlugen sie mit einem Stein auf den Karst. Das Wort hat etwas Onomatopoetisches: Geklapper.

282. *brouillamini* von *brouiller* mit scherzhafter Latinisirung, es ist die zweite Person Ind. Pass. *vous êtes brouillés:* confuser Lärm.

287. Dieser Rückfall aus der hohen Wissenschaft ins Praktische findet sich auch in den Wolken, wo Strepsiades dem Socrates auf die Frage, was er ihn lehren solle, antwortet: „Die Kunst den Wucherern Nichts zu zahlen.“

296. *expriment les voix*, geben den Laut an.

M. JOURDAIN. A, E, A, E. Ma foi, oui. Ah! que cela est beau!

LE MAITRE DE PHILOSOPHIE. Et la voix I, en rapprochant encore davantage les mâchoires l'une de l'autre, et
310 écartant les deux coins de la bouche vers les oreilles: A, E, I.

M. JOURDAIN. A, E, I, I, I, I. Cela est vrai. Vive la science!

LE MAITRE DE PHILOSOPHIE. La voix O se forme en
315 rouvrant les mâchoires, et rapprochant les lèvres par les deux coins: le haut et le bas: O.

M. JOURDAIN. O, O. Il n'y a rien de plus juste: A, E, I, O, I, O. Cela est admirable! I, O, I, O.

LE MAITRE DE PHILOSOPHIE. L'ouverture de la bouche
320 fait justement comme un petit rond qui représente un O.

M. JOURDAIN. O, O, O. Vous avez raison. O. Ah! la belle chose que de savoir quelque chose!

LE MAITRE DE PHILOSOPHIE. La voix U se forme en rapprochant les dents sans les joindre entièrement, et al-
325 longeant les deux lèvres en dehors, les approchant aussi l'une de l'autre, sans les joindre tout à fait: U.

M. JOURDAIN. U, U. Il n'y a rien de plus véritable.

LE MAITRE DE PHILOSOPHIE. Vos deux lèvres s'allongent comme si vous faisiez la moue: d'où vient que si
330 vous la voulez faire à quelqu'un, et vous moquer de lui, vous ne sauriez lui dire que U.

M. JOURDAIN. U, U. Cela est vrai. Ah! que n'ai-je étudié plus tôt, pour savoir tout cela!

LE MAITRE DE PHILOSOPHIE. Demain nous verrons les
335 autres lettres, qui sont les consonnes.

M. JOURDAIN. Est-ce qu'il y a des choses aussi curieuses qu'à celles-ci?

---

327. *véritable*, richtig, wahr.

329. *faire la moue*, den Mund verzerren, schmollen. Alfieri in seinen Memoiren I. p. 121 meint, weil man beim Aussprechen des französischen *u* die Lippen zusammenkneife, mache man dabei eine Grimasse wie ein Affe, er müsse im Salon und im Theater immer darüber lachen, wenn er es sähe.

LE MAITRE DE PHILOSOPHIE. Sans doute. La consonne
D, par exemple, se prononce en donnant du bout de la
langue au-dessus des dents d'en haut: DA.

M. JOURDAIN. DA, DA. Oui! Ah! les belles choses!
les belles choses! 340

LE MAITRE DE PHILOSOPHIE. L'F, en appuyant les
dents d'en haut sur la lèvre de dessous: FA.

M. JOURDAIN. Fa, Fa. C'est la vérité. Ah! mon père
et ma mère, que je vous veux de mal!

LE MAITRE DE PHILOSOPHIE. Et l'R, en portant le 345
out de la langue jusqu'au haut du palais; de sorte qu'-
étant frôlée par l'air qui sort avec force, elle lui cède, et
revient toujours au même endroit, faisant une sorte de
tremblement: R, RA.

M. JOURDAIN. R, R, RA; R, R, R, R, R, RA. Cela 350
est vrai. Ah! l'habile homme que vous êtes, et que j'ai
perdu du temps! R, R, R, RA.

LE MAITRE DE PHILOSOPHIE. Je vous expliquerai à
fond toutes ces curiosités.

M. JOURDAIN. Je vous en prie. Au reste il faut que 355
je vous fasse une confidence. Je suis amoureux d'une personne de grande qualité, et je souhaiterais que vous m'ai-
dassiez à lui écrire quelque chose dans un petit billet que
je veux laisser tomber à ses pieds.

LE MAITRE DE PHILOSOPHIE. Fort bien! 360

M. JOURDAIN. Cela sera galant, oui.

LE MAITRE DE PHILOSOPHIE. Sans doute. Sont-ce des
vers que vous lui voulez écrire?

M. JOURDAIN. Non, non; point de vers.

---

354. Diese Erklärungen über den Mechanismus der Wort-
bildung sind einem Werke des Herrn von Cordemoy entlehnt:
Discours physique de la parole; es war zwei Jahre vor Aufführung des Stücks erschienen. Die darin niedergelegte Weisheit
war aber nicht neu. Das Meiste ist wörtlich aus einer Abhandlung
des fünfzehnten Jahrhunderts übersetzt: *Galeati Narniensis
de homine libri duo.* Mol. scheint sie gekannt zu haben, er
giebt Einiges daraus zum Besten, was Cordemoy nicht hat. Seit
dem *Bourg. gentilh.* haben dergleichen Spielereien bei den Grammatikern meist aufgehört, freilich um später, auch bei uns, wieder
aufzutauchen. Mol. culturhistorischer Einfluss erstreckte sich auch
auf die Schulen.

365   LE MAITRE DE PHILOSOPHIE. Vous ne voulez que de la prose?

M. JOURDAIN. Non, je ne veux ni prose ni vers.

LE MAITRE DE PHILOSOPHIE. Il faut bien que ce soit l'un ou l'autre.

370   M. JOURDAIN. Pourquoi?

LE MAITRE DE PHILOSOPHIE. Par la raison, monsieur, qu'il n'y a, pour s'exprimer, que la prose ou les vers.

M. JOURDAIN. Il n'y a que la prose ou les vers?

LE MAITRE DE PHILOSOPHIE. Non, monsieur. Tout ce 375 qui n'est point prose est vers, et tout ce qui n'est point vers est prose.

M. JOURDAIN. Et comme l'on parle, qu'est-ce que c'est donc que cela?

LE MAITRE DE PHILOSOPHIE. De la prose.

380   M. JOURDAIN. Quoi! quand je dis: Nicole, apportez-moi mes pantoufles, et me donnez mon bonnet de nuit, c'est de la prose?

LE MAITRE DE PHILOSOPHIE. Oui, monsieur.

M. JOURDAIN. Par ma foi, il y a plus de quarante 385 ans que je dis de la prose, sans que j'en susse rien, et je vous suis le plus obligé du monde de m'avoir appris cela. Je voudrais donc lui mettre dans un billet: *Belle marquise, vos beaux yeux me font mourir d'amour;* mais je voudrais que cela fût mis d'une manière galante, que cela fût tourné 390 gentiment.

LE MAITRE DE PHILOSOPHIE. Mettez que les feux de ses yeux réduisent votre cœur en cendres; que vous souffrez nuit et jour pour elle les violences d'un ...

M. JOURDAIN. Non, non, non; je ne veux point tout 395 cela. Je ne veux que ce que je vous ai dit: *Belle marquise, vos beaux yeux me font mourir d'amour.*

---

385. Diese zum Sprichwort gewordene Naivität ist keine Er- findung von Mol., sie wird dem 1641 verstorbenen Grafen von Soissons zugeschrieben, einem tapfern aber beschränkten Manne. In einem Briefe der Mad. de Sévigné (12. Jan, 1681) heisst es: *Comment donc, ma fille, j'ai fait un sermon sans y penser? J'en suis aussi étonnée que Mons. le comte de Soissons quand on lui dé- couvrit qu'il faisait de la prose.*

LE MAITRE DE PHILOSOPHIE. Il faut bien étendre un peu la chose.

M. JOURDAIN. Non, vous dis-je. Je ne veux que ces seules paroles-là dans le billet, mais tournées à la mode, 400 bien arrangées, comme il faut. Je vous prie de me dire un peu, pour voir, les diverses manières dont on les peut mettre.

LE MAITRE DE PHILOSOPHIE. On les peut mettre premièrement comme vous avez dit: *Belle marquise, vos beaux* 405 *yeux me font mourir d'amour.* Ou bien: *D'amour mourir me font, belle marquise, vos beaux yeux.* Ou bien: *Vos yeux beaux d'amour me font, belle marquise, mourir.* Ou bien: *Mourir vos beaux yeux, belle marquise, d'amour me font.* Ou bien: *Me font vos yeux beaux mourir, belle* 410 *marquise, d'amour.*

M. JOURDAIN. Mais de toutes ces façons-là, laquelle est la meilleure?

LE MAITRE DE PHILOSOPHIE. Celle que vous avez dite: *Belle marquise, vos beaux yeux me font mourir d'amour.* 415

M. JOURDAIN. Cependant je n'ai point étudié, et j'ai fait cela tout du premier coup. Je vous remercie de tout mon cœur, et je vous prie de venir demain de bonne heure.

LE MAITRE DE PHILOSOPHIE. Je n'y manquerai pas. 420

SCÈNE VII.

M. JOURDAIN, UN LAQUAIS.

M. JOURDAIN, à son laquais. Comment! mon habit n'est point encore arrivé?

LE LAQUAIS. Non, monsieur.

M. JOURDAIN. Ce maudit tailleur me fait bien attendre pour un jour où j'ai tant d'affaires. J'enrage. Que la 425 fièvre quartaine puisse serrer bien fort le bourreau de tailleur!

---

410. Diese Inversionen sind im Französischen viel comischer als im Deutschen.

425. Diese damals häufige Verwünschung kommt noch jetzt vor, für die ungeduldigen Franzosen ist ein viertägiges Fieber eine Qual.

au diable le tailleur! la peste étouffe le tailleur! Si·je le tenais maintenant, ce tailleur détestable, ce chien de tailleur-là, ce traître de tailleur, je ...

SCÈNE VIII.

M. JOURDAIN, UN MAITRE TAILLEUR; UN GARÇON TAILLEUR portant l'habit de M. Jourdain; UN LAQUAIS.

430   M. JOURDAIN. Ah! vous voilà! je m'allais mettre en colère contre vous.

LE MAITRE TAILLEUR. Je n'ai pas pu venir plus tôt, et j'ai mis vingt garçons après votre habit.

M. JOURDAIN. Vous m'avez envoyé des bas de soie si·
435 étroits que j'ai eu toutes les peines du monde à les mettre, et il y a déjà deux mailles de rompues.

LE MAITRE TAILLEUR. Ils ne s'élargiront que trop.

M. JOURDAIN. Oui, si je romps toujours des mailles. Vous m'avez aussi fait faire des souliers qui me blessent
440 furieusement.

LE MAITRE TAILLEUR. Point du tout, monsieur.

M. JOURDAIN. Comment! point du tout?

LE MAITRE TAILLEUR. Non, ils ne vous blessent point.

M. JOURDAIN. Je vous dis qu'ils me blessent, moi.

445   LE MAITRE TAILLEUR. Vous vous imaginez cela.

M. JOURDAIN. Je me l'imagine parceque je le sens. Voyez la belle raison!

LE MAITRE TAILLEUR. Tenez, voilà le plus bel habit de la cour, et le mieux assorti. C'est un chef-d'œuvre que

---

430. Jourdain hatte schon früher gesagt: *je suis bilieux comme tous les diables*, kein Wunder, dass er beinahe in Zorn gerathen wäre.

439. Es scheint, dass die Schneider alles zur Kleidung Gehörige, auch die Schuhe, lieferten, damit Harmonie in die sehr complicirte Kleidung käme.

445. *vous vous imagines cela*, Das bilden Sie sich nur ein, das kommt Ihnen nur so vor, sagen alle Schneider und Schuster bei ähnlichem Vorwurf.

d'avoir inventé un habit sérieux qui ne fût pas noir; et je 450
le donne en six coups aux tailleurs les plus éclairés.

M. JOURDAIN. Qu'est-ce que c'est que ceci? vous avez
mis les fleurs en en bas?

LE MAITRE TAILLEUR. Vous ne m'avez pas dit que
vous les vouliez en haut? 455

M. JOURDAIN. Est-ce qu'il faut dire cela?

LE MAITRE TAILLEUR. Oui, vraiment. Toutes les personnes de qualité les portent de la sorte.

M. JOURDAIN. Les personnes de qualité portent les
fleurs en en bas? 460

LE MAITRE TAILLEUR. Oui, monsieur.

M. JOURDAIN. Oh! voilà qui est donc bien.

LE MAITRE TAILLEUR. Si vous voulez, je les mettrai
en en haut.

M. JOURDAIN. Non, non. 465

LE MAITRE TAILLEUR. Vous n'avez qu'à dire.

M. JOURDAIN. Non, vous dis-je; vous avez bien fait.
Croyez-vous que l'habit m'aille bien?

LE MAITRE TAILLEUR. Belle demande! Je défie un
peintre, avec son pinceau, de vous faire rien de plus juste. 470
J'ai chez moi un garçon qui, pour monter une ringrave,
est le plus grand génie du monde; et un autre qui, pour
assembler un pourpoint, est le héros de notre temps.

M. JOURDAIN. La perruque et les plumes sont-elles
comme il faut? 475

---

450. Ich fordre die geschicktesten Schneider auf,
es in sechsmaligem Versuch so gut zu machen; *le donner*, sprichwörtlich, wenn man etwas zu rathen aufgiebt: *je vous
le donne en cent, en mille.*

453. *en en bas*, Trévoux bemerkt, dass man *enbas* schreiben
und das Wort als Substantiv ansehen müsse. Nicot schreibt *embas*,
enhault.
Perrault sagt von einem Blatt am Baum:
   Elle quitte sa tige et descend en enbas.

471. *ringrave*, weite Pluderhose, sie hatte den Namen
vom Deutschen Wort Rheingraf, von einem Commandeur von
Maestricht; die Franzosen adoptirten die deutsche Tracht.— *monter*,
nähen.

473. *assembler*, technischer Ausdruck für zusammen-
fügen; *assembler les feuilles d'un volume*, sie zusammennähen.

LE MAITRE TAILLEUR. Tout est bien.

M. JOURDAIN, en regardant l'habit du tailleur. Ah! ah! monsieur le tailleur, voilà de mon étoffe du dernier habit que vous m'avez fait. Je la reconnais bien.

480   LE MAITRE TAILLEUR. C'est que l'étoffe me sembla si belle, que j'en ai voulu lever un habit pour moi.

M. JOURDAIN. Oui; mais il ne fallait pas le lever avec le mien.

LE MAITRE TAILLEUR. Voulez-vous mettre votre habit?

485   M. JOURDAIN. Oui: donnez-le-moi.

LE MAITRE TAILLEUR. Attendez. Cela ne va pas comme cela. J'ai amené des gens pour vous habiller en cadence, et ces sortes d'habits se mettent avec cérémonie. Holà! entrez, vous autres.

SCÈNE IX.

M. JOURDAIN, LE MAITRE TAILLEUR, LE GARÇON TAILLEUR, GARÇONS TAILLEURS DANSANTS. UN LAQUAIS.

490   LE MAITRE TAILLEUR, à ses garçons. Mettez cet habit à monsieur, de la manière que vous faites aux personnes de qualité.

PREMIÈRE ENTRÉE DE BALLET.

Les quatre garçons tailleurs dansants s'approchent de M. Jourdain. Deux lui arrachent le haut-de-chausses de ses exercices; les deux
495   autres lui ôtent la camisole; après quoi, toujours en cadence, ils lui mettent son habit neuf. M. Jourdain se promène au milieu d'eux, et leur montre son habit pour voir s'il est bien.

GARÇON TAILLEUR. Mon gentilhomme, donnez, s'il vous plaît, aux garçons quelque chose à boire.

500   M. JOURDAIN. Comment m'appelez vous?

---

493. Das Ankleiden des Herrn Jourdain durch vier (im *livre de ballet* sechs) tanzende Schneiderbursche ist mehr als possenhaft, aber es war eine *entrée de ballet*, ein *intermède* geboten. Nach jenem Balletbuche war das Stück ursprünglich in drei Acte getheilt, hier endete der erste Act.

498. Wie sehr dies oft in Lustspielen wiederholte Motiv aus dem Leben gegriffen ist, erfährt Jeder, der in einer grossen Stadt Bettlern und Verkäufern in die Hände fällt.

GARÇON TAILLEUR. Mon gentilhomme.

M. JOURDAIN. Mon gentilhomme! Voilà ce que c'est, de se mettre en personne de qualité! Allez-vous-en demeurer toujours habillé en bourgeois, on ne vous dira point: Mon gentilhomme. (Donnant de l'argent.) Tenez, voilà 505 pour Mon gentilhomme.

GARÇON TAILLEUR. Monseigneur, nous vous sommes bien obligés.

M. JOURDAIN. Monseigneur! Oh! oh! Monseigneur! Attendez, mon ami; Monseigneur mérite quelque chose, et ce 510 n'est pas une petite parole que Monseigneur! Tenez, voilà ce que monseigneur vous donne.

GARÇON TAILLEUR. Monseigneur, nous allons boire tous à la santé de Votre Grandeur.

M. JOURDAIN. Votre grandeur! Oh! oh! oh! Attendez; 515 ne vous en allez pas. A moi, Votre Grandeur! (Bas à part.) Ma foi, s'il va jusqu'à l'Altesse, il aura toute la bourse. (Haut.) Tenez, voilà pour ma Grandeur.

GARÇON TAILLEUR. Monseigneur, nous la remercions très humblement de ses libéralités.   520

M. JOURDAIN. Il a bien fait; je lui allais tout donner.

DEUXIÈME ENTRÉE DE BALLET.

Les garçons tailleurs se réjouissent de la libéralité de M. Jourdain par une danse qui fait le deuxième intermède.

ACTE TROISIEME.

SCÈNE I.

M. JOURDAIN, DEUX LAQUAIS.

M. JOURDAIN. Suivez-moi, que j'aille un peu montrer mon habit par la ville; et surtout ayez soin tous deux de marcher immédiatement sur mes pas, afin qu'on voie bien que vous êtes à moi.

LAQUAIS. Oui, monsieur.   5

M. JOURDAIN. Appelez-moi Nicole, que je lui donne quelques ordres. Ne bougez: la voilà.

SCÈNE II.

M. JOURDAIN, NICOLE, DEUX LAQUAIS.

M. JOURDAIN. Nicole!

NICOLE. Plaît-il?

10   M. JOURDAIN. Écoutez.

NICOLE, riant. Hi, hi, hi, hi, hi.

M. JOURDAIN. Qu'as tu à rire?

NICOLE. Hi, hi, hi, hi, hi.

M. JOURDAIN. Que veut dire cette coquine-là?

15   NICOLE. Hi, hi, hi. Comme vous voilà bâti! Hi, hi, hi.

M. JOURDAIN. Comment donc?

NICOLE. Ah! ah! mon Dieu! Hi, hi, hi, hi, hi.

M. JOURDAIN. Quelle friponne est-ce là! Te moques-tu de moi?

20   NICOLE. Nenni, monsieur; j'en serais bien fâchée. Hi, hi, hi, hi, hi.

M. JOURDAIN. Je te baillerai sur le nez, si tu ris davantage.

NICOLE. Monsieur, je ne puis pas m'en empêcher. Hi, 25 hi, hi, hi, hi.

M. JOURDAIN. Tu ne t'arrêteras pas?

NICOLE. Monsieur, je vous demande pardon; mais vous êtes si plaisant, que je ne saurais me tenir de rire. Hi, hi, hi.

M. JOURDAIN. Mais voyez quelle insolence!

30   NICOLE. Vous êtes tout à fait drôle comme cela. Hi, hi.

M. JOURDAIN. Je te ...

'NICOLE. Je vous prie de m'excuser. Hi, hi, hi, hi.

---

7. *ne bouges*, das *pas* wird beim Imperativ im lebhaften Dialog oft ausgelassen.

15. *comme vous voilà bâti*, wie sehen Sie aus, sprichwörtlich populär.

20. *nenni*, altfr. *nenil*, Nichts da.

22. *je te baillerai sur le nez*, ich werde Dir einen auf die Nase geben, populär.

M. JOURDAIN. Tiens, si tu ris encore le moins du monde, je te jure que je t'appliquerai sur la joue le plus grand soufflet qui se soit jamais donné.   35

NICOLE. Hé bien, monsieur, voilà qui est fait: je ne rirai plus.

M. JOURDAIN. Prends-y bien garde. Il faut que, pour tantôt, tu nettoies ...

NICOLE. Hi, hi.   40

M. JOURDAIN. Que tu nettoies comme il faut ...

NICOLE. Hi, hi.

M. JOURDAIN. Il faut, dis-je, que tu nettoies la salle, et...

NICOLE. Hi, hi.

M. JOURDAIN. Encore?   45

NICOLE, tombant à force de rire. Tenez, monsieur, battez-moi plutôt, et me laissez rire tout mon soûl; cela me fera plus de bien. Hi, hi, hi, hi, hi.

M. JOURDAIN. J'enrage.

NICOLE. De grâce, monsieur, je vous prie de me laisser 50 rire. Hi, hi, hi.

M. JOURDAIN. Si je te prends ...

NICOLE. Monsieur, eur, je crèverai, ai, si je ne ris. Hi, hi, hi.

M. JOURDAIN. Mais a-t-on jamais vu une pendarde 55 comme celle-là, qui me vient rire insolemment au nez, au lieu de recevoir mes ordres?

NICOLE. Que voulez-vous que je fasse, monsieur?

M. JOURDAIN. Que tu songes, coquine, à préparer ma maison pour la compagnie qui doit venir tantôt.   60

NICOLE, se relevant. Ah! par ma foi, je n'ai plus envie de rire; et toutes vos compagnies font tant de désordre céans, que ce mot est assez pour me mettre en mauvaise humeur.

---

36. *voilà qui est fait*, nun ist's vorbei.

46. *tombant de rire*. Diese Andeutung, wie auch die spätere *(se relevant)* steht zuerst in der Ausg. von 1734 und beruht, wie es scheint, auf einer Theatertradition; die Originalausgabe und die von 1682 haben sie nicht. Während Nicole lachte, pflegten alle Zuschauer mit zu lachen, was freilich dazu gehört, wenn die Scene nicht in's Wasser fallen soll, nur muss Jourdain ernsthaft bleiben.

65　M. JOURDAIN. Ne dois-je point pour toi fermer ma
porte à tout le monde?

NICOLE. Vous devriez au moins la fermer à certaines
gens.

SCÈNE III.

MADAME JOURDAIN, M. JOURDAIN, NICOLE, DEUX LAQUAIS.

MADAME JOURDAIN. Ah! ah! voici une nouvelle histoire!
70 Qu'est-ce que c'est donc, mon mari, que cet équipage-là?
Vous moquez-vous du monde, de vous être fait enharnacher de la sorte? et avez-vous envie qu'on se raille partout de vous?

M. JOURDAIN. Il n'y a que des sots et des sottes, ma
75 femme, qui se railleront de moi.

MADAME JOURDAIN. Vraiment, on n'a pas attendu
jusqu'à cette heure; et il y a long temps que vos façons
de faire donnent à rire à tout le monde.

M. JOURDAIN. Qui est donc tout ce monde-là, s'il
80 vous plaît?

MADAME JOURDAIN. Tout ce monde-là est un monde
qui a raison, et qui est plus sage que vous. Pour moi,
je suis scandalisée de la vie que vous menez. Je ne sais
plus ce que c'est que notre maison. On dirait qu'il est
85 céans carême-prenant tous les jours; et dès le matin, de
peur d'y manquer, on y entend des vacarmes de violons
et de chanteurs dont tout le voisinage se trouve incom-
modé.

NICOLE. Madame parle bien. Je ne saurais plus voir
90 mon ménage propre avec cet attirail de gens que vous

---

70. *équipage*, Kleidung, Aufzug, nicht wie O. L. B. Wolf
hat, Equipage.

71. *enharnacher*, von Pferden, einschirren, auf-
putzen.

85. *carême-prenant*, so hiess die lustige Fastnachtszeit,
die unmittelbar den Fasten (*carême*) vorausgieng, jetzt sagt man
meist *les jours gras*.

90. *attirail*, Tross.

faites venir chez vous. Ils ont des pieds qui vont chercher de la boue dans tous les quartiers de la ville, pour l'apporter ici; et la pauvre Françoise est presque sur les dents, à frotter les planchers que vos biaux maîtres viennent crotter régulièrement tous les jours. 95

M. JOURDAIN. Ouais! notre servante Nicole, vous avez le caquet bien affilé, pour une paysanne!

MADAME JOURDAIN, Nicole a raison; et son sens est meilleur que le vôtre. Je voudrais bien savoir ce que vous pensez faire d'un maître à danser, à l'âge que vous 100 avez.

NICOLE. Et d'un grand maître tireur d'armes, qui vient, avec ses battements de pied, ébranler toute la maison, et nous déraciner tous les carriaux de notre salle.

M. JOURDAIN. Taisez-vous, ma servante et ma femme. 105

MADAME JOURDAIN. Est-ce que vous voulez apprendre à danser pour quand vous n'aurez plus de jambes?

NICOLE. Est-ce que vous avez envie de tuer quelqu'un?

M. JOURDAIN. Taisez-vous, vous dis-je: vous êtes des ignorantes l'une et l'autre; et vous ne savez pas les pré- 110 rogatives de tout cela.

MADAME JOURDAIN. Vous devriez bien plutôt songer à marier votre fille, qui est en âge d'être pourvue.

---

93. Das Hausmädchen bei Jourdain, *être sur les dents*, ganz auf dem Hund sein.

94. *biaux*, wie unten *carriaux*, bäurische Aussprache.

96. *vous avez le caquet bien affilé*, eine scharfe Zunge. Regnard hat: *Qui vous a donc si bien affilé le caquet?*

97. *Nicole a raison.* Mad. Jourdain stützt sich in ihrer Argumentation gerade so auf ihre Magd wie Chrysal in den *Fem. sav.* sich auf die seinige stützt.

104. *carriaux* für *carreaux*, die vier- oder achteckigen Fliesen von Ziegelsteinen, womit der Fussboden in den Zimmern bepflastert war und es im südlichen Frankreich zuweilen noch ist.

110. *les prérogatives = priviléges*, der ungewöhnliche gelehrte Ausdruck ist im Munde Jourdains sehr komisch.

113. *être pourvue, pourvoir*, für die Verheirathung sorgen, häufig bei Mol. und Zeitgen. Hier die erste Andeutung auf die Liebesintrigue, die den Hauptinhalt der Handlung ausmacht.

Le Bourgeois gentilhomme.

M. JOURDAIN. Je songerai à marier ma fille quand il
115 se présentera un parti pour elle; mais je veux songer aussi
à apprendre les belles choses.

NICOLE. J'ai encore ouï dire, madame, qu'il a pris
aujourd'hui, pour renfort de potage, un maître de philosophie.

120 M. JOURDAIN. Fort bien. Je veux. avoir de l'esprit, et
savoir raisonner des choses parmi les honnêtes gens.

MADAME JOURDAIN. N'irez-vous point, l'un de ces
jours, au collége vous faire doner le fouet, à votre âge?

M. JOURDAIN. Pourquoi non? Plût à Dieu l'avoir tout
125 à l'heure, le fouet, devant tout le monde, et savoir ce·
qu'on apprend au collége!

NICOLE. Oui, ma foi! cela vous rendrait la jambe bien
mieux faite.

M. JOURDAIN. Sans doute.

130 MADAME JOURDAIN. Tout cela est fort nécessaire pour
conduire votre maison!

M. JOURDAIN. Assurément. Vous parlez toutes deux
comme des bêtes, et j'ai honte de votre ignorance. (à madame Jourdain.) Par exemple, savez-vous, vous, ce que c'est
135 que vous dites à cette heure?

MADAME JOURDAIN. Oui. Je sais que ce que je dis
est fort·bien dit, et que vous devriez songer à vivre d'autre
sorte.

M. JOURDAIN. Je ne parle pas de cela. Je vous de-
140 mande ce que c'est que les paroles que vous dites ici.

MADAME JOURDAIN. Ce sont des paroles bien sensées,
et votre conduite ne l'est guère.

---

118. *pour renfort de potage*, zum Ueberfluss, etwa
unser: den Kohl vollends fett zu machen; *pour tout
potage*, Alles in Allem. *Que vous n'êtes pour tout potage* (genau
besehen) *qu'un faquin de cuisinier* (*Av.* III. 6). Montaigne sagt:
*La sotte chose qu'un vieillard abécédaire! On peut continuer en tout
temps l'estude, non l'escholage.*

127. Diese sprichwörtliche Wendung wird ironisch gebraucht,
wenn Jemandem ein unannehmbarer Vorschlag gemacht wird (Le
Roux, *Dict. comique*) hier meint Nicole: Das wird Ihnen viel
helfen!

M. JOURDAIN. Je ne parle pas de cela, vous dis-je. Je vous demande ce que je parle avec vous, ce que je vous dis à cette heure, qu'est-ce que c'est?　　145

MADAME JOURDAIN. Des chansons.

M. JOURDAIN. Hé! non, ce n'est pas cela. Ce que nous disons tous deux, le langage que nous parlons à cette heure?

MADAME JOURDAIN. Hé bien?　　150

M. JOURDAIN. Comment est-ce que cela s'appelle?

MADAME JOURDAIN. Cela s'appelle comme on veut l'appeler.

M. JOURDAIN. C'est de la prose, ignorante.

MADAME JOURDAIN. De la prose?　　155

M. JOURDAIN. Oui, de la prose. Tout ce qui est prose n'est point vers; et tout ce qui n'est point vers est prose. Heu! voilà ce que c'est que d'étudier. (à Nicole.) Et toi, sais-tu bien comme il faut faire pour dire un U?

NICOLE. Comment?　　160

M. JOURDAIN. Oui. Qu'est-ce que tu fais quand tu dis U?

NICOLE. Quoi?

M. JOURDAIN. Dis un peu U, pour voir.

NICOLE. Hé bien! U.　　165

M. JOURDAIN. Qu'est-ce que tu fais?

NICOLE. Je dis U.

M. JOURDAIN. Oui: mais quand tu dis U, qu'est-ce que tu fais?

NICOLE. Je fais ce que vous me dites.　　170

M. JOURDAIN. Oh! l'étrange chose que d'avoir affaire à des bêtes! Tu allonges les lèvres en dehors, et approches la mâchoire d'en haut de celle d'en bas. U, vois-tu? Je fais la moue: U.

NICOLE. Oui, cela est biau.　　175

MADAME JOURDAIN. Voilà qui est admirable!

M. JOURDAIN. C'est bien autre chose, si vous aviez vu O, et DA, DA, et FA, FA.

---

146. *chansons*, Albernheiten. Jourdain fasst es darauf im eigentlichen Sinne.

MADAME JOURDAIN. Qu'est-ce que c'est donc que tout ce galimatias-là?

180   **NICOLE.** De quoi est-ce que tout cela guérit?

M. JOURDAIN. J'enrage, quand je vois des femmes ignorantes.

MADAME JOURDAIN. Allez, vous devriez envoyer promener tous ces gens-là, avec leurs fariboles.

185   **NICOLE.** Et surtout ce grand escogriffe de maître d'armes, qui remplit de poudre tout mon ménage.

M. JOURDAIN. Ouais! ce maître d'armes vous tient au cœur! Je te veux faire voir ton impertinence tout à l'heure. (Après avoir fait apporter des fleurets, et en avoir donné un à Nicole.) Tiens,

190   raison démonstrative. La ligne du corps. Quand on pousse en quarte on n'a qu'à faire cela; et, quand on pousse en tierce, on n'a qu'à faire cela. Voilà le moyen de n'être jamais tué; et cela n'est-il pas beau, d'être assuré de son fait quand on se bat contre quelqu'un? Là, pousse-moi un

195   peu, pour voir.

NICOLE. Hé bien! quoi! (Nicole pousse plusieurs bottes à M. Jourdain.)

M. JOURDAIN. Tout beau! Holà! ho! Doucement. Diantre soit la coquine!

NICOLE. Vous me dites de pousser.

200   **M. JOURDAIN.** Oui; mais tu me pousses en tierce avant que de pousser en quarte, et tu n'as pas la patience que je pare.

MADAME JOURDAIN. Vous êtes fou, mon mari, avec

---

188. *galimatias*, eigentlich *galimathias*, confuser Unsinn, soll aus der Gerichtssprache stammen, aus der Zeit, wo noch lateinisch plädirt wurde. Es handelte sich einst um einen Hahn, der einem gewissen Mathias gestohlen war; der Advocat gebrauchte das *gallus Mathiae* so oft, dass er sich schliesslich verwirrte und *galli Mathias* sagte. Die Zuhörer lachten, und von nun an hiess Gallimathias, auch bei uns, so viel wie Unsinn. (Quit. *Dict. d. prov.*)

Strepsiades in den Wolken kramt seinem Sohne die beim Socrates errungene Weisheit ebenso aus, und dieser sieht darin wie Mad. Jourdain nur Dummheiten.

185. *escogriffe*, von *escroc* und *griffe*, ein unverschämter Kerl, der nach Allem greift, ein roher, plumper Gesell.

˙toutes vos fantaisies; et cela vous est venu depuis que vous
vous mêlez de hanter la noblesse.   205

    M. JOURDAIN. Lorsque je hante la noblesse, je fais
paraître mon jugement; et cela est plus beau que de hanter
votre bourgeoisie.

    MADAME JOURDAIN. Çamon vraiment! il y a fort à
gagner à fréquenter vos nobles, et vous avez bien opéré 210
avec ce beau monsieur le comte, dont vous vous êtes
embéguiné!

    M. JOURDAIN. Paix; songez à ce que vous dites. Savez-
vous bien, ma femme, que vous ne savez pas de qui vous
parlez, quand vous parlez de lui? C'est une personne d'im- 215
portance plus que vous ne pensez, un seigneur que l'on
considère à la cour, et qui parle au roi tout comme je
vous parle. N'est-ce pas une chose qui m'est tout à fait
honorable, que l'on voie venir chez moi si souvent une
personne de cette qualité, qui m'appelle son cher ami, et 220
me traite comme si j'étais son égal? Il a pour moi des
bontés qu'on ne devinerait jamais; et, devant tout le monde,
il me fait des caresses dont je suis moi-même confus.

    MADAME JOURDAIN. Oui, il a des bontés pour vous,
et vous fait des caresses; mail il vous emprunte votre 225
argent.

---

    209. *çamon* unser ja das weiss Gott! von *ce à mon*,
gewöhnl. *c'est mon. Un médecin vantait à Nicoclès son art estre de
grande autorité, vraiment, c'est mon, dict Nicoclès qui peult impunément tuer tant de gens. Montaigne liv.* II. 37.
    Ardez, vraiment, c'est mon, on vous l'endurera
                                Corn. *Gal. d. Pal.* IV. 12.
    Çamon, ma foi, j'en suis d'avis, après ce que je me suis fait.
                                        Mal. im. I. 2.
    Man sagte auch *assavoir mon, savoir mon, ce fais mon.* Es
geht daraus hervor, dass ein affirmativer Sinn zum Grunde liegt.
Die gelehrten Etymologen bringen es in weitläuftigen Erörterungen,
die hier zu weit führen würden, mit dem griech. μῶν und dem
lat. *num* in Verbindung. Chasles sagt ganz einfach: *c'est mon
sentiment assuré*, er scheint hier eine Ellipse von *avis* oder *sentiment* anzunehmen, dadurch liesse sich das Wort erklären: *c'est
mon (avis), c'est à mon (avis), savoir mon (avis).*

    212. *embéguiner qlq.* Einem eine Haube aufsetzen,
Einen für etwas blind einnehmen, *s'embéguiner*, sich
bethören. In den Du vernarrt bist.

M. JOURDAIN. Hé bien! ne m'est-ce pas de l'honneur de prêter de l'argent à un homme de cette condition-là? et puis-je faire moins pour un seigneur qui m'appelle son
230 cher ami?

MADAME JOURDAIN. Et ce seigneur, que fait-il pour vous?

M. JOURDAIN. Des choses dont on serait étonné, si on les savait.

235 MADAME JOURDAIN. Et quoi?

M. JOURDAIN. Baste! je ne puis pas m'expliquer. Il suffit que si je lui ai prêté de l'argent, il me le rendra bien, et avant qu'il soit peu.

MADAME JOURDAIN. Oui. Attendez-vous à cela.

240 M. JOURDAIN. Assurément. Ne me l'a-t-il pas dit?

MADAME JOURDAIN. Oui, oui, il ne manquera pas d'y faillir.

M. JOURDAIN. Il m'a juré sa foi de gentilhomme.

MADAME JOURDAIN. Chansons!

245 M. JOURDAIN. Ouais! Vous êtes bien obstinée, ma femme! Je vous dis qu'il me tiendra sa parole; j'en suis sûr.

MADAME JOURDAIN. Et moi, je suis sûre que non, et que toutes les caresses qu'il vous fait ne sont que pour vous enjôler.

250 M. JOURDAIN. Taisez-vous. Le voici.

MADAME JOURDAIN. Il ne nous faut plus que cela. Il vient peut-être encore vous faire quelque emprunt; et il me semble que j'ai dîné quand je le vois.

M. JOURDAIN: Taisez-vous, vous dis-je.

---

236. *baste*, span. u. ital. *basta*, genug, wir sagen auch und damit *basta*.

241. *il ne manquera pas d'y faillir*, ein beim Volke häufiger Pleonasmus: er wird nicht ermangeln, es bleiben zu lassen. Da *faillir* aus der Mode gekommen, würde es jetzt heissen: *il ne manquera pas d'y manquer*.

253. Ich bin gleich satt, wenn ich ihn sehe, sprichwörtlich.

SCÈNE IV.

DORANTE, M. JOURDAIN, MADAME JOURDAIN, NICOLE.

DORANTE. Mon cher ami, monsieur Jourdain, comment 255
vous portez-vous.

M. JOURDAIN. Fort bien, monsieur, pour vous rendre
mes petits services.

DORANTE. Et madame Jourdain, que voilà, comment
se porte-t-elle? 260

MADAME JOURDAIN. Madame Jourdain se porte comme
elle peut.

DORANTE. Comment! monsieur Jourdain, vous voilà le
plus propre du monde!

M. JOURDAIN. Vous voyez. 265

DORANTE. Vous avez tout à fait bon air avec cet habit;
et nous n'avons point de jeunes gens à la cour qui soient
mieux faits que vous.

M. JOURDAIN. Hai, hai!

MADAME JOURDAIN, à part. Il le gratte par où il se 270
démange.

DORANTE. Tournez-vous. Cela est tout à fait galant.

MADAME JOURDAIN, à part. Oui, aussi sot par derrière
que par devant.

DORANTE. Ma foi, monsieur Jourdain, j'avais une im- 275
patience étrange de vous voir. Vous êtes l'homme du
monde que j'estime le plus; et je parlais encore de vous,
ce matin, dans la chambre du roi.

M. JOURDAIN. Vous me faites beaucoup d'honneur,
monsieur. (à Madame Jourdain.) Dans la chambre du roi! 280

DORANTE. Allons, mettez.

M. JOURDAIN. Monsieur, je sais le respect que je vous
dois.

---

270. *par où il se démange*, ist nicht mehr gebräuchlich,
man sagt jetzt *il lui démange;* das Sprichwort heisst: *il se
gratte où il lui démange*, er kratzt sich, wo es ihn juckt.

281. *mettez, mettes dessus*, auch *boutez, boutez dessus*,
früher gebräuchlich, populär für das jetzige *couvrez-vous*.

DORANTE. Mon Dieu! mettez. Point de cérémonie
285 entre nous, je vous prie.

M. JOURDAIN. Monsieur ...

DORANTE. Mettez, vous dis-je, monsieur Jourdain:
vous êtes mon ami.

M. JOURDAIN. Monsieur, je suis votre serviteur.

290 DORANTE. Je ne me couvrirai point, si vous ne vous
couvrez.

M. JOURDAIN, se couvrant. J'aime mieux être incivil qu'importun.

DORANTE. Je suis votre débiteur, comme vous le savez.

295 MADAME JOURDAIN, à part. Oui; nous ne le savons
que trop.

DORANTE. Vous m'avez généreusement prêté de l'argent
en plusieurs occasions, et m'avez obligé de la meilleure
grâce du monde, assurément.

300 M. JOURDAIN. Monsieur, vous vous moquez.

DORANTE. Mais je sais rendre ce qu'on me prête, et
reconnaître les plaisirs qu'on me fait.

M. JOURDAIN. Je n'en doute point, monsieur.

DORANTE. Je veux sortir d'affaire avec vous; et je
305 viens ici pour faire nos comptes ensemble.

M. JOURDAIN, bas, à madame Jourdain. Hé bien! vous voyez
votre impertinence, ma femme.

DORANTE. Je suis homme qui aime à m'acquitter le
plus tôt que je puis.

310 M. JOURDAIN, (bas à madame Jourdain). Je vous le disais bien

DORANTE. Voyons un peu ce que je vous dois.

M. JOURDAIN, bas, à madame Jourdain. Vous voilà, avec vos
soupçons ridicules.

DORANTE. Vous souvenez-vous bien de tout l'argent
315 que vous m'avez prêté?

M. JOURDAIN. Je crois que oui. J'en ai fait un petit
mémoire. Le voici. Donné à vous une fois deux cents louis.

DORANTE. Cela est vrai.

---

304. Ich will die Sache mit Ihnen in's Reine bringén.

31̇9. *six vingts*, man hat lange Zeit *six vingts, sept
vingts* etc. gesagt für *cent vingt* und *cent quarante, quatre vingts*
ist allein geblieben. Der Louisd'or galt eilf Franken.

M. JOURDAIN. Une autre fois six vingts.

DORANTE. Oui. 320

M JOURDAIN. Et une autre fois cent quarante.

DORANTE. Vous avez raison.

M. JOURDAIN. Ces trois articles font quatre cent soixante louis, qui valent cinq mille soixante livres.

DORANTE. Le compte est fort bon. Cinq mille soixante 325 livres.

M. JOURDAIN. Mille huit cent trente-deux livres à votre plumassier.

DORANTE. Justement.

M. JOURDAIN. Deux mille sept cent quatre-vingts livres 330 à votre tailleur.

DORANTE. Il est vrai.

M. JOURDAIN. Quatre mille trois cent septante-neuf livres douze sous huit deniers à votre marchand.

DORANTE. Fort bien. Douze sous huit deniers; le 335 compte est juste.

M. JOURDAIN. Et mille sept cent quarante-huit livres sept sous quatre deniers à votre sellier.

DORANTE. Tout cela est véritable. Qu'est-ce que cela fait?

M. JOURDAIN. Somme totale, quinze mille huit cents livres. 340

DORANTE. Somme totale est juste. Quinze mille huit cents livres. Mettez encore deux cents pistoles que vous m'allez donner: cela fera justement dix-huit mille francs, que je vous payerai au premier jour.

MADAME JOURDAIN, bas, à M. Jourdain. Hé bien! ne l'avais- 345 je pas bien deviné? .

---

328. *plumassier*, Federhändler, die Federn waren ein wichtiger Schmuck der Herren und Damen. Von Heinrichs IV. Zeit an bis zur Revolution bildeten die Federhändler eine eigne Gilde.

· 334. *votre marchand* wird der Tuchhändler sein, von dem der Schneider das Zeug gekauft hatte.

341 ff. Da dem Dorante 2,200 Fr. fehlen, um die Summe herauszubringen, meinten neuere Herausgeber man müsse 200 *Louis* statt Pistolen setzen, aber damals galten Louisd'ors und Pistolen für gleichwerthig. Dies erinnert an das bekannte: „Leihe mir einen Louisd'or — Ich habe nur einen halben bei mir. — Gieb nur, Du bleibst mir die andere Hälfte schuldig."

M. JOURDAIN, bas, à madame Jourdain. Paix.

DORANTE. Cela vous incommodera-t-il, de me donner
ce que je vous dis?

350   M. JOURDAIN. Hé! non.

MADAME JOURDAIN, bas, à M. Jourdain. Cet homme-là fait
de vous une vache à lait.

M. JOURDAIN, bas, à madame Jourdain. Taisez-vous.

DORANTE. Si cela vous incommode, j'en irai chercher
355 ailleurs.

M. JOURDAIN. Non, monsieur.

MADAME JOURDAIN, bas, à M. Jourdain. Il ne sera pas content qu'il ne vous ait ruiné.

M. JOURDAIN, bas, à madame Jourdaiu. Taisez-vous, vous
360 dis-je.

DORANTE. Vous n'avez qu'à• me dire si cela vous embarrasse.

M. JOURDAIN. Point, monsieur.

MADAME JOURDAIN, bas, à M. Jourdain. C'est un vrai en-
365 jôleux.

M. JOURDAIN, |bas, à madame Jourdain. Taisez-vous donc.

MADAME JOURDAIN, bas, à monsieur Jourdain. Il vous sucera
jusqu' au dernier sou.

M. JOURDAIN, bas, à madame Jourdain. Vous tairez-vous?

370   DORANTE. J'ai force gens qui m'en prêteraient avec
joie; mais comme vous êtes mon meilleur ami, j'ai cru que
je vous ferais tort, si j'en demandais à quelque autre.

M. JOURDAIN. C'est trop d'honneur, monsieur, que vous
me faites. Je vais quérir votre affaire.

375   MADAME JOURDAIN, bas, à M. Jourdain. Quoi! vous allez
encore lui donner cela?

M. JOURDAIN, bas, à madame Jourdain. Que faire? voulez-vous
que je refuse un homme de cette condition-là, qui a parlé
de moi ce matin dans là chambre du roi?

•380   MADAME JOURDAIN, bas à M. Jourdain. Allez, vous êtes
une vraie dupe.

---

365. *enjôleux* = *enjôleur*, Verführer, von *engeôler*,
in die *geôle*, den Käfig locken.

374. *aller quérir*, alt für *aller chercher*, holen.

SCÈNE V.

DORANTE, MADAME JOURDAIN, NICOLE.

DORANTE. Vous me semblez toute mélancolique. Qu'-
avez-vous, madame Jourdain?

MADAME JOURDAIN. J'ai la tête plus grosse que le
poing, et si elle n'est pas enflée.   385

DORANTE. Mademoiselle votre fille, où est-elle, que je
ne la vois point?

MADAME JOURDAIN. Mademoiselle ma fille est bien où
elle est.

DORANTE. Comment se porte-t-elle?   390

MADAME JOURDAIN. Elle se porte sur ses deux jambes.

DORANTE. Ne voulez-vous point, un de ces jours, venir
voir avec elle le ballet et la comédie que l'on fait chez
le roi?

MADAME JOURDAIN. Oui, vraiment! nous avons fort 395
envie de rire, fort envie de rire nous avons.

DORANTE. Je pense, madame Jourdain, que vous avez
eu bien des amants dans votre jeune âge, belle et d'agréable humeur comme vous étiez.

MADAME JOURDAIN. Tredame! monsieur, est-ce que 400
madame Jourdain est décrépite, et la tête lui grouille-t-
elle déjà?

---

385. *et si (sic)* = *pourtant;* er ist aber nicht ge-
schwollen. Sprichwörtlich: Ich stelle mich nur so.

391. Ein Wortspiel, wie es bei Leuten aus dem Volke öfter
vorkommt. Im Eunuchen des Terenz findet sich etwas Aehnliches.
Gnatho fragt den Sclaven Parmeno, wie er sich befindet, was er
macht *(quid agitur)* und erhält zur Antwort: *statur.* — Wie
stehts? — Man steht auf seinen Füssen.

393. jetzt: *danser un ballet, jouer une comédie.*

396. Eine invertirte Wiederholung, häufig im Volksmund.
Je les ai le premier avisés, avisés le premier je les ai, sagt Pierrot
im *Fest. d. P.*

406. *Tredame!* Abkürzung von *notre dame!* ein früher sehr
verbreitetes Fluchwort.

401. *grouiller,* wackeln, sich rühren, alt und populär
cf. *Mis.* II. 5. *Qu'elle grouille aussi peu qu'une pièce de bois; la
tête lui grouille,* wackelt vor Alter.

DORANTE. Ah! ma foi, madame Jourdain, je vous demande pardon! je ne songeais pas que vous êtes jeune; et
405 je rêve le plus souvent. Je vous prie d'excuser mon impertinence.

SCÈNE VI.

M. JOURDAIN, MADAME JOURDAIN, DORANTE, NICOLE.

M. JOURDAIN, à Dorante. Voilà deux cents louis bien
compté.

DORANTE. Je vous assure, monsieur Jourdain, que je
410 suis tout à vous, et que je brûle de vous rendre un service
à la cour.

M. JOURDAIN. Je vous suis trop obligé.

DORANTE. Si madame Jourdain veut voir le divertissement royal, je lui ferai donner les meilleures places de
415 la salle.

MADAME JOURDAIN. Madame Jourdain vous baise les
mains.

DORANTE, bas, à M. Jourdain. Notre belle marquise, comme
je vous ai mandé par mon billet, viendra tantôt ici pour
420 le ballet et le repas; et je l'ai fait consentir enfin au cadeau
que vous lui voulez donner.

M. JOURDAIN. Tirons-nous un peu plus loin, pour cause.

DORANTE. Il y a huit jours que je ne vous ai vu; et
je ne vous ai point mandé de nouvelles du diamant que
425 vous me mîtes entre les mains pour lui en faire présent
de votre part; mais c'est que j'ai eu toutes les peines du
monde à vaincre son scrupule; et ce n'est que d'aujourd'-
hui qu'elle s'est résolue à l'accepter.

M. JOURDAIN. Comment l'a-t-elle trouvé?

430 DORANTE. Merveilleux; et je me trompe fort, ou la
beauté de ce diamant fera pour vous sur son esprit un
effet admirable.

---

413. *divertissement royal*, so nannte man die königlichen
Feste, in denen eine dramatische Aufführung mit Musik und Tanz
zur Belustigung des Königs diente.

420. *cadeau*, ein Fest, Gastmahl, das man einer Dame
gab, nicht Geschenk.

M. JOURDAIN. Plût au ciel!

MADAME JOURDAIN, à Nicole. Quand il est une fois avec lui, il ne peut le quitter. 435

DORANTE. Je lui ai fait valoir comme il faut la richesse de ce présent, et la grandeur de votre amour.

M. JOURDAIN. Ce sont, monsieur, des bontés qui m'accablent; et je suis dans une confusion la plus grande du monde, de voir une personne de votre qualité s'abaisser 440 pour moi à ce que vous faites.

DORANTE. Vous moquez-vous? Est-ce qu'entre amis on s'arrête à ces sortes de scrupules? et ne feriez-vous pas pour moi la même chose, si l'occasion s'en offrait?

M. JOURDAIN. Oh! assurément, et de très grand cœur. 445

MADAME JOURDAIN, à Nicole. Que sa présence me pèse sur les épaules!

DORANTE. Pour moi, je ne regarde rien quand il faut servir un ami; et lorsque vous me fîtes confidence de l'ardeur que vous aviez prise pour cette marquise agréable, 450 chez qui j'avais commerce, vous vîtes que d'abord je m'offris de moi-même à servir votre amour.

M. JOURDAIN. Il est vrai. Ce sont des bontés qui me confondent.

MADAME JOURDAIN, à Nicole. Est-ce qu'il ne s'en ira 455 point?

NICOLE. Ils se trouvent bien ensemble.

DORANTE. Vous avez pris le bon biais pour toucher son cœur. Les femmes aiment surtout les dépenses qu'on fait pour elles; et vos fréquentes sérénades, et vos bouquets 460 continuels, ce superbe feu d'artifice qu'elle trouva sur l'eau, le diamant qu'elle a reçu de votre part, et le cadeau que vous lui préparez, tout cela lui parle bien mieux en faveur de votre amour que toutes les paroles que vous auriez pu lui dire vous-même. 465

M. JOURDAIN. Il n'y a point de dépenses que je ne fisse, si par là je pouvais trouver le chemin de son cœur.

---

458. *biais*, Mittel, Weg. Es ist wichtig für Dorante, dass Jourdain seine Liebe zur Marquise durch Geschenke, welche Dorante überbringt, kund giebt, denn durch Worte konnte er Alles compromittiren.

Une femme de qualité a pour moi des charmes ravissants; et c'est un honneur que j'achèterais au prix de toutes
470 choses.

MADAME JOURDAIN, bas, à Nicole. Que peuvent-ils tant dire ensemble? va-t'en un peu tout doucement prêter l'oreille.

DORANTE. Ce sera tantôt que vous jouirez à votre aise du plaisir de sa vue; et vos yeux auront tout le temps de
475 se satisfaire.

M. JOURDAIN. Pour être en pleine liberté, j'ai fait en sorte que ma femme ira dîner chez ma sœur, où elle passera toute l'après-dînée.

DORANTE. Vous avez fait prudemment, et votre femme
480 aurait pu nous embarrasser. J'ai donné pour vous l'ordre qu'il faut au cuisinier, et à toutes les choses qui sont né-cessaires pour le ballet. Il est de mon invention; et, pour-vu que l'exécution puisse répondre à l'idée, je suis sûr qu'il sera trouvé ...

485   M. JOURDAIN, s'apercevant que Nicole écoute, et lui donnant un soufflet. Ouais! vous êtes bien impertinente! (à Dorante.) Sor-tons, s'il vous plaît.

SCÈNE VII.

MADAME JOURDAIN, NICOLE.

NICOLE. Ma foi, madame, la curiosité m'a coûté quelque chose; mais je crois qu'il y a quelque anguille sous
490 roche, et ils parlent de quelque affaire où ils ne veulent pas que vous soyez.

MADAME JOURDAIN. Ce n'est pas d'aujourd'hui, Nicole, que j'ai conçu des soupçons de mon mari. Je suis la plus trompée du monde, ou il y a quelque amour en campagne;
495 et je travaille à découvrir ce que ce peut être. Mais son-

---

481. *à toutes les choses* man sagt nicht *d. l'o. à u. ch.*, das *à* kommt wohl von *au cuisinier* her.

489. Sprichwort; *anguille*, Diminutiv von *anguis, anguille de haie*, Zaunschlange, das lat. Sprichwort: *Latet anguis sub herba*, es steckt etwas dahinter. Das Wenige, was Madame Jourdain erlauscht hat, genügt, ihren Verdacht zu erregen und motivirt ihr späteres plötzliches Zuhausekommen.

geons à ma fille. Tu sais l'amour que Cléonte a pour elle: c'est un homme qui me revient; et je veux aider sa recherche, et lui donner Lucile, si je puis.

NICOLE. En vérité, madame, je suis la plus ravie du monde de vous voir dans ces sentiments; car si le maître 500 vous revient, le valet ne me revient pas moins, et je souhaiterais que notre mariage se pût faire à l'ombre du leur,

MADAME JOURDAIN. Va-t'en lui parler de ma part, et lui dire que tout à l'heure il me vienne trouver, pour faire ensemble, à mon mari, la demande de ma fille. 505

NICOLE. J'y cours, madame, avec joie, et je ne pouvais recevoir une commission plus agréable. (Seule.) Je vais, je pense, bien réjouir les gens.

SCÈNE VIII.

CLÉONTE, COVIELLE, NICOLE.

NICOLE, à Cléonte. Ah! vous voilà tout à propos! Je suis une ambassadrice de joie, et je viens ... 510

CLÉONTE. Retire-toi, perfide, et ne me viens point amuser avec tes traîtresses paroles.

NICOLE. Est-ce ainsi que vous recevez ...

CLÉONTE. Retire-toi, te dis-je, et va-t'en dire, de ce pas, à ton infidèle maîtresse qu'elle n'abusera de sa vie le 515 trop simple Cléonte.

NICOLE. Quel vertigo est-ce donc là? Mon pauvre Covielle, dis-moi un peu ce que cela veut dire.

COVIELLE. Ton pauvre Covielle, petite scélérate! Allons, vite, ôte-toi de mes yeux, vilaine, et me laisse en repos. 520

NICOLE. Quoi! tu me viens aussi ...

---

497. *recherche*, Heirathsbewerbung.

510. *ambassadrice de joie* klingt im Munde der Nicole, die *biaux* und *carriaux* sagt, sonderbar.

512. *amuser*, aufhalten; sehr häufig so. Wolf und Baudissin haben täuschen, meine Uebersetzung stimmt zu: *retire-toi.*

517. *vertigo*, die lateinische Form kommt öfter vor, auch im Plur. und bedeutet so viel wie Koller, Narrheit.

COVIELLE. Ote-toi de mes yeux, te dis-je, et ne me parle pas de ta vie.

NICOLE, à part. Ouais! Quelle mouche les a piqués tous 525 deux? Allons de cette belle histoire informer ma maîtresse.

SCÈNE IX.

CLÉONTE, COVIELLE.

CLÉONTE. Quoi! traiter un amant de la sorte, et un amant le plus fidèle et le plus passionné de tous les amants!

COVIELLE. C'est une chose épouvantable que ce qu'on nous fait à tous deux.

530 CLÉONTE. Je fais voir pour une personne toute l'ardeur et toute la tendresse qu'on peut imaginer; je n'aime rien au monde qu'elle, et je n'ai qu'elle dans l'esprit; elle fait tous mes soins, tous mes désirs, toute ma joie: je ne parle que d'elle, je ne parle qu'à elle, je ne fais des songes que 535 d'elle, je ne respire que par elle, mon cœur vit tout en elle; et voilà de tant d'amitié la digne récompense! Je suis deux jours sans la voir, qui sont pour moi deux siècles effroyables: je la rencontre par hasard; mon cœur, à cette vue, se sent tout transporté, ma joie éclate sur mon visage, 540 je vole avec ravissement vers elle, et l'infidèle détourne de moi ses regards, et passe brusquement, comme si de sa vie elle ne m'avait vu.

COVIELLE. Je dis les mêmes choses que vous.

CLÉONTE. Peut-on rien voir d'égal, Covielle, à cette 545 perfidie de l'ingrate Lucile?

COVIELLE. Et à celle, monsieur, de la pendarde de Nicole?

CLÉONTE. Après tant de sacrifices ardents, de soupirs et de vœux que j'ai faits à ses charmes!

550 COVIELLE. Après tant d'assidus hommages, de soins et de services que je lui ai rendus dans sa cuisine!

CLÉONTE. Tant de larmes que j'ai versées à ses genoux!

---

524. *quelle mouche te pique*, was ärgert Dich? sprich-wörtlich. Italienisch *La mosca vi salta al naso. La mouche vous saute au nez.*

5

COVIELLE. Tant de seaux d'eau que j'ai tirés au puits pour elle!

CLÉONTE. Tant d'ardeur que j'ai fait paraître à la 555 chérir plus que moi-même!

COVIELLE. Tant de chaleur que j'ai soufferte à tourner la broche à sa place!

CLÉONTE. Elle me fuit avec mépris!

COVIELLE. Elle me tourne le dos avec effronterie. 560

CLÉONTE. C'est une perfidie digne des plus grands châtiments.

COVIELLE. C'est une trahison à mériter mille soufflets.

CLÉONTE. Ne t'avise point, je te prie, de me parler jamais pour elle. 565

COVIELLE. Moi, monsieur? Dieu m'en garde!

CLÉONTE. Ne viens point m'excuser l'action de cette infidèle.

COVIELLE. N'ayez pas peur.

CLÉONTE. Non, vois-tu, tous tes discours pour la dé- 570 fendre ne serviront de rien.

COVIELLE. Qui songe à cela?

CLÉONTE. Je veux contre elle conserver mon ressen- timent, et rompre ensemble tout commerce.

COVIELLE. J'y consens. 575

CLÉONTE. Ce monsieur le comte qui va chez elle lui donne peut-être dans la vue, et son esprit, je le vois bien, se laisse éblouir à la qualité. Mais il me faut, pour mon honneur, prévenir l'éclat de son inconstance. Je veux faire autant de pas qu'elle au changement où je la vois 580 courir, et ne lui laisser pas toute la gloire de me quitter.

COVIELLE. C'est fort bien dit, et j'entre, pour mon compte, dans tous vos sentiments.

CLÉONTE. Donne la main à mon dépit, et soutiens ma résolution contre tous les restes d'amour qui me pour- 585 raient parler pour elle. Dis-m'en, je t'en conjure, tout le mal que tu pourras. Fais-moi de sa personne une peinture qui me la rende méprisable, et marque-moi bien, pour m'en dégoûter, tous les défauts que tu peux voir en elle.

---

580. *courir au changement*, nicht mehr gebräuchl., sich in eine andre Richtung stürzen.

Le Bourgeois gentilhomme.

590 COVIELLE. Elle, monsieur? voilà une belle mijaurée, une pimpesouée bien bâtie, pour vous donner tant d'amour! Je ne lui vois rien que de très médiocre; et vous trouverez cent personnes qui seront plus dignes de vous. Première-ment, elle a les yeux petits.

595 CLÉONTE. Cela est vrai, elle a les yeux petits; mais elle les a pleins de feu, les plus brillants, les plus perçants du monde, les plus touchants qu'on puisse voir.

COVIELLE. Elle a la bouche grande.

CLÉONTE. Oui; mais on y voit des grâces qu'on ne 600 voit point aux autres bouches; et cette bouche, en la voyant, inspire des désirs, est la plus attrayante, la plus amoureuse du monde.

COVIELLE. Pour sa taille, elle n'est pas grande.

CLÉONTE. Non; mais elle est aisée et bien prise.

605 COVIELLE. Elle affecte une nonchalance dans son parler et dans ses actions.

CLÉONTE. Il est vrai; mais elle a grâce à tout cela; et ses manières sont engageantes, ont je ne sais quel charme à s'insinuer dans les cœurs.

610 COVIELLE, Pour de l'esprit...

CLÉONTE. Ah! elle en a, Covielle, du plus fin, du plus délicat.

COVIELLE. Sa conversation...

CLÉONTE. Sa conversation est charmante.

615 COVIELLE. Elle est toujours sérieuse.

CLÉONTE. Veux-tu de ces enjouements épanouis, de ces joies toujours ouvertes? Et vois-tu rien de plus imper-nent que des femmes qui rient à tout propos?

---

590. *mijaurée*, von Weibern, die zart und vornehm thun. Ableitung mir unbekannt.

591. *pimpesouée*, von gleicher Bedeutung, vielleicht von *pimper*, sich schmücken, sich zieren, *pimpant* ist familiair noch geblieben, und von *souef*, *souefve*, angenehm, *suavis*, süss.

600. *grâce à* für *dans*, ausgiebiger Gebrauch von *à* bei Mol.

616. Verlangst Du jene herausplatzende Lustigkeit, jene immer laute Freude? Kennst Du etwas Wider-wärtigeres, als Weiber, die bei jeder Gelegenheit lachen?

COVIELLE. Mais, enfin, elle est capricieuse autant que personne du monde.   620

CLÉONTE. Oui, elle est capricieuse, j'en demeure d'accord; mais tout sied bien aux belles; on souffre tout des belles.

COVIELLE. Puisque cela va comme cela, je vois bien que vous avez envie de l'aimer toujours.   625

CLÉONTE. Moi? j'aimerais mieux mourir; et je vais la haïr autant que je l'ai aimée.

COVIELLE. Le moyen, si vous la trouvez si parfaite?

CLÉONTE. C'est en quoi ma vengeance sera plus éclatante, en quoi je veux faire mieux voir la force de mon 630 cœur, à la haïr, à la quitter, toute belle, toute pleine d'attraits, tout aimable que je la trouve. La voici.

SCÈNE X.

LUCILE, CLÉONTE, COVIELLE, NICOLE.

NICOLE, à Lucile. Pour moi, j'en ai été toute scandalisée.

LUCILE. Ce ne peut être, Nicole, que ce que je te dis. Mais le voilà.   645

CLÉONTE, à Covielle. Je ne veux pas seulement lui parler.

COVIELLE. Je veux vous imiter.

LUCILE. Qu'est-ce donc, Cléonte? qu'avez-vous?

NICOLE. Qu'as-tu donc, Covielle?

LUCILE. Quel chagrin vous possède?   650

NICOLE. Quelle mauvaise humeur te tient?

LUCILE. Êtes-vous muet, Cléonte?

NICOLE. As-tu perdu la parole, Covielle?

CLÉONTE. Que voilà qui est scélérat!

COVIELLE. Que cela est Judas!   655

---

621. Die Schwäche eines sich geheilt glaubenden Liebenden, der bei jedem nachtheiligen Worte über seine Geliebte in ein begeistertes Lob derselben ausbricht, ist hier eben so comisch wie rührend gemalt. Molière zeichnete hier seine eigne reizende Frau, die die Rolle der Lucile spielte, wie sie war, oder wenigstens wie er sie sah.

655. *que cela est Judas; être traître comme Judas, être damné comme Judas, un baiser de Judas* sind sprichwörtliche Redensarten, die keiner Erklärung bedürfen.

LUCILE. Je vois bien que la rencontre de tantôt a troublé votre esprit.

CLÉONTE, à Covielle. Ah! ah! On voit ce qu'on a fait.

NICOLE. Notre accueil de ce matin t'a fait prendre
660 la chèvre.

COVIELLE, à Cléonte. On a deviné l'enclouûre.

LUCILE. N'est-il pas vrai, Cléonte, que c'est là le sujet de votre dépit?

CLÉONTE. Oui, perfide, ce l'est, puisqu'il faut parler;
665 et j'ai à vous dire que vous ne triompherez pas, comme vous pensez, de votre infidélité; que je veux être le premier à rompre avec vous, et que vous n'aurez pas l'avantage de me chasser. J'aurai de la peine, sans doute, à vaincre l'amour que j'ai pour vous; cela me causera des chagrins,
670 je souffrirai un temps; mais j'en viendrai à bout, et je me percerai plutôt le cœur, que d'avoir la faiblesse de retourner à vous.

COVIELLE, à Nicole. Queussi, queumi.

LUCILE. Voilà bien du bruit pour un rien! Je veux
675 vous dire, Cléonte, le sujet qui m'a fait ce matin éviter votre abord.

CLÉONTE, voulant s'en aller pour éviter Lucile. Non, je ne veux rien écouter.

NICOLE, à Covielle. Je te veux apprendre la cause qui
680 nous a fait passer si vite.

COVIELLE, voulant aussi s'en aller pour éviter Nicole. Je ne veux rien entendre.

---

660. *prendre la chèvre,* böse, ungeduldig werden; da die Ziege ein capriciöses Thier ist, so bedeutet der Ausdruck so viel, als: sich wie sie geberden, sich auf die Hinterbeine stellen.

661. *l'enclouûre,* der in der Lustspielsprache geläufige Ausdruck.kommt von der Wunde her, die man beim Beschlagen eines Hufes (*enclouer*) dem Pferde macht; da man, wenn darauf das Pferd hinkt, die Wunde nicht gleich findet, so muss man sie errathen, cf. *Et.* II. 3.
> *De l'argent dites vous, c'est donc l'enclouûre?*
> *Voilà le nœud secret de toute l'aventure.*
Man hat gemerkt, wo es hapert.

673. *queussi, queumi,* von unbekannter Abstammung, noch jetzt in der Umgegend von Paris gebräuchlich; das ist mir Wurst, egal; *je pense que ce sera queussi queumi.*

LUCILE, suivant Cléonte. Sachez que ce matin ...

CLÉONTE, marchant toujours sans regarder Lucile. Non, vous
dis-je. 685

NICOLE, suivant Covielle. Apprends que ...

COVIELLE. marchant aussi sans regarder Nicole. Non, traîtresse!

LUCILE. Écoutez.

CLÉONTE. Point d'affaire.

NICOLE. Laisse-moi dire. 690

COVIELLE. Je suis sourd.

LUCILE. Cléonte!

CLÉONTE. Non.

NICOLE. Covielle!

COVIELLE. Point. 695

LUCILE. Arrêtez.

CLÉONTE. Chansons!

NICOLE. Entends-moi.

COVIELLE. Bagatelle!

LUCILE. Un moment. 700

CLÉONTE. Point du tout.

NICOLE. Un peu de patience.

COVIELLE. Tarare.

LUCILE. Deux paroles.

CLÉONTE. Non: c'en est fait. 705

NICOLE. Un mot.

COVIELLE. Plus de commerce.

LUCILE, s'arrêtant. Hé bien! puisque vous ne voulez pas
m'écouter, demeurez dans votre pensée, et faites ce qu'il
vous plaira. 710

NICOLE, s'arrêtant aussi. Puisque tu fais comme cela, prends-
le tout comme tu voudras.

CLÉONTE, se tournant vers Lucile. Sachons donc le sujet d'un
si bel accueil.

---

689. *point d'affaire*, Ich will Nichts hören; cf. *Mis.*
I. 3, *point de langage*.

703. *tarare*, gleich unserm Larifari! cf. *Scaramouche:*
Tarare! suivez, j'y vais de ce pas.
(Jodelet Maître et Valet.)

707. *plus de commerce.* Ich will Nichts mit Dir zu
schaffen haben. *Mis.* I. 2. *plus de société.*

715   LUCILE, s'en allant à son tour pour éviter Cléonte. Il ne me plaît
plus de le dire.

COVIELLE, se tournant vers Nicole. Apprends-nous un peu
cette histoire.

NICOLE, s'en allant aussi pour éviter Covielle. Je ne veux plus,
720 moi, te l'apprendre.

CLÉONTE, suivant Lucile. Dites-moi ...

LUCILE, marchant toujours sans regarder Cléonte. Non, je ne veux
rien dire.

COVIELLE, suivant Nicole. Conte-moi...

72   NICOLE, marchant aussi sans regarder Covielle, Non je ne conte
rien.

CLÉONTE. De grâce.

LUCILE. Non, vous dis-je.

COVIELLE. Par charité.

730   NICOLE. Point d'affaire.

CLÉONTE. Je vous en prie.

LUCILE. Laissez-moi.

COVIELLE. Je t'en conjure.

NICOLE. Ote-toi de là.

735   CLÉONTE. Lucile!

LUCILE. Non.

COVIELLE. Nicole!

NICOLE. Point.

CLÉONTE. Au nom des dieux.

740   LUCILE. Je ne veux pas.

COVIELLE. Parle-moi.

NICOLE. Point du tout.

CLÉONTE. Éclaircissez mes doutes.

LUCILE. Non: Je n'en ferai rien.

745   COVIELLE. Guéris-moi l'esprit.

NICOLE. Non, il ne me plaît pas.

CLÉONTE. Hé bien! puisque vous vous souciez si peu
de me tirer de peine, et de vous justifier du traitement indigne que vous avez fait à ma flamme, vous me voyez,
750 ingrate, pour la dernière fois: et je vais, loin de vous,
mourir de douleur et d'amour.

COVIELLE, à Nicole. Et moi, je vais suivre ses pas.

LUCILE, à Cléonte, qui veut sortir. Cléonte!

NICOLE, à Covielle, qui suit son maître. Covielle!

CLÉONTE, s'arrêtant. Hé? 755
COVIELLE, s'arrêtant aussi. Plaît-il?
LUCILE. Où allez-vous?
CLÉONTE. Où je vous ai dit.
COVIELLE. Nous allons mourir.
LUCILE. Vous allez mourir, Cléonte? 760
CLÉONTE. Oui, cruelle, puisque vous le voulez.
LUCILE. Moi! je veux que vous mouriez!
CLÉONTE. Oui, vous le voulez.
LUCILE. Qui vous le dit?
CLÉONTE, s'approchant de Lucile. N'est-ce pas le vouloir, 765
que de ne vouloir pas éclaircir mes soupçons?

LUCILE. Est-ce ma faute? et, si vous aviez voulu m'é-
couter, ne vous aurais-je pas dit que l'aventure dont vous
vous plaignez a été causée ce matin par la présence d'une
vieille tante, qui veut à toute force que la seule approche 770
d'un homme déshonore une fille, qui perpétuellement nous
sermonne sur ce chapitre, et nous figure tous les hommes
comme des diables qu'il faut fuir?

NICOLE, à Covielle. Voilà le secret de l'affaire.
CLÉONTE. Ne me trompez-vous point, Lucile? 775
COVIELLE, à Nicole. Ne m'en donnes-tu point à garder?
LUCILE, à Cléonte. Il n'est rien de plus vrai.
NICOLE, à Covielle. C'est la chose comme elle est.
COVIELLE, à Cléonte. Nous rendrons-nous à cela?
CLÉONTE. Ah! Lucile, qu'avec un mot de votre bouche 780
vous savez apaiser de choses dans mon cœur, et que fa-
cilement on se laisse persuader aux personnes qu'on aime!

COVIELLE. Qu'on est aisément amadoué par ces di-
antres d'animaux-là!

---

776. *en donner à garder à qlq.*, Einem etwas weiss
machen.

782. *on se laisse persuader à.* Mol. hat *à* mit *laisser* häufig
bei *séduire, tromper* etc. für *par.*

783. *amadouer*, besänftigen, beschwatzen.

784. Mol. braucht *animal* oft von Weibern, cf. *Dép. am.* IX, 2:
> La femme est comme on dit, mon maître,
> Un certain animal difficile à connaître.

Auf diese Scene passt was Diderot an Grimm schreibt: „Molière ist unübertrefflich, er hat Scenen von vier bis fünf Personen,

SCÈNE XI.

Madame JOURDAIN, CLÉONTE, LUCILE, COVIELLE, NICOLE.

785   MADAME JOURDAIN. Je suis bien aise de vous voir, Cléonte, et vous voilà tout à propos. Mon mari vient; prenez vite votre temps pour lui demander Lucile en mariage.

CLÉONTE. Ah! madame, que cette parole m'est douce, 790 et qu'elle flatte mes désirs! Pouvais-je recevoir un ordre plus charmant, une faveur plus précieuse?

SCÈNE XII.

CLÉONTE, M. JOURDAIN, Madame JOURDAIN, LUCILE, COVIELLE, NICOLE.

CLÉONTE. Monsieur, je n'ai voulu prendre personne pour vous faire une demande que je médite il y a long-temps. Elle me touche assez pour m'en charger moi-même, 795 et, sans autre détour, je vous dirai que l'honneur d'être votre gendre est une faveur glorieuse que je vous prie de m'accorder.

M. JOURDAIN. Avant que de vous rendre réponse, monsieur, je vous prie de me dire si vous êtes gentilhomme.

---

die aus lauter einsilbigen Wörter bestehen, und in denen jede Person nur ein einziges Wort sagt, aber dieses Wort ist ihrem Character angemessen und bezeichnet ihn." Das stumme Spiel ist dabei sehr wichtig. Gros René und Marinette im *Dép. am.* IV. 4 sprechen nach ihrer Versöhnung in ähnlicher Weise:

GROS RENÉ: *Mon dieu, qu'à tes appas je suis accoquiné.*

MARINETTE: *Que Marinette est sotte après son Gros René.*

Die ganze Darstellung erinnert an die Duos und Quatuors der Oper Die Parodirung des Zanks und der Versöhnung der Herrschaft von Seiten der Diener ist ganz der spanischen Weise entsprechend und scheint ihr nachgeahmt zu sein. Die Märsche und Contremärsche, die paarweis mit vielen Gesticulationen ballettartig gemacht werden, sind etwas künstlich, amüsiren aber sehr, auch fehlt es nicht an psychologisch interessanteu und pikanten Zügen in dieser Scene.

CLÉONTE. Monsieur, la plupart des gens, sur cette 800
question, n'hésitent pas beaucoup; on tranche le mot aisément. Ce nom ne fait aucun scrupule à prendre, et l'usage
aujourd'hui semble en autoriser le vol. Pour moi, je vous
l'avoue, j'ai les sentiments, sur cette matière, un peu plus
délicats. Je trouve que toute imposture est indigne d'un 805
honnête homme, et qu'il y a de la lâcheté à déguiser ce
que le ciel nous a fait naître, à se parer aux yeux du
monde d'un titre dérobé, à se vouloir donner pour ce qu'on
n'est pas. Je suis né de parents, sans doute, qui ont tenu
des charges honorables; je me suis acquis, dans les armes, 810
l'honneur de six ans de service, et je me trouve assez de
bien pour tenir dans le monde un rang assez passable;
mais, avec tout cela, je ne veux point me donner un nom
où d'autres, en ma place, croiraient pouvoir prétendre; et
je vous dirai franchement que je ne suis point gentilhomme. 815

M. JOURDAIN. Touchez là, monsieur: ma fille n'est pas
pour vous.

CLÉONTE. Comment?

M. JOURDAIN. Vous n'êtes point gentilhomme: vous
n'aurez pas ma fille. 820

MADAME JOURDAIN. Que voulez-vous donc dire avec
votre gentilhomme? est-ce que nous sommes, nous autres,
de la côte de saint Louis?

M. JOURDAIN. Taisez-vous, ma femme; je vous vois
venir. 825

MADAME JOURDAIN. Descendons-nous tous deux que
de bonne bourgeoisie?

---

801. *On tranche le mot aisément,* darauf ist leicht zu
antworten. Diese Rede Cléonte's über die falschen Adligen
pflegte und pflegt vom Publicum stark beklatscht zu werden.

815. *je ne suis point gentilhomme.* Dies offene Geständniss, das Cléonte macht, obgleich er ahnt, dass es ihm schadet,
gewinnt ihm die Herzen der Zuhörer.

816. Dies *touchez-là*, das eine zustimmende Antwort erwarten lässt, dem aber eine verneinende folgt, macht einen sehr
comischen Eindruck, es ist sprichwörtlich für eine abschlägige
Antwort geworden.

823. Das Wort *côte* deutet auf Adams Rippe hin, aus der
Eva entsprang; sprichwörtlich: Sind wir von so hohem Adel?

M. JOURDAIN. Voilà pas le coup de langue?

MADAME JOURDAIN. Et votre père n'était-il pas mar-
830 chand aussi bien que le mien?

M. JOURDAIN. Peste soit de la femme, elle n'y a jamais
manqué. Si votre père a été marchand, tant pis pour lui;
mais pour le mien, ce sont des malavisés qui disent cela.
Tout ce que j'ai à vous dire, moi, c'est que je veux avoir
835 un gendre gentilhomme.

MADAME JOURDAIN. Il faut à votre fille un mari qui
lui soit propre; et il vaut mieux, pour elle, un honnête
homme riche et bien fait, qu'un gentilhomme gueux et
mal bâti.

840 NICOLE. Cela est vrai: nous avons le fils du gentilhomme de notre village, qui est le plus grand malitorne
et le plus sot dadais que j'aie jamais vu.

M. JOURDAIN, à Nicole. Taisez-vous, impertinente; vous
vous fourrez toujours dans la conversation. J'ai du bien
845 assez pour ma fille; je n'ai besoin que d'honneurs, et je la
veux faire marquise.

MADAME JOURDAIN. Marquise?

M. JOURDAIN. Oui, marquise.

MADAME JOURDAIN. Hélas! Dieu m'en garde!

850 M. JOURDAIN. C'est une chose que j'ai résolue.

MADAME JOURDAIN. C'est une chose, moi, où je ne
consentirai point. Les alliances avec plus grand que soi
sont sujettes toujours à de fâcheux inconvénients. Je ne
veux point qu'un gendre puisse à ma fille reprocher ses
855 parents, et qu'elle ait des enfants qui aient honte de m'appeler leur grand'maman. S'il fallait qu'elle me vînt visiter

---

828. Ha, die Lästerzunge!
    Un coup de langue est du méchant
    L'arme qu'à bon droit on déteste; sprichwörtlich.
841. *malitorne* von *male tornatus*, tölpelhaft.
    Et male tornatos incudi reddere versus.
                    (Horaz, Epist. an die Pisonen.)
    842. *dadais* ein alberner Mensch, von *dada*, kindlicher
Ausdruck, Engl. *to dade a child*, einem Kinde das Gehen
beibringen; *dadée*, altfr. Kinderei; man leitet auch *dandiner*,
das durch Nasalisirung entstanden sein soll, davon ab.

en équipage de grande dame, et qu'elle manquât, par mé-
garde, à saluer quelqu'un du quartier, on ne manquerait
pas aussitôt de dire cent sottises. Voyez-vous, dirait-on,
cette madame la marquise qui fait tant la glorieuse? c'est 860
la fille de M. Jourdain, qui était trop heureuse, étant pé-
tite, de jouer à la madame avec nous. Elle n'a pas toujours été si relevée que la voilà, et ses deux grands-pères
vendaient du drap auprès de la porte Saint-Innocent.   Ils
ont amassé du bien' à leurs enfants, qu'ils paient mainte- 865
nant peut-être bien cher en l'autre monde; et l'on ne de-
vient guère si riche à être honnêtes gens.   Je ne veux
point tous ces caquets, et je veux un homme, en un mot,
qui m'ait obligation de ma fille, et à qui je puisse dire:
Mettez-vous là, mon gendre, et dînez avec moi.   870

M. JOURDAIN.   Voilà bien les sentiments d'un petit
esprit, de vouloir demeurer toujours dans la bassesse. Ne
me répliquez pas davantage: ma fille sera marquise, en
dépit de tout le monde; et si vous me mettez en colère,
je la ferai duchesse.   875

SCÈNE XIII.

Madame JOURDAIN, LUCILE, CLÉONTE, NICOLE,
COVIELLE.

MADAME JOURDAIN.   Cléonte, ne perdez point courage
encore. (A Lucile.) Suivez-moi, ma fille, et venez dire résolument à votre père que si vous ne l'avez, vous ne voulez
épouser personne.

---

857. *en équipage de grande dame*, in vornehmem
Staat.

862. *jouer à la madame*, wenn kleine Mädchen grosse
Damen spielen und sich unter Complimenten besuchen.

864. Die *Porte Saint-Innocent* müsste heissen *la porte des
Saints Innocents*, das Thor zum berühmten Kirchhof, wo jetzt die
Halle liegt, es war kein Stadtthor, wie etwa die *Porte St. Martin*
und *St. Honoré.*

870. Im zweiten Theile des *Don Quichote* Cap. V: *De la discreta
y graciosa platica que pasó entre Sancho Pansa y su mujer Teresa
Pansa* läuft die Unterhaltung auf Aehnliches hinaus. Sancho, der
die Aussicht hat, Gouverneur einer Insel zu werden, will seine

SCÈNE XIV.

CLÉONTE, COVIELLE.

880   COVIELLE. Vous avez fait de belles affaires, avec vos beaux sentiments!

CLÉONTE. Que veux-tu? j'ai un scrupule là-dessus que l'exemple ne saurait vaincre.

COVIELLE. Vous moquez-vous de le prendre sérieuse-
885 ment avec un homme comme cela? Ne voyez-vous pas qu'il est fou? et vous coûtait-il quelque chose de vous accommoder à ses chimères?

CLÉONTE. Tu as raison; mais je ne croyais pas qu'il fallût faire ses preuves de noblesse pour être gendre de
890 M. Jourdain.

COVIELLE, riant. Ah! ah! ah!

CLÉONTE. De quoi ris-tu?

COVIELLE. D'une pensée qui me vient pour jouer notre homme, et vous faire obtenir ce que vous souhaitez.

895   CLÉONTE. Comment?

COVIELLE. L'idée est tout-à-fait plaisante.

CLÉONTE. Quoi donc?

COVIELLE. Il s'est fait depuis peu une certaine mascarade qui vient le mieux du monde ici, et que je prétends
900 faire entrer dans une bourle que je veux faire à notre ri-

---

Tochter an einen grossen Herrn verheirathen. Teresa bekämpft dieses Project mit ähnlichen Worten wie Mad. Jourdain; sie zeigt, zū welchen Demüthigungen solche Misheirathen führen und malt dagegen das Glück einer passenden Heirath aus. Die Stelle war wahrscheinlich dem Mol. bekannt.

884. Sie sind ein Thor, es mit einem solchen Menschen ernsthaft zu nehmen; *vous vous moquez* oft in diesem Sinne: Covielle hat Recht, aber Cléonte bleibt seinem Character treu, er musste erst eine positive Verweigerung erhalten, ehe er sich zur späteren Mystification entschloss.

889. Die uns hier ganz passend kommt. Es hatte vor Kurzem in der Stadt eine Maskerade stattgefunden, die er hier wieder aufführen lassen will.

900. *bourle* und nicht *bourde* steht in der Originalausgabe, es ist das richtige Wort, ital. *burla*, Scherz, Fopperei, *bur-*

dicule. Tout cela sent un peu sa comédie; mais, avec
lui, on peut hasarder toute chose; il n'y faut point chercher
tant de façons, et il est homme à y jouer son rôle à merveille, à donner aisément dans toutes les fariboles qu'on
s'avisera de lui dire. J'ai les acteurs, j'ai les habits tout 905
prêts; laissez·moi faire seulement.

CLÉONTE. Mais apprends-moi . . .

COVIELLE. Je vais vous instruire de tout. Retirons-
nous; le voilà qui revient.

SCÈNE XV.

M. JOURDAIN, seul.

Que diable est-ce là? Ils n'ont rien que les grands 910
seigneurs à me reprocher, et moi je ne vois rien de si
beau que de hanter les grands seigneurs; il n'y a qu'honneur et que civilité avec eux, et je voudrais qu'il m'eût
coûté deux doigts de la main, et être né comte ou marquis.

SCENE XVI.

M. JOURDAIN, UN LAQUAIS.

LE LAQUAIS. Monsieur, voici monsieur le comte, et 915
une dame qu'il mène par la main.

M. JOURDAIN. Hé! mon Dieu! j'ai quelques ordres à
donner. Dis-leur que je vais venir ici tout à l'heure.

SCENE XVII.

DORIMÈNE, DORANTE, UN LAQUAIS.

LE LAQUAIS. Monsieur dit comme cela qu'il va venir
ici tout à l'heure.   920

DORANTE. Voilà qui est bien.

---

lesque kommt davon her, es ist veraltet; *bourde*, Lüge, Aus-
flucht, das in vielen Ausgaben steht, passt weniger.

904. *fariboles*, Dummheiten, Possen, öfter bei Mol.:
*Allez, vous devriez envoyer promener tous ces gens là avec leurs fa-
riboles.* Covielle meint mit Recht: *tout cela sent un peu sa
comédie.*

SCÈNE XVIII.

DORIMÈNE, DORANTE.

DORIMÈNE. Je ne sais pas, Dorante; je fais encore ici une étrange démarche, de me laisser amener par vous dans une maison où je ne connais personne.

925   DORANTE. Quel lieu voulez-vous donc, madame, que mon amour choisisse pour vous régaler, puisque, pour fuir l'éclat, vous ne voulez ni votre maison, ni la mienne?

DORIMÈNE. Mais vous ne dites pas que je m'engage insensiblement chaque jour à recevoir de trop grands té-
930 moignages de votre passion. J'ai beau me défendre des choses, vous fatiguez ma résistance, et vous avez une civile opiniâtreté, qui me fait venir doucement à tout ce qu'il vous plaît. Les visites fréquentes ont commencé, les déclarations sont venues ensuite, qui, après elles, ont traîné les
935 sérénades et les cadeaux, que les présents ont suivis. Je me suis opposée à tout cela; mais vous ne vous rebutez point, et pied à pied vous gagnez mes résolutions. Pour moi, je ne puis plus répondre de rien, et je crois qu'à la fin vous me ferez venir au mariage, dont je me suis tant
940 éloignée.

DORANTE. Ma foi, madame, vous y devriez déjà être: vous êtes veuve, et ne dépendez que de vous; je suis maître de moi, et vous aime plus que ma vie: à quoi tient-il que, dès aujourd'hui, vous ne fassiez tout mon bonheur?

945   DORIMÈNE. Mon Dieu! Dorante, il faut des deux parts bien des qualités pour vivre heureusement ensemble, et les deux plus raisonnables personnes du monde ont souvent peine à composer une union dont ils soient satisfaits.

---

926. *régaler*, eine Fête geben. Wolf übersetzt unpassend huldigen.

936. *Vous ne vous rebutez point* etc. Sie lassen sich nicht irre machen und bringen mich nach und nach von meinen Entschlüssen ab.´ Der Ausdruck ist etwas gesucht.

948. *composer une union*, pleonastisch: *former* wäre entsprechender.

DORANTE. Vous vous moquez, madame, de vous y figurer tant de difficultés; et l'expérience que vous avez 950 faite ne conclut rien pour tous les autres.

DORIMÈNE. Enfin, j'en reviens toujours là; les dépenses que je vous vois faire pour moi m'inquiètent par deux raisons: l'une, qu'elles m'engagent plus que je ne voudrais; et l'autre, que je suis sûre, sans vous déplaire, que vous 955 ne les faites point que vous ne vous incommodiez; et je ne veux point cela.

DORANTE. Ah! madame, ce sont des bagatelles, et ce n'est pas par là . . .

DORIMÈNE. Je sais ce que je dis, et, entre autres, le 960 diamant que vous m'avez forcée à prendre est d'un prix...

DORANTE. Hé! madame, de grâce, ne faites point tant valoir une chose que mon amour trouve indigne de vous, et souffrez. . . Voici le maître du logis.

SCÈNE XIX.

M. JOURDAIN, DORIMÈNE, DORANTE.

M. JOURDAIN, après avoir fait deux révérences, se trouvant trop 965 près de Dorimène. Un peu plus loin, madame.

DORIMÈNE. Comment?

M. JOURDAIN. Un pas, s'il vous plaît.

DORIMÈNE. Quoi donc?

M. JOURDAIN. Reculez un peu, pour la troisième. 970

DORANTE. Madame, monsieur Jourdain sait son monde.

M. JOURDAIN. Madame, ce m'est une gloire bien grande, de me voir assez fortuné, pour être si heureux, que d'avoir le bonheur, que vous ayez eu la bonté de m'accorder la grâce, de me faire l'honneur de m'honorer de la faveur 975 de votre présence; et, si j'avais aussi le mérite pour mériter un mérite comme le vôtre, et que le ciel . . . envieux de mon bien . . . m'eût accordé . . . l'avantage de me voir digne . . . des . . .

---

960. Die Scene ist dazu bestimmt, zu zeigen, dass Dorimène mit Dorante's Schurkerei nichts zu schaffen hat.

971. *sait son monde*, besitzt Lebensart; *on n'y sait pas du tout son monde, avoir du monde, l'esprit du monde.*

980   DORANTE. Monsieur Jourdain, en voilà assez. Madame
n'aime pas les grands compliments, et elle sait que vous
êtes homme d'esprit. (Bas à Dorimène.) C'est un bon bourgeois assez ridicule, comme vous voyez, dans toutes ses
manières.

985   DORIMÈNE, bas, à Dorante. Il n'est pas malaisé de s'en
apercevoir.

DORANTE. Madame, voilà le meilleur de mes amis.

M. JOURDAIN. C'est trop d'honneur que vous me faites.

DORANTE. Galant homme tout-à-fait.

990   DORIMÈNE. J'ai beaucoup d'estime pour lui.

M. JOURDAIN. Je n'ai rien fait encore, madame, pour
mériter cette grâce.

DORANTE, bas, à M. Jourdain. Prenez bien garde, au
moins, à ne lui point parler du diamant que vous lui avez
995 donné.

M. JOURDAIN, bas, à Dorante. Ne pourrais-je pas seulement lui demander comment elle le trouve?

DORANTE, bas, à M. Jourdain. Comment! gardez-vous-en
bien! cela serait vilain à vous; et, pour agir en galant
1000 homme, il faut que vous fassiez comme si ce n'était pas
vous qui lui eussiez fait ce présent. (Haut.) M. Jourdain,
madame, dit qu'il est ravi de vous voir chez lui.

DORIMÈNE. Il m'honore beaucoup.

M. JOURDAIN, bas, à Dorante. Que je vous suis obligé,
1005 monsieur, de lui parler ainsi pour moi!

DORANTE, bas, à M. Jourdain. J'ai eu une peine effroyable
à la faire venir ici.

M. JOURDAIN, bas, à Dorante. Je ne sais quelles grâces
vous en rendre.

1010   DORANTE. Il dit, madame, qu'il vous trouve la plus
belle personne du monde.

DORIMÈNE. C'est bien de la grâce qu'il me fait.

---

980. Eine Scene im *Turcaret* von *Le Sage* (1709) ist dieser nachgebildet, auch hier verwickelt sich der Held des Stückes in Complimenten und wird gebeten damit aufzuhören.

1012. *c'est bien de la grâce qu'il me fait*, er ist sehr
gütig. Jourdain antwortet mit *grâces* im Pluriel, der sich öfter
bei Mol. findet: *c'est trop de grâces, Monsieur, que vous me faites.*

M. JOURDAIN. Madame, c'est vous qui faites les grâces, et . . .

DORANTE. Songeons à manger. 1015

SCÈNE XX.

M. JOURDAIN, DORIMÈNE, DORANTE, UN LAQUAIS.

LE LAQUAIS, à M. Jourdain. Tout est prêt, monsieur.

DORANTE. Allons donc nous mettre à table, et qu'on fasse venir les musiciens.

SCÈNE XXI.

ENTRÉE DE BALLET.

Six cuisiniers, qui ont préparé le festin, dansent ensemble, et font le troisième intermède; après quoi ils apportent 1020 une table couverte de plusieurs mets.

ACTE QUATRIÈME.

SCÈNE I.

DORIMÈNE, M. JOURDAIN, DORANTE, TROIS MUSICIENS, UN LAQUAIS.

DORIMÈNE. Comment! Dorante? voilà un repas tout-à fait magnifique!

M. JOURDAIN. Vous vous moquez, madame, et je voudrais qu'il fût plus digne de vous être offert. 1025

(Dorimène, M. Jourdain, Dorante et les trois musiciens se mettent à table.)

1015. Dorante zeigt in dieser Scene, wo Jourdain in jedem Augenblick damit herausplatzen kann, dass der Diamant von ihm komme, viel Gewandtheit und Geistesgegenwart und bietet das Bild eines vornehmen, feinen Roué dar.

1019. Die tanzenden Köche sind ebenso possenhaft wie die tanzenden Schneider, aber hier kam es darauf an, ein Tanz-

5 DORANTE. Monsieur Jourdain a raison, madame, de parler de la sorte; et il m'oblige de vous faire si bien les honneurs de chez lui. Je demeure d'accord avec lui que le repas n'est pas digne de vous. Comme c'est moi qui l'ai ordonné, et que je n'ai pas sur cette matière les lumières 10 de nos amis, vous n'avez pas ici un repas fort savant, et vous y trouverez des incongruités de bonne chère, et des barbarismes de bon goût. Si Damis s'en était mêlé, tout serait dans les règles; il y aurait partout de l'élégance et de l'érudition, et il ne manquerait pas de vous exagérer 15 lui-même toutes les pièces du repas qu'il vous donnerait, et de vous faire tomber d'accord de sa haute capacité dans la science des bons morceaux; de vous parler d'un pain de rive à biseau doré, relevé de croûte partout, croquant tendrement sous la dent; d'un vin à sève veloutée, armé 20 d'un vert qui n'est point trop commandant; d'un carré de mouton gourmandé de persil; d'une longe de veau de ri- vière, longue comme cela, blanche, délicate, et qui, sous- les dents, est une vraie pâte d'amande; de perdrix relevées

---

Intermède zu finden, als Vorspiel für die Posse, mit der das Stück schliesslich endet.

  6. *il m'oblige de* etc. Er erweist mir einen Dienst damit, dass er u. s. w. Häufig so; cf.: *Obliges moi de n'en rien dire*, Laf. *Fab.* III. 6. Thun Sie mir den Gefallen, Nichts davon zu sagen.

  11. *incongruités de bonne chère et barbarismes de bon goût, de* muss hier mit gegen übersetzt werden: Ver- stösse gegen die Esskunst etc.; nach heutiger Ausdrucks- weise hiesse *barbarismes de bon goût* geschmackvolle Barbarismen.

  17. *pain de rive* etc., ein Brod, das, ohne mit den anderen Broden in Berührung gekommen zu sein, am Rande des Ofens geröstet ist und eine goldbraune Kruste hat.

  19. *un vin* etc., ein Wein von milder Kraft und Schärfe. *sève* und *velouté* (von *velours*) sind technische Aus- drücke der Oinologie.

  21. *gourmandé* gespickt.

  21. *une longe de veau* etc., ein Nierenbraten von einem in der Normandie auf den wässerigen Uferwiesen aufgefütterten Kalbe.

  23. *perdrix* etc., Rebhühner, die durch die beige- gebene Sauce einen erstaunlichen Duft bekommen haben.

d'un fumet surprenant; et pour son opéra, d'une soupe à bouillon perlé, soutenue d'un jeune gros dindon cantonné 25 de pigeonneaux, et couronné d'oignons blancs mariés avec la chicorée. Mais, pour moi, je vous avoue mon ignorance; et, comme monsieur Jourdain a fort bien dit, je voudrais que le repas fût plus digne de vous être offert.

DORIMÈNE. Je ne réponds à ce compliment qu'en man- 30 geant comme je fais.

M. JOURDAIN. Ah! que voilà de belles mains!

DORIMÈNE. Les mains sont médiocres, monsieur Jour- dain; mais vous voulez parler du diamant, qui est fort beau.

M. JOURDAIN. Moi, madame, Dieu me garde d'en 35 vouloir parler! ce ne serait pas agir en galant homme; et le diamant est fort peu de chose.

DORIMÈNE. Vous êtes bien dégoûté.

M. JOURDAIN. Vous avez trop de bonté . . .

DORANTE, après avoir fait signe à M. Jourdain. Allons, qu'on 40 donne du vin à monsieur Jourdain et à ces messieurs, qui nous feront la grâce de nous chanter un air à boire.

DORIMÈNE. C'est merveilleusement assaisonner la bonne chère, que d'y mêler la musique; et je me vois ici admi- rablement régalée.   45

M. JOURDAIN. Madame, ce n'est pas . . .

DORANTE. Monsieur Jourdain, prêtons silence à ces messieurs; ce qu'ils nous diront vaudra mieux que tout ce que nous pourrions dire.

---

24. *opéra*, aus dem Ital. entlehnt *(capo d'opera).* Das Hauptstück, *l'oeuvre capitale.*

24. *soupe* etc., eine Suppe, auf der die Fettaugen einer Perlensaat gleichen.

25. *cantonné* etc., an den vier Ecken habend (aus der Heraldik), ein mit vier kleinen Tauben flankirter Trut- hahn, bekränzt mit weissen Zwiebeln, zu denen Zicho- rien (Endivien) gemischt sind. Diese culinarischen Details sind eines Brillat-Savarin würdig. Die gastronomische Nomenclatur hatte einen satirischen Zweck. Dorante ist hier ein Repräsentant der parasitischen Feinschmecker, die in de Villiers Lustspiel *Les Costeaux ou les Marquis friands* (1665) durchgehechelt werden. Vergl. *Mis.* II. 5 *Le jeune Cléon* etc. und siehe *Contemporains de Mol.* von E. Fournel I. p. 338.

45. *régalée* bewirthet.

6*

PREMIER ET SECOND MUSICIENS ENSEMBLE, un verre à la main.

50
Un petit doigt, Philis, pour commencer le tour:
Ah! qu'un verre en vos mains a d'agréables charmes!
Vous et le vin vous vous prêtez des armes,
Et je sens pour tous deux redoubler mon amour;
Entre lui, vous et moi, jurons, jurons, ma belle,
55
Une ardeur éternelle.

Qu'en mouillant votre bouche il en reçoit d'attraits!
Et que l'on voit par lui votre bouche embellie!
Ah! l'un de l'autre ils me donnent envie,
60
Et de vous et de lui je m'enivre à longs traits.
Entre lui, vous et moi, jurons, jurons, ma belle,
Une ardeur éternelle.

SECOND ET TROISIÈME MUSICIENS ENSEMBLE.

Buvons, chers amis, buvons,
Le temps qui fuit nous y convie:
Profitons de la vie
65
Autant que nous pouvons.

Quand on a passé l'onde noire,
Adieu le bon vin, nos amours.
Dépêchons-nous de boire;
On ne boit pas toujours.

70
Laissons raisonner les sots
Sur le vrai bonheur de la vie;
Notre philosophie
Le met parmi les pots.

Les biens, le savoir et la gloire,
75
N'ôtent point les soucis fâcheux;
Et ce n'est qu'à bien boire
Que l'on peut être heureux.

TOUS TROIS ENSEMBLE.

Sus, sus; du vin partout: versez, garçon, versez,
Versez, versez toujours, tant qu'on vous dise assez.

80
DORIMÈNE. Je ne crois pas qu'on puisse mieux chanter;
et cela est tout à fait beau.

------

50. *un petit doigt sc. de vin,* ein Fingerhut voll.

74 ff. Diese letzte Strophe fehlt in der Originalausg.; sie ist
darin durch den Refrain: *Quand on a passé l'onde noire* etc.
ersetzt.

78. *sus, sus,* auch *or sus:* Auf! Stosst an.

M. JOURDAIN. Je vois encore ici, madame, quelque chose de plus beau.

DORIMÈNE. Ouais! M. Jourdain est galant plus que je ne pensais. 85

DORANTE. Comment, madame! pour qui prenez-vous monsieur Jourdain?

M. JOURDAIN. Je voudrais bien qu'elle me prît pour ce que je dirais.

DORIMÈNE. Encore? 90

DORANTE, à Dorimène. Vous ne le connaissez pas.

M. JOURDAIN. Elle me connaîtra quand il lui plaira.

DORIMÈNE. Oh! je le quitte.

DORANTE. Il est homme qui a toujours la riposte en main. Mais vous ne voyez pas que M. Jourdain, madame, 95 mange tous les morceaux que vous touchez.

DORIMÈNE. M. Jourdain est un homme qui me ravit.

M. JOURDAIN. Si je pouvais ravir votre cœur, je serais . . .

SCÈNE II.

Madame JOURDAIN, M. JOURDAIN, DORIMÈNE, DORANTE, MUSICIENS, LAQUAIS.

MADAME JOURDAIN. Ah! ah! je trouve ici bonne com- 100 pagnie, et je vois bien qu'on ne m'y attendait pas. C'est donc pour cette belle affaire-ci, monsieur mon mari, que vous avez eu tant d'empressement à m'envoyer dîner chez ma sœur? Je viens de voir un théâtre là-bas, et je vois ici un banquet à faire noces. Voilà comme vous dépensez 105 votre bien; et c'est ainsi que vous festinez les dames en mon absence, et que vous leur donnez la musique et la comédie, tandis que vous m'envoyez promener.

---

93. *oh! je le quitte*, ich weiss vor Bewunderung Nichts mehr zu sagen.

94. Der immer mit der Antwort bei der Hand ist.

96. Var. *que vous avez touchés* (1682).

104. Das von Covielle aufgeschlagene Theater, auf dem die Farce mit dem Mamamouchi aufgeführt werden soll.

DORANTE. Que voulez-vous dire, madame Jourdain?
110 et quelles fantaisies sont les vôtres, de vous aller mettre
en tête que votre mari dépense son bien, et que c'est lui
qui donne ce régal à madame? Apprenez que c'est moi,
je vous prie; qu'il ne fait seulement que me prêter sa
maison, et que vous devriez un peu mieux regarder aux
115 choses que vous dites.

M. JOURDAIN. Oui, impertinente, c'est monsieur le comte
qui donne tout ceci à madame, qui est une personne de
qualité. Il me fait l'honneur de prendre ma maison, et
de vouloir que je sois avec lui.

120   MADAME JOURDAIN. Ce sont des chansons que cela;
je sais ce que je sais.

DORANTE. Prenez, madame Jourdain, prenez de meilleures lunettes.

MADAME JOURDAIN. Je n'ai que faire de lunettes, mon-
125 sieur, et je vois assez clair. Il y a long-temps que je sens
les choses, et je ne suis pas une bête. Cela est fort vilain
à vous, pour un grand seigneur, de prêter la main comme
vous faites aux sottises de mon mari. Et vous, madame,
pour une grand'dame, cela n'est ni beau, ni honnête à
130 vous, de mettre de la dissension dans un ménage, et de
souffrir que mon mari soit amoureux de vous.

DORIMÈNE. Que veut donc dire tout ceci? Allez, Dorante, vous vous moquez, de m'exposer aux sottes visions
de cette extravagante.

135   DORANTE, suivant Dorimène qui sort. Madame, holà! madame, où courez-vous?

M. JOURDAIN. Madame . . . Monsieur le comte, faites-
lui mes excuses, et tâchez de la ramener.

SCÈNE III.

Madame JOURDAIN, M. JOURDAIN, LAQUAIS.

M. JOURDAIN. Ah! impertinente que vous êtes, voilà
140 de vos beaux faits! Vous me venez faire des affronts de-

---

122. Man sagt noch jetzt zu Jemandem, der sich täuscht:
prenez vos lunettes.

vant tout le monde; et vous chassez de chez moi des personnes de qualité!

MADAME JOURDAIN. Je me moque de leur qualité.

M. JOURDAIN. Je ne sais qui me tient, maudite, que
je ne vous fende la tête avec les pièces du repas que vous 145
êtes venue troubler.

(Les laquais emportent la table.)

MADAME JOURDAIN, sortant. Je me moque de cela.
Ce sont mes droits que je défends, et j'aurai pour moi
toutes les femmes.

M. JOURDAIN. Vous faites bien d'éviter ma colère. 150

SCÈNE IV.

M. JOURDAIN.

Elle est arrivée bien malheureusement. J'étais en humeur de dire de jolies choses; et jamais je ne m'étais senti
tant d'esprit. Qu'est-ce que c'est que cela?

SCÈNE V.

M. JOURDAIN, COVIELLE, déguisé.

COVIELLE. Monsieur, je ne sais pas si j'ai l'honneur
d'être connu de vous. 155

M. JOURDAIN. Non, monsieur.

---

144. *qui me tient*, gewöhnlich *retient;* cf. *Amph.* II. 3.
Je ne sais qui me tient, infâme,
Que je ne t'arrache les yeux.
Die drei Personen bilden hier ein komisches Ensemble: der
vornehme Herr, der auf Kosten des Spiessbürgers seiner Geliebten
ein Gastmahl giebt, dieser, der Nichts merkt, und die Dame, die
sich das gefallen lässt, ohne die Schelmerei Dorantes zu ahnen;
das Hereinplatzen der Mad. Jourdain macht die Sache noch
drastischer.

In der *Asinaria* des Plautus findet sich etwas Aehnliches:
Artemonias überrascht ihren Mann beim Gastmahl mit der Hetaire
Philenia und wäscht beiden gehörig den Kopf.

154. Mit dem vermummten Auftreten Covielles beginnt der
possenhafte Schluss des Stückes.

COVIELLE, étendant la main à un pied de terre. Je vous ai vu
que vous n'étiez pas plus grand que cela.

M. JOURDAIN. Moi?

160 COVIELLE. Oui. Vous étiez le plus bel enfant du
monde, et toutes les dames vous prenaient dans leurs bras
pour vous baiser.

M. JOURDAIN. Pour me baiser?

COVIELLE. Oui. J'étais grand ami de feu monsieur
165 votre père.

M. JOURDAIN. De feu monsieur mon père?

COVIELLE. Oui. C'était un fort honnête gentilhomme.

M. JOURDAIN. Comment dites-vous?

COVIELLE. Je dis que c'était un fort honnête gentil-
170 homme.

M. JOURDAIN. Mon père?

COVIELLE. Oui.

M. JOURDAIN. Vous l'avez fort connu?

COVIELLE. Assurément.

175 M. JOURDAIN. Et vous l'avez connu pour gentilhomme?

COVIELLE. Sans doute.

M. JOURDAIN. Je ne sais donc pas comment le monde
est fait!

COVIELLE. Comment?

180 M. JOURDAIN. Il y a de sottes gens qui me veulent
dire qu'il a été marchand.

COVIELLE. Lui, marchand! C'est pure médisance, il ne
l'a jamais été. Tout ce qu'il faisait, c'est qu'il était fort
obligeant, fort officieux; et, comme il se connaissait fort
185 bien en étoffes, il en allait choisir de tous les côtés, les
faisait apporter chez lui, et en donnait à ses amis pour
de l'argent.

M. JOURDAIN. Je suis ravi de vous connaître, afin que

---

158. In der *Éc. d. f.* steht auch: *Après que je l'ai vu pas plus
grand que cela.* Im *Méchant* von Gresset findet sich dieselbe
Wendung, die auch uns nicht unbekannt ist.

177. Wie es in der Welt zugeht.

187. Diese Definition des Kaufmanns ist sehr lustig, und
Jourdain, der ihr beistimmt, noch lustiger.

vous rendiez ce témoignage-là, que mon père était gentil-
homme. 190
 COVIELLE. Je le soutiendrai devant tout le monde.
 M. JOURDAIN. Vous m'obligerez. Quel sujet vous amène?
 COVIELLE. Depuis avoir connu feu monsieur votre père,
honnête gentilhomme, comme je vous ai dit, j'ai voyagé
par tout le monde. · 195
 M. JOURDAIN. Par tout le monde?
 COVIELLE. Oui.
 M. JOURDAIN. Je pense qu'il y a bien loin en ce
pays-là.
 COVIELLE. Assurément. Je ne suis revenu de tous 200
mes longs voyages que depuis quatre jours; et, par l'in-
térêt que je prends à tout ce qui vous touche, je viens
vous annoncer la meilleure nouvelle du monde.
 M. JOURDAIN. Quelle?
 COVIELLE. Vous savez que le fils du Grand-Turc est ici? 205
 M. JOURDAIN. Moi? non.
 COVIELLE. Comment! Il a un train tout à fait magni-
fique; tout le monde le va voir, et il a été reçu en ce
pays comme un seigneur d'importance.
 M. JOURDAIN. Par ma foi, je ne savais pas cela. 210
 COVIELLE. Ce qu'il y a d'avantageux pour vous, c'est
qu'il est amoureux de votre fille.
 M. JOURDAIN. Le fils du Grand-Turc?

---

 193. *depuis* mit dem Inf. ungewöhnl., jetzt *après* oder *depuis que.*
 198. Man kann nicht sagen *il y a loin en* oder *dans ce
pays là*, es müsste heissen: *d'ici dans c. p. l.*
 205. Um diese Zeit war ein türkischer Gesandter nach Paris
gekommen, dem der König in voller Galla Audienz gab.
 Nach den Memoiren des Chevalier d'Arveux IV. p. 252 ging
der Gedanke, Türken auf die Bühne zu bringen, vom Könige aus;
er sagt: *Sa Majesté m'ordonna de me joindre à Mrs. de Molière et
de Lulli pour composer une pièce de théâtre ou l'on pût faire entrer
des Turcs (l'arrivée de l'ambassadeur était toute récente). Je me
rendis pour cet effet au village d'Auteuil où Mr. de Molière avoit
une maison fort jolie. Ce fut là que nous travaillâmes à cette pièce
de théâtre que l'on voit dans les œuvres de Molière.* Die Mitarbeiter-
schaft des der Türkei kundigen Chevaliers wird sich wohl nur
darauf beschränkt haben, dass er dem Dichter türkische Worte
und Notizen über die Ceremonien mitgetheilt hat.

COVIELLE. Oui; et il veut être votre gendre.

215 M. JOURDAIN. Mon gendre, le fils du Grand-Turc?

COVIELLE. Le fils du Grand-Turc votre gendre. Comme je le fus voir, et que j'entends parfaitement sa langue, il s'entretint avec moi; et, après quelques autres discours, il me dit: *Acciam croc soler onch alla moustaph gidelum ama-*
220 *nahem varahini oussere carbulath,* c'est-à-dire: N'as-tu point vu une jeune belle personne, qui est la fille de monsieur Jourdain, gentilhomme parisien?

M. JOURDAIN. Le fils du Grand-Turc dit cela de moi?

COVIELLE. Oui. Comme je lui eus répondu que je
225 vous connaissais particulièrement, et que j'avais vu votre fille: Ah! me dit-il, *Marababa sahem!* c'est-à-dire: Ah! que je suis amoureux d'elle!

M. JOURDAIN. *Marababa sahem* veut dire: Ah! que je suis amoureux d'elle!

230 COVIELLE. Oui.

M. JOURDAIN. Par ma foi, vous faites bien de me le dire; car, pour moi, je n'aurais jamais cru que *marababa sahem* eût voulu dire: Ah! que je suis amoureux d'elle! Voilà une langue admirable que ce turc!

235 COVIELLE. Plus admirable qu'on ne peut croire. Savez-vous bien ce que veut dire *cacaracamouchen?*

M. JOURDAIN. *Cacaracamouchen?* Non.

COVIELLE. C'est-à-dire, Ma chère âme.

M. JOURDAIN. *Cacaracamouchen* veut dire: Ma chère
240 âme?

COVIELLE. Oui.

M. JOURDAIN. Voilà qui est merveilleux! *Cacaraca-mouchen,* Ma chère âme. Dirait-on jamais cela? Voilà qui me confond.

245 COVIELLE. Enfin, pour achever mon ambassade, il vient vous demander votre fille en mariage; et, pour avoir

---

219. Dies Türkische ist von Covielles Fabrik, doch sind einige wirklich türkische Wörter darunter, freilich sehr corrumpirt. Auger giebt folgende Uebersetzung derselben: *acciam* von *atchem* Geld, *Allah* Gott, *quidelum,* lasst uns gehen etc. Mol. hat die meisten derselben aus einer Comödie von Rotrou: *La soeur gé-néreuse* (1645) entnommen.

un beau-père qui soit digne de lui, il veut vous faire *Ma-mamouchi*, qui est une certaine grande dignité de son pays.

M. JOURDAIN. *Mamamouchi?*

COVIELLE. Oui, *Mamamouchi;* c'est-à-dire, en notre 250 langue, paladin. Paladin, ce sont de ces anciens ... Pa-ladin, enfin. Il n'y a rien de plus noble que cela dans le monde, et vous irez de pair avec les plus grands seig-neurs de la terre.

M. JOURDAIN. Le fils du Grand-Turc m'honore beau- 255 coup, et je vous prie de me mener chez lui pour lui en faire mes remerciements.

COVIELLE. Comment! le voilà qui va venir ici.

M. JOURDAIN. Il va venir ici?

COVIELLE. Oui; et il amène toutes choses pour la cé- 260 rémonie de votre dignité.

M. JOURDAIN. Voilà qui est bien prompt.

COVIELLE. Son amour ne peut souffrir aucun retarde-ment.

M. JOURDAIN. Tout ce qui m'embarrasse ici, c'est que 265 ma fille est une opiniâtre qui s'est allée mettre dans la tête un certain Cléonte, et elle jure de n'épouser personne que celui-là.

COVIELLE. Elle changera de sentiment quand elle verra le fils du Grand-Turc; et puis il se rencontre ici une aven- 270 ture merveilleuse, c'est que le fils du Grand-Turc ressemble à ce Cléonte, à peu de chose près. Je viens de le voir; on me l'a montré; et l'amour qu'elle a pour l'un pourra passer aisément à l'autre, et ... Je l'entends venir; le voilà.

---

247. *Mamamouchi* ist ein von Mol. geschaffenes Wort, das weder arabisch noch türkisch ist; es ist so populär geworden, dass man noch heute einen auf der Maskerade verkleideten Türken einen Mamamouchi nennt.

266. *s'est allée mettre;* so hat die Originalausg. und die von 1682. Man schrieb schon zu Mol. Zeit *allée.* Vaugelas sagt aber, *allé* mit folgendem Inf. nähme kein *e* an, man müsse sagen *est allé visiter.* Die Academie in ihren *Réflexions* II. 377 stimmt ihm bei.

270. *une aventure merveilleuse*, ein merkwürdiger Zufall.

SCÈNE VI.

CLÉONTE, en Turc; TROIS PAGES, portant la veste de Cléonte,
M. JOURDAIN, COVIELLE.

275 CLÉONTE. *Ambousahim oqui boraf, Jordina, salamalequi.*
COVIELLE, à M. Jourdain. C'est-à-dire: Monsieur Jourdain,
votre cœur soit toute l'année comme un rosier fleuri. Ce
sont façons de parler obligeantes de ces pays-là.
M. JOURDAIN. Je suis très humble serviteur de son
280 altesse turque.
COVIELLE. *Carigar camboto oustin moraf.*
CLÉONTE. *Oustin yoc catamalequi basum base alla moran.*
COVIELLE. Il dit: Que le ciel vous donne la force des
lions et la prudence des serpents.
285 M. JOURDAIN. Son altesse turque m'honore trop, et je
lui souhaite toutes sortes de prospérités.
COVIELLE. *Ossa binamen sadoc bebally oracaf ouram.*
CLÉONTE. *Bel-men.*
COVIELLE. Il dit que vous alliez vite avec lui vous
290 préparer pour la cérémonie, afin de voir ensuite votre fille,
et de conclure le mariage.
M. JOURDAIN. Tant de choses en deux mots?
COVIELLE. Oui. La langue turque est comme cela,
elle dit beaucoup en peu de paroles. Allez vite où il
295 souhaite.

---

275. *salam alequi* arabisch: *salâm aléiqui:* Heil deinem
Haupte, so begrüssen die Araber einander.

288. *belmen = bilmen* türkisch: Ich weiss nicht. In
der *Soeur généreuse* übersetzt ein schelmischer Bedienter die
Worte *vare-hec* mit einer noch längeren Phrase und erhält dabei
von dem, den er mystificirt, die Frage: *T'en a-t-il pu tant dire
en si peu de mots?* worauf jener antwortet: *Oui, le langage turc
dit beaucoup en deux mots.*
Im *Feint Polonais* von Hauteroche (1686) findet sich
Aehnliches.

SCÈNE VII.

COVIELLE.

Ah! ah! ah! Ma foi, cela est tout à fait drôle. Quelle
dupe! quand il aurait appris son rôle par cœur, il ne pourrait pas le mieux jouer. Ah! ah!

SCÈNE VIII.

DORANTE, COVIELLE.

COVIELLE. Je vous prie, monsieur, de nous vouloir
aider céans dans une affaire qui s'y passe.   300
    DORANTE. Ah! ah! Covielle, qui t'aurait reconnu?
Comme te voilà ajusté!
    COVIELLE. Vous voyez. Ah! ah!
    DORANTE. De quoi ris-tu?
    COVIELLE. D'une chose, monsieur, qui le mérite bien. 305
    DORANTE. Comment?
    COVIELLE. Je vous le donnerais en bien des fois, mon-
sieur, à deviner le stratagème dont nous nous servons auprès
de M. Jourdain, pour porter son esprit à donner sa fille
à mon maître.   310
    DORANTE. Je ne devine point le stratagème; mais je
devine qu'il ne manquera pas de faire son effet, puisque
tu l'entreprends.
    COVIELLE. Je sais, monsieur, que la bête vous est
connue.   315
    DORANTE. Apprends-moi ce que c'est.
    COVIELLE. Prenez la peine de vous tirer un peu plus

---

290. Im Stück war bisher keine Andeutung darüber, woher
die beiden sich kennen, doch später erfahren wir, dass sein Herr
dem Cléonte und der Dorimène bekannt ist. Cléonte nennt ihn
un fort galant homme.

309. um ihn zu veranlassen, dass er seine Tochter
meinem Herrn giebt; der Sinn ist klar, der Ausdruck geschraubt.

loin, pour faire place à ce que j'aperçois venir. Vous
pourrez voir une partie de l'histoire, tandis que je vous
320 conterai le reste.

SCÈNE IX.

CÉRÉMONIE TURQUE.

LE MUPHTI, DERVIS, TURCS, assistants du muphti, chantants
et dansants.

PREMIÈRE ENTRÉE DE BALLET.

Six Turcs entrent gravement deux à deux, au son des instruments.,
Ils portent trois tapis qu'ils lèvent fort haut, après en avoir fait,
en dansant, plusieurs figures. Les Turcs chantants passent par-
dessous ces tapis pour s'aller ranger aux deux côtés du théâtre.
Le muphti, accompagné des dervis, ferme cette marche.
Les Turcs étendent les tapis par terre, et se mettent dessus à
genoux. Le muphti et les dervis restent debout au milieu
d'eux; et, pendant que le muphti invoque Mahomet, en faisant
beaucoup de contorsions et de grimaces, sans proférer une seule
parole, les Turcs assistants se prosternent jusqu'à terre, en chantant
Alli, puis lèvent les bras au ciel en chantant *Alla;* ce qu'ils
continuent jusqu'à la fin de l'invocation. Alors ils se lèvent
tous, chantant *Alla eckber;* et deux dervis vont chercher M.
Jourdain.

SCÈNE X.

LE MUPHTI, DERVIS, TURCS CHANTANTS ET DANSANTS;
M. JOURDAIN, vêtu à la turque, la tête rasée, sans turban et sans sabre.

LE MUPHTI, à M. Jourdain.

Se ti sabir,
Ti respondir;
Se non sabir,
Tazir, tazir.
Mi star muphti,
325   Ti qui star ti?
Non intendir?
Tazir, tazir.
(Deux dervis font retirer M. Jourdain.)

(Entrée de ballet.) Lulli, der damals schon berühmt war,
hatte die Musik zu dieser *entrée de ballet* gemacht und sogar in
Chambord die Rolle des Muphti übernommen. In der Liste der
Tänzer und Sänger hatte er sich Chiacherone genannt.

Alla eckber, Gott ist gross!
Jetzt: *Turcs, chantant et dansant.*
Die beiden Couplets und das meiste andere in der Scene X.

SCÈNE XI.

LE MUPHTI, DERVIS, TURCS chantants et dansants.

LE MUPHTI. Dice, Turque, qui star quista? Anabatista? anabatista?   330

LES TURCS. Ioc.

LE MUPHTI. Zuinglista?

LES TURCS. Ioc.

LE MUPHTI. Coffita?

LES TURCS. Ioc.   335

LE MUPHTI. Hussita? Morista? Fronista?

LES TURCS. Ioc, ioc, ioc.

LE MUPHTI. Ioc, ioc, ioc.   Star pagana?

LES TURCS. Ioc.

LE MUPHTI. Luterana?   340

LES TURCS. Ioc.

LE MUPHTI. Puritana?

LES TURCS. Ioc.

LE MUPHTI. Bramina? Moffina? Zurina?

LES TURCS. Ioc, ioc, ioc.   345

LE MUPHTI. Ioc, ioc, ioc. Mahametana? Mahametana?

LES TURCS. Hi Valla. Hi Valla.

---

ist in der *lanque franque* geschrieben, die in den Barbaresken-staaten gesprochen wird und ein Gemisch von Italienisch, Spanisch, Portugiesisch etc. ist. Der Sinn der Couplets ist: Wènn Du es weist, antworte, wenn Du es nicht weist, schweige. Ich bin der Muphti, Du, wer bist Du? Du verstehst mich nicht, schweige.

Wo ein Wort türkisch ist, werde ich es bemerken.

330. Sage, Türke, wer ist dies? Ist er ein Ana-baptist?

332. *Joc* (türk.) Nein.

333. Zwinglianer?

335. Kopte? (Aegyptischer Christ.)

336. Hussit, Maure, Frontist (wahrscheinlich φροντι-στής, Grübler, Denker).

338. Ist er ein Heide?

344. *Moffina* und *Zurina* scheinen erfundene Wörter zu sein.

346. *Hi valla* arabisch müsste *Ei valla* geschrieben werden. Sinn: Ja, bei Gott!

LE MUPHTI.   Como chamara? Como chamara?
LES TURCS.   Giourdina, Giourdina.
350   LE MUPHTI, sautant.   Giourdina, Giourdina.
LES TURCS.   Giourdina, Giourdina.

LE MUPHTI.

Mahameta, per Giourdina.
Mi pregar, sera e matina.
Voler far un paladina
355   De Giourdina, de Giourdina;
Dar turbanta, e dar scarrina,
Con galera, et brigantina.
Per deffender Palestina.
Mahameta, per Giourdina.
360   Mi pregar sera e matina.
(Aux Turcs.)
Star bon Turca Giourdina?

LES TURCS.

Hi Valla. Hi Valla.

LE MUPHTI, chantant et dansant.

Ha la ba, ba la chou, ba la ba, ba la da.

LES TURCS.

Ha la ba, la la chou, ba la ba, ba la da.

SCÈNE XII.

TURCS CHANTANTS ET DANSANTS.

DEUXIÈME ENTRÉE DE BALLET.

---

348. wie heisst er?

352. Das Couplet bedeutet:
Ich werde am Abend und am Morgen für Jourdain
(fränkisch Giourdina) zu Muhamet beten. Ich will aus Jour-
dain einen Paladin machen. Ich werde ihm Turban und
Säbel geben, eine Galeere und eine Brigantine, um Pa-
lästina zu vertheidigen. Ich werde am Abend und
Morgen für Jourdain zum Muhamet beten (zu den Türken)
Ist Jourdain ein guter Türke?

363. *Ha-la-ba-ba* (türkisch) Gott mein Vater, wenn man die
Silben in *allah baba* zusammenzieht.

SCÈNE XIII.

LE MUPHTI, DERVIS, M. JOURDAIN, TURCS
CHANTANTS ET DANSANTS.

Le muphti revient coiffé avec son turban de cérémonie, qui est d'une grosseur démesurée, et garni de bougies allumées à quatre ou cinq rangs: il est accompagné de deux dervis qui portent l'Alcoran, et qui ont des bonnets pointus, garnis aussi de bougies allumées.

Les deux autres dervis amènent le bourgeois, qui est tout épouvanté de cette cérémonie, et le font mettre à genoux, les mains par terre, de façon que son dos, sur lequel est mis l'Alcoran, sert de pupitre au muphti, qui fait une seconde invocation burlesque, fronçant le sourcil, frappant de temps en temps sur l'Alcoran, et tournant les feuillets avec précipitation; après quoi, en levant les bras au ciel, le muphti crie à haute voix: *Hou.*

Pendant cette seconde invocation, les Turcs assistants s'inclinent et se relèvent alternativement en chantant aussi: *Hou, hou, hou.*

M. JOURDAIN, après qu'on lui a ôté l'Alcoran de dessus le dos.
Ouf. 365

LE MUPHTI à M. Jourdain.
Ti non star furba?

LES TURCS.
No, no, no.

LE MUPHTI.
Non star forfanta?

LES TURCS.
No, no, no.

LE MUPHTI aux Turcs. 370
Donar turbanta. (Bis)

LES TURCS.
Ti non star furba?
No, no, no.
Non star forfanta?
No, no, no.
Donar turbanta. (Bis) 375

Hou, arabisch er, einer der Namen, den die Muselmänner Gott geben.

367. Bist du kein Schelm?
369. Bist du kein Betrüger?
375. Gebt den Turban her.

Le Bourgeois gentilhomme.

TROISIÈME ENTRÉE DE BALLET.

Les Turcs dansants mettent le turban sur la tête de M. Jourdain
au son des instruments.

LE MUPHTI, donnant le sabre à M. Jourdain.

Ti star nobile, non star fabbola.
Pigliar schiabbola.

LES TURCS, mettant le sabre à la main.

Ti star nobile, non star fabbola.
380   Pigliar schiabbola.

QUATRIÈME ENTRÉE DE BALLET.

Les Turcs dansants donnent en cadence plusieurs coups de sabre
à M. Jourdain.

LE MUPHTI.

Dara, dara
Bastonara.

LES TURCS.

Dara, dara
Bastonara.

CINQUIÈME ENTRÉE DE BALLET.

Les Turcs dansants donnent à monsieur Jourdain des coups de
bâton en cadence.

LE MUPHTI.
385   Non tener honta,
Questa star l'ultima affronta.

LES TURCS.

Non tener honta,
Questa star l'ultima affronta.

Le muphti commence une troisième invocation. Les dervis le sou-
tiennent par-dessous le bras avec respect; après quoi les Turcs,
chantants et dansants, sautent autour du muphti, se retirent
avec lui, et emmènent monsieur Jourdain.

---

377. Du bist adlig, das ist keine Fabel.
378. Nimm den Säbel.
381 u. 382. Gebt ihm die Bastonade. Es müsste *basto-
nada* heissen; *bastonara* steht wegen des Reims auf *dara*.
385 u. 386. Schäme Dich nicht, es ist die letzte Schmach.

ACTE CINQUIÈME.

SCÈNE I.

Madame JOURDAIN, M. JOURDAIN.

MADAME JOURDAIN. Ah! mon Dieu, miséricorde! Qu'est-
ce que c'est donc que cela? Quelle figure! Est-ce un momon que vous allez porter, et est-il temps d'aller en masque?
Parlez donc, qu'est-ce que c'est que ceci? Qui vous a fa-
goté comme cela? 5

M. JOURDAIN. Voyez l'impertinente, de parler de la
sorte à un *mamamouchi.*

MADAME JOURDAIN. Comment donc?

M. JOURDAIN. Oui, il me faut porter du respect maintenant, et l'on vient de me faire *mamamouchi.* 10

MADAME JOURDAIN. Que voulez-vous dire, avec votre
mamamouchi?

M. JOURDAIN. *Mamamouchi,* vous dis-je. Je suis *mamamouchi.*

MADAME JOURDAIN. Quelle bête est-ce là? 15

M. JOURDAIN. *Mamamouchi,* c'est-à-dire, en notre
langue, paladin.

MADAME JOURDAIN. Baladin! Êtes-vous en âge de
danser des ballets?

M. JOURDAIN. Quelle ignorante! Je dis paladin: c'est 20
une dignité dont on vient de me faire la cérémonie.

---

2. *est-ce un momon?* eine Vermummung, vom Gott
momus, cf. *l'Ét.* III. 11. *Truffaldin; ouvrez leur pour jouer un momon,* um eine Mummerei aufzuführen. In der *Soeur* von
Rotrou sagt Anselm zu seinem alten Freund Géronte: *Dansez-vous
un ballet, portez-vous un momon?*

4. Wer hat Dich so ausstaffirt; *fagoter* ursprüngl.
Holzbündel machen, dann unordentlich zusammensetzen,
albern ankleiden.

17. Das Wort *paladin* kennt Mad. Jourd. nicht, wohl aber
baladin, Strassen-, Jahrmarkttänzer.

MADAME JOURDAIN. Quelle cérémonie donc?

M. JOURDAIN. *Mahameta per Jordina.*

MADAME JOURDAIN. Qu'est-ce que cela veut dire?

25 M. JOURDAIN. *Jordina*, c'est-à-dire, Jourdain.

MADAME JOURDAIN. Hé bien! quoi, Jourdain?

M. JOURDAIN. *Voler far un paladina de Jordina.*

MADAME JOURDAIN. Comment?

M. JOURDAIN. *Dar turbanta con galera.*

30 MADAME JOURDAIN. Qu'est-ce à dire, cela?

M. JOURDAIN. *Per deffender Palestina.*

MADAME JOURDAIN. Que voulez-vous donc dire?

M. JOURDAIN. *Dara, dara bastonara.*

MADAME JOURDAIN. Qu'est-ce donc que ce jargon-là?

35 M. JOURDAIN. *Non tener honta, questa star l'ultima affronta.*

MADAME JOURDAIN. Qu'est-ce que c'est donc que tout cela?

M. JOURDAIN, chantant et dansant. *Hou la ba, ba la chou,* 40 *ba la ba, ba la da.* (Il tombe par terre.)

MADAME JOURDAIN. Hélas! mon Dieu! mon mari est devenu fou!

M. JOURDAIN, se relevant et s'en allant. Paix, insolente! Portez respect à monsieur le *mamamouchi.*

45 MADAME JOURDAIN, seule. Où est-ce donc qu'il a perdu l'esprit? Courons l'empêcher de sortir. (Apercevant Dorimène et Dorante.) Ah! ah! voici justement le reste de notre écu! Je ne vois que chagrin de tous côtés.

SCÈNE II.

DORANTE, DORIMÈNE.

DORANTE. Oui, madame, vous verrez la plus plaisante 50 chose qu'on puisse voir; et je ne crois pas que dans tout

---

47. Der sprichwörtliche Ausdruck bedeutet so viel wie das ist das äusserste Maass unsres Unglücks; er wird scherzhaft gebraucht, wenn man Jemand kommen sieht, der Einem unbequem ist.

le monde il soit possible de trouver encore un homme aussi fou que celui-là. Et puis, madame, il faut tâcher de servir l'amour de Cléonte, et d'appuyer toute sa mascarade. C'est un fort galant homme, et qui mérite que l'on s'intéresse pour lui.   55

DORIMÈNE. J'en fais beaucoup de cas, et il est digne d'une bonne fortune.

DORANTE. Outre cela, nous avons ici, madame, un ballet qui nous revient, que nous ne devons pas laisser perdre; et il faut bien voir si mon idée pourra réussir.   60

DORIMÈNE. J'ai vu là des apprêts magnifiques, et ce sont des choses, Dorante, que je ne puis plus souffrir. Oui, je veux enfin vous empêcher vos profusions: et pour rompre le cours à toutes les dépenses que je vous vois faire pour moi, j'ai résolu de me marier promptement avec vous.   65 C'en est le vrai secret; et toutes ces choses finissent avec le mariage.

DORANTE. Ah! madame, est-il possible que vous ayez pu prendre pour moi une aussi douce résolution?

DORIMÈNE. Ce n'est que pour vous empêcher de vous 70 ruiner; et, sans cela, je vois bien qu'avant qu'il fût peu, vous n'auriez pas un sou.

DORANTE. Que j'ai d'obligation, madame, au soin que vous avez de conserver mon bien! Il est entièrement à vous, aussi bien que mon cœur; et vous en userez de la 75 façon qu'il vous plaira.

DORIMÈNE. J'userai bien de tous les deux. Mais voici votre homme: la figure en est admirable.

---

59. *qui nous revient*, das uns zukommt.

63. *vous empêcher vos profusions*. *Vous* ist überflüssig oder als *Dativus ethicus* zu fassen; es müsste jetzt heissen: *vous empêcher de faire des profusions* oder *arrêter v. p.*

64. Müsste jetzt heissen *de toutes les dépenses*.

71. *avant qu'il fût peu* in sehr kurzer Zeit, *soit* wäre richtiger.

73. Dorante nimmt den Vorwurf der Geldverschleuderung komischer Weise als verdient an. Auf beider Verheirathung wird in dieser Scene hingedeutet, damit sie bei der Sache betheiligt bleiben und den herbeigerufenen Notar benutzen können.

SCÈNE III.

M. JOURDAIN, DORIMÈNE, DORANTE.

DORANTE. Monsieur, nous venons rendre hommage,
80 madame et moi, à votre nouvelle dignité, et nous réjouir
avec vous du mariage que vous faites de votre fille avec
le fils du Grand-Turc.

M. JOURDAIN, après avoir fait les révérences à la turque. Monsieur, je vous souhaite la force des serpents et la prudence
85 des lions.

DORIMÈNE. J'ai été bien aise d'être des premiers, monsieur, à venir vous féliciter du haut degré de gloire où
vous êtes monté.

M. JOURDAIN. Madame, je vous souhaite toute l'année
90 votre rosier fleuri. Je vous suis infiniment obligé de prendre
part aux honneurs qui m'arrivent; et j'ai beaucoup de joie
de vous voir revenue ici pour vous faire les très humbles
excuses de l'extravagance de ma femme.

DORIMÈNE. Cela n'est rien; j'excuse en elle un pareil
95 mouvement: votre cœur lui doit être précieux, et il n'est
pas étrange que la possession. d'un homme comme vous
puisse inspirer quelques alarmes.

M. JOURDAIN. La possession de mon cœur est une
chose qui vous est tout acquise.
100 DORANTE. Vous voyez, madame, que monsieur Jourdain
n'est pas de ces gens que les prospérités aveuglent, et qu'il
sait, dans sa grandeur, connaître encore ses amis.

DORIMÈNE. C'est la marque d'une âme tout à fait
généreuse.
105 DORANTE. Où est donc son altesse turque? nous voudrions bien, comme vos amis, lui rendre nos devoirs.

M. JOURDAIN. Le voilà qui vient; et j'ai envoyé quérir
ma fille pour lui donner la main.

---

84. Es ist natürlich, dass Jourd., zur Würde eines Mamamouchi erhoben, sich in orientalischen Ausdrücken, die er freilich
verdreht, ergeht.

SCÈNE IV.

M. JOURDAIN, DORIMÈNE, DORANTE; CLÉONTE, habillé en turc.

DORANTE, à Cléonte. Monsieur, nous venons faire la révérence à votre altesse, comme ami de monsieur votre 110 beau-père, et l'assurer avec respect de nos très humbles services.

M. JOURDAIN. Où est le truchement, pour lui dire qui vous êtes, et lui faire entendre ce que vous dites? Vous verrez qu'il vous répondra; et il parle turc à merveille. 115 (A Cléonte.) Holà! où diantre est-il allé? *Strouf, strif, strof, straf.* Monsieur est un *grande segnore, grande segnore, grande segnore;* et madame une *granda dama, granda damǎ.* (Voyant qu'il ne se fait point entendre.) Ah! (A Cléonte, montrant Dorante.) Monsieur, lui *mamamouchi* français, et ma- 120 dame *mamamouchie* française. Je ne puis pas parler plus clairement. Bon! voici l'interprète.

SCÈNE V.

M. JOURDAIN, DORIMÈNE, DORANTE; CLÉONTE, habillé en Turc; COVIELLE, déguisé.

M. JOURDAIN. Où allez-vous donc? nous ne saurions rien dire sans vous. (Montrant Cléonte.) Dites-lui un peu que monsieur et madame sont des personnes de grande 125 qualité, qui lui viennent faire la révérence, comme mes amis, et l'assurer de leurs services. (A Dorimène et à Dorante.) Vous allez voir comme il va répondre.

COVIELLE. *Alabala crociam acci boram alabamen.*

CLÉONTE. *Catalequi tubal ourin soter amalouchan.* 130

M. JOURDAIN, à Dorimène et à Dorante. Voyez-vous?

COVIELLE. Il dit que la pluie des prospérités arrose en tout temps le jardin de votre famille.

---

117. Woher hat Jourdain dies Italienisch?

129 u. 130. Diese Wörter sind ganz sinnlos, bis auf *alabamen.*

M. JOURDAIN. Je vous l'avais bien dit, qu'il parle turc.

135 DORIMÈNE. Cela est admirable!

SCÈNE VI.

LUCILE, CLÉONTE, M. JOURDAIN, DORIMÈNE, DORANTE, COVIELLE.

M. JOURDAIN. Venez, ma fille; approchez-vous, et venez donner votre main à monsieur, qui vous fait l'honneur de vous demander en mariage.

LUCILE. Comment! mon père, comme vous voilà fait?
140 Est-ce une comédie que vous jouez?

M. JOURDAIN. Non, non, ce n'est pas une comédie; c'est une affaire fort sérieuse, et la plus pleine d'honneur pour vous qui se peut souhaiter. (Montrant Cléonte.) Voilà le mari que je vous donne.

145 LUCILE. A moi, mon père!

M. JOURDAIN. Oui, à vous. Allons, touchez-lui dans la main, et rendez grâces au ciel de votre bonheur.

LUCILE. Je ne veux point me marier.

M. JOURDAIN. Je le veux, moi, qui suis votre père.

150 LUCILE. Je n'en ferai rien.

M. JOURDAIN. Ah! que de bruit! allons, vous dis-je. Çà, votre main.

LUCILE. Non, mon père; je vous l'ai dit, il n'est point de pouvoir qui me puisse obliger à prendre un autre mari
155 que Cléonte; et je me résoudrai plutôt à toutes les extrémités que de ... (Reconnaissant Cléonte.) Il est vrai que vous êtes mon père; je vous dois entière obéissance; et c'est à vous à disposer de moi selon vos volontés.

---

143. Hier müsste nach dem Superlat. der Conjunctiv stehen.

146. *Touchès lui dans la main* mit dem Dat. so auch *Fem. sav.* III. 7: *Touchez à Mons. d. l. m.*

158. *c'est à vous à disposer* müsste nach jetziger Regel heissen *de disp.*, da der Sinn ist: Sie haben das Recht, und nicht: an Ihnen is die Reihe.

M. JOURDAIN. Ah! je suis ravi de vous voir si promptement revenue dans votre devoir; et voilà qui me plaît 160
d'avoir une fille obéissante.

SCÈNE VII.

MADAME JOURDAIN, CLÉONTE, M. JOURDAIN,
LUCILE, DORANTE, DORIMÈNE, COVIELLE.

MADAME JOURDAIN. Comment donc? qu'est-ce que
c'est que ceci? on dit que vous voulez donner votre fille
en mariage à un carême-prenant?

M. JOURDAIN. Voulez-vous vous taire, impertinente? 165
Vous venez toujours mêler vos extravagances à toutes
choses; et il n'y a pas moyen de vous apprendre à être
raisonnable.

MADAME JOURDAIN. C'est vous qu'il n'y a pas moyen
de rendre sage; et vous allez de folie en folie. Quel est 170
votre dessein, et que voulez-vous faire avec cet assemblage?

M. JOURDAIN. Je veux marier votre fille avec le fils
du Grand-Turc.

MADAME JOURDAIN. Avec le fils du Grand-Turc?

M. JOURDAIN, montrant Covielle. Oui. Faites-lui faire vos 175
compliments par le truchement que voilà.

MADAME JOURDAIN. Je n'ai que faire du truchement;
et je lui dirai bien moi-même, à son nez, qu'il n'aura point
ma fille.

M. JOURDAIN. Voulez-vous vous taire, encore une fois? 180

DORANTE. Comment, madame Jourdain, vous vous op-
posez à un honneur comme celui-là? vous refusez son
altesse turque pour gendre?

MADAME JOURDAIN. Mon Dieu! monsieur, mêlez-vous
de vos affaires. 185

DORIMÈNE. C'est une grande gloire qui n'est pas à
rejeter.

---

164. Hier wird das Wort *carême-prenant* (s. III. 3) auf eine
Person angewendet und bedeutet einen Menschen, der an den
jours gras vermummt umhergeht.

MADAME JOURDAIN. Madame, je vous prie aussi de ne vous point embarrasser de ce qui ne vous touche pas.

190   DORANTE. C'est l'amitié que nous avons pour vous qui nous fait intéresser dans vos avantages.

MADAME JOURDAIN. Je me passerai bien de votre amitié.

DORANTE. Voilà votre fille qui consent aux volontés
195 de son père.

MADAME JOURDAIN. Ma fille consent à épouser un Turc?

DORANTE. Sans doute.

MADAME JOURDAIN. Elle peut oublier Cléonte?

200   DORANTE. Que ne fait-on pas pour être grand'dame?

MADAME JOURDAIN. Je l'étranglerais de mes mains, si elle avait fait un coup comme celui-là.

M. JOURDAIN. Voilà bien du caquet! Je vous dis que ce mariage-là se fera.

205   MADAME JOURDAIN. Je vous dis, moi, qu'il ne se fera point.

M. JOURDAIN. Ah! que de bruit!

LUCILE. Ma mère?

MADAME JOURDAIN. Allez. Vous êtes une coquine!

210   M. JOURDAIN, à madame Jourdain. Quoi! vous la quellerez de ce qu'elle m'obéit?

MADAME JOURDAIN. Oui; elle est à moi aussi bien qu'à vous.

COVIELLE, à madame Jourdain. Madame!

215   MADAME JOURDAIN. Que voulez-vous .me conter, vous?

COVIELLE. Un mot.

MADAME JOURDAIN. Je n'ai que faire de votre mot.

COVIELLE, à M. Jourdain. Monsieur, si elle veut écouter une parole en particulier, je vous promets de la faire con-
220 sentir à ce que vous voulez.   .

MADAME JOURDAIN. Je n'y consentirai point.

----

191. die macht, dass wir uns für Ihr Bestes interes-siren; das *dans* ist hier gegen den heutigen Gebrauch, *à* wäre angemessener; auch müsste es *nous intéresser* heissen, doch lassen Mol. und Zeitgenossen nach *laisser, voir, penser, faire* etc. häufig das *pron. réfléchi* aus.

COVIELLE. Écoutez-moi seulement.

MADAME JOURDAIN. Non.

M. JOURDAIN, à madame Jourdain. Écoutez-le.

MADAME JOURDAIN. Non: je ne veux pas l'écouter. 225

M. JOURDAIN. Il vous dira ...

MADAME JOURDAIN. Je ne veux point qu'il me dise rien.

M. JOURDAIN. Voilà une grande obstination, de femme! Cela vous fera-t-il mal de l'entendre? 230

COVIELLE. Ne faites que m'écouter; vous ferez après ce qu'il vous plaira.

MADAME JOURDAIN. Hé bien! quoi?

COVIELLE, bas, à madame Jóurdain. Il y a une heure, madame, que nous vous faisons signe: ne voyez-vous pas bien 235 que tout ceci n'est fait que pour nous ajuster aux visions de votre mari; que nous l'abusons sous ce déguisement, et que c'est Cléonte lui-même qui est le fils du Grand-Turc?

MADAME JOURDAIN, bas, à Covielle. Ah! ah!

COVIELLE, bas, à Madame Jourdain. Et moi, Covielle, qui 240 suis le truchement?

MADAME JOURDAIN, bas, à Covielle. Ah! comme cela, je me rends.

COVIELLE, bas, à madame Jourdain. Ne faites pas semblant de rien. 245

MADAME JOURDAIN, haut. Oui, voilà qui est fait, je consens au mariage.

• M. JOURDAIN. Ah! voilà tout le monde raisonnable. (A madame Jourdain.) Vous ne vouliez pas l'écouter. Je savais bien qu'il vous expliquerait ce que c'est que le fils du 250 Grand-Turc.

MADAME JOURDAIN. Il me l'a expliqué comme il faut, et j'en suis satisfaite. Envoyons quérir un notaire.

DORANTE. C'est fort bien dit. Et afin, madame Jourdain, que vous puissiez avoir l'esprit tout à fait content, et 255 que vous perdiez aujourd'hui toute la jalousie que vous

---

244. Hier ist *de rien* ein Subst. im Genitiv abhängig von *semblant*, so viel wie *ne faites pas semblant de qlqch.* oder *qu'il y ait qlqch.:* Thun Sie, als wüssten Sie Nichts.

pourriez avoir conçue de monsieur votre mari, c'est que nous nous servirons du même notaire pour nous marier, madame et moi.

260 MADAME JOURDAIN. Je consens aussi à cela.

M. JOURDAIN, bas, à Dorante. C'est pour lui faire accroire.

DORANTE, bas, à M. Jourdain. Il faut bien l'amuser avec cette feinte.

M. JOURDAIN, bas. Bon, bon! (Haut.) Qu'on aille
265 quérir le notaire.

DORANTE. Tandis qu'il viendra et qu'il dressera les contrats, voyons notre ballet, et donnons-en le divertissement à son altesse turque.

M. JOURDAIN. C'est fort bien avisé. Allons prendre
270 nos places.

MADAME JOURDAIN. Et Nicole?

M. JOURDAIN. Je la donne au truchement; et ma femme, à qui la voudra.

COVIELLE. Monsieur, je vous remercie. (A part.) Si
275 l'on en peut voir un plus fou, je l'irai dire à Rome.
(La comédie finit par un petit ballet qui avait été préparé.)

BALLET DES NATIONS.
PREMIÈRE ENTRÉE.

Un homme vient donner les livres du ballet, qui d'abord est fatigué par une multitude de gens de provinces différentes qui crient en musique pour en avoir, et par trois importuns qu'il trouve toujours sur ses pas.

DIALOGUE DES GENS QUI EN MUSIQUE DEMANDENT DES LIVRES.

TOUS.
A moi, monsieur, à moi, de grâce, à moi, monsieur:
Un livre, s'il vous plaît, à votre serviteur.

---

275. *je l'irai dire à Rome.* Ich habe keine Erklärung dieses Ausdrucks finden können. Er findet sich auch in der *Folle Gageure*, Comédie von Boisrobert (1651); darin sagt am Schluss ein schelmischer Diener, dem seine Streiche gelungen sind: *Si quelqu'un fourbe mieux, je le dirai à Rome.*

Ballet des nations. Dies Ballet ist in den *Fêtes de*

✦ HOMME DU BEL AIR.

Monsieur, distinguez-nous parmi les gens qui crient.
Quelques livres ici; les dames vous en prient.

AUTRE HOMME DU BEL AIR.

Holà, monsieur! monsieur, ayez la charité 280
D'en jeter de notre côté.

FEMME DU BEL AIR.

Mon Dieu! qu'aux personnes bien faites
On sait peu rendre honneur céans!

AUTRE FEMME DU BEL AIR.

Ils n'ont des livres et des bancs
Que pour mesdames les grisettes. 285

GASCON.

Aho! l'homme aux libres, qu'on m'en vaille.
J'ai déja lé poumon usé.
Bous boyez qué chacun mé raille.
Et jé suis escandalisé
Dé boir ès mains de la canaille 290
Ce qui m'est par bous réfusé.

AUTRE GASCON.

Hé! cadédis, monseu, boyez qui l'on pût être.
Un libret, jé bous prie, au varon d'Asbarat.
Jé pensé, mordi, qué lé fat
N'a pas l'honnur dé mé connaître. 295

LE SUISSE.

Montsir le donner de papieir,
Que vuel dire sti façon de fifre?

---

l'*Amour et de Bachus*, das die *Académie de Musique* 1692 aufgeführt hat, reproducirt worden.

homme du bel air, ein feiner Mann.

285. grisette bedeutete damals ein Bürgermädchen
(*une grisette est un trésor. Laf.*). Das Wort kommt vom grauen
Kleide von gröberem Stoffe ꝗer, das die ärmeren Mädchen trugen.
In der Gascogne heissen noch heute ehrsame Mädchen aus dem
Volke Grisetten.

286. *qu'on m'envaille = baille*, dass man mir eins gebe.
Im Gascognischen geht *b* zuweilen in *v* über.

288. *boyes = voyes*, hier wird umgekehrt aus *v* ein *b*.

290. *ès mains* aus *en les mains*. *Maître ès arts*, auch im
Canzleistyl.

292. *cadédis*, ein specifisch Gascognisches Fluchwort von
capo de diou (dieu) Beim Haupte Gottes!

297. *fifre* für *vivre*: Was ist das für eine Wirth-
schaft hier?

Moi l'écorchair tout mon gosieir *
   A crieir,
300   Sans que je pouvre afoir ein liffre.
Pardi, ma foi, montsir, je pense fous l'être ifre.

VIEUX BOURGEOIS BABILLARD.

De tout ceci, franc et net,
   Je suis mal satisfait.
Et cela sans doute est laid,
305   Que notre fille
Si bien faite et si gentille,
De tant d'amoureux l'objet,
   N'ait pas à son souhait
   Un livre de ballet,
310   Pour lire le sujet
Du divertissement qu'on fait,
Et que toute notre famille
   Si proprement s'habille
Pour être placée au sommet
315   De la salle où l'on met
Les gens de l'entriguet!
De tout ceci, franc et net,
   Je suis mal satisfait;
Et cela sans doute est laid.

VIEILLE BOURGEOISE BABILLARDE.

320   Il est vrai que·c'est une honte;
Le sang au visage me monte;
Et ce jeteur de vers, qui manque au capital,
   L'entend fort mal:
   C'est un brutal,
325   Un vrai cheval,
   Franc animal,
De faire si peu de compte
D'une fille qui fait l'ornement principal
   Du quartier du Palais-Royal,
330   Et que, ces jours passés, un comte
Fut prendre la première au bal.
   Il l'entend mal;
   C'est un brutal,
   Un vrai cheval,
335   Franc animal.

_____

316. *les gens de l'entriguet,* vielleicht so viel wie *de la basse intrigue,* die Industrieritter; einige Commentatoren erklären es mit: *les valets,* geben aber keinen Nachweis für diese Conjectur.

322. Dieser Versvertheiler, der die Hauptsache vergisst.

HOMMES ET FEMMES DU BEL AIR.

Ah! quel bruit!
    Quel fracas!
        Quel chaos!
            Quel mélange!
Quelle confusion!   340
    Quelle cohue étrange!
  Quel désordre!
    Quel embarras!
 On y sèche.
    L'on n'y tient pas.   345

GASCON.

Bentre! jé suis à vout.

AUTRE GASCON.

J'enrage, Diou mé damne.

LE SUISSE.

Ah! que l'y faire saif dans sti sal de cians!

GASCON.

Jé murs!

AUTRE GASCON.

Jé perds la tramontane!   350

LE SUISSE.

Mon foi, moi le foudrais être hors de dedans.

VIEUX BOURGEOIS BABILLARD.

Allons, ma mie,
Suivez mes pas,
Je vous en prie,
Et ne me quittez pas.
On fait de nous trop peu de cas,   355
Et je suis las
De ce tracas.
Tout ce fatras,
Cet embarras   360

---

345. man kommt vor langer Weile um.

346. *Bentre = par le ventre!* altes Fluchwort; *vout = bout.*

348. welchen Durst hat man in diesem Saale.

350. *la tramontane,* der Nordstern, nach dem die Schiffer ihren Cours richteten vor Erfindung des Compasses; *perdre l. t.* den Zielpunkt verlieren, nicht ein und aus wissen.

359. Var. Die Originalausg. hat *fatras,* die von 1682 *fracas.*

Me pèse par trop sur les bras.
S'il me prend jamais envie
De retourner de ma vie
A ballet ni comédie,
365   Je veux bien qu'on m'estropie.
          Allons, ma mie,
          Suivez mes pas,
          Je vous en prie,
          Et ne me quittez pas.
370   On fait de nous trop peu de cas.

          VIEILLE BOURGEOISE BABILLARDE.

Allons, mon mignon, mon fils,
Regagnons notre logis;
Et sortons de ce taudis,
Où l'on ne peut être assis.
375   Ils seront bien ébaubis,
          Quand ils nous verront partis.
Trop de confusion règne dans cette salle,
Et j'aimerais mieux être au milieu de la Halle.
Si jamais je reviens à semblable régale,
380   Je veux bien recevoir des soufflets plus de six.
          Allons, mon mignon, mon fils,
          Regagnons notre logis;
          Et sortons de ce taudis,
          Où l'on ne peut être assis.

                    TOUS.

385   A moi, monsieur, à moi, de grâce, à moi, monsieur:
          Un livre, s'il vous plaît, à votre serviteur.

          SECONDE ENTRÉE.

          Les trois importuns dansent.

          TROISIÈME ENTRÉE.

          TROIS ESPAGNOLS, chantants.

          Sé que me muero de amor
          Y solicito el dolor.

---

375. *ébaubis* nicht *ébauhis*, von *balbus*, vor Verwun-
derung verstummt.

379. *régale* und *régal* wurde promiscue gebraucht.

387. Die folgenden spanischen Verse schmecken sehr nach
Gongorismus und sind sehr unklar. Die wörtliche Uebersetzung ist:
Ich weiss, dass ich vor Liebe sterbe und ich suche den
Schmerz — Obgleich vor Liebe sterbend, sterbe ich doch freudig.

Aun muriendo de querer,   390
De tan buen ayre adolezco
Que es mas de lo que padezco,
Lo que quiero padecer;
Y no pudiendo exceder
A mi deseo el rigor.   395

Sé que me muero de amor
Y solicito el dolor.

Lisonjeame la suerte
Con piedad tan advertida,
Que me asegura la vida   400
En el riesgo de la muerte.
Vivir de su golpe fuerte
Es de mi salud primor.

Sé que me muero de amor
Y solicito el dolor.   405
          Six espagnols dansant.

TROIS MUSICIENS ESPAGNOLS.

Ay! que locura, con tanto rigor
Quexarse de amor,
Del nino bonito
Que toto es dulzura!
Ay! que locura!
Ay! que locura!   410

          ESPAGNOL, chantant.

El dolor solicita
El que al dolor se da:
Y nadie de amor muere,
Sino quien no sabe amar.   415

----

weil das, was ich zu leiden wünsche, mehr ist, als ich leide. Die
Härte meines Leidens kann meinen Wunsch nicht übertreffen.
    Ich weiss etc.
    Das Schicksal schmeichelt mir mit so sorgsamem Mitleid,
dass es mir in der Todesgefahr das Leben sichert. Dass ich bei
solchem Schlage lebe, ist ein Rettungswunder.
    Ich weiss etc.
    Welche Thorheit, sich über die Liebe zu beklagen, über den
hübschen Knaben, der die Süssigkeit selber ist. Welche Thorheit,
welche Thorheit! Der Schmerz sucht den heim, der sich dem
Schmerz ergiebt, nur der stirbt an der Liebe, der nicht zu lieben
weiss.
    Le Bourgeois gentilhomme.

DEUX ESPAGNOLS.

Dulce muerte es el amor
Con correspondencia igual;
Y si esta gozamos hoy,
Porque la quieres turbar?

UN ESPAGNOL.

420   Alegrese enamorado
Y tome mi parecer,
Que en esto de querer,
Todo es hallar el vado.

TOUS TROIS ENSEMBLE.

Vaya, vaya de fiestas!
425   Vaya de bayle!
Alegria, alegria, alegria!
Que esto de dolor es fantasia.

QUATRIÈME ENTRÉE.

ITALIENS.

UNE MUSICIENNE ITALIENNE fait le premier récit, dont voici les
paroles:

Di rigori armata il seno,
Contro amor mi ribellai;
430   Ma fui vinta in un baleno,
In mirar due vaghi rai.
Ahi! che resiste puoco
Cor di gelo a stral di fuoco!

Ma sì caro è 'l mio tormento,
435   Dolce è sì la piaga mia,
Ch' il penare e'l mio contento,
E 'l sanarmi è tirannia.

Die Liebe ist ein süsser Tod, wenn sie erwiedert wird: wenn
wir uns heute an ihr erfreuen, warum sie stören?

Der Liebende möge sich erfreuen und meinen Rath hören,
denn wenn man sich sehnt, kommt Alles darauf an, dass man den
rechten Weg finde. Auf, auf, zum Fest, zum Tanz. Lustig, lustig,
der Schmerz ist eine Chimäre!

Die italienschen Verse:

Nachdem ich meine Brust mit Strenge bewaffnet hatte, lehnte
ich mich gegen die Liebe auf, aber ich wurde mit Blitzesschnelle
besiegt, als ich in zwei schöne Augen blickte. Ach, wie wenig
widersteht ein Herz von Eis einem Flammenpfeil.

Aber meine Qual ist mir so lieb, meine Wunde mir so süss,
dass Leid mir Freude ist und Genesung Tyrannei wäre; je heisser
die Liebe, desto reizender und wonnevoller.

Ahi! che più giova e piace,
Quanto amor è più vivace!

Après l'air que la musicienne a chanté, deux Scaramouches, deux Trivelins et un Arlequin, représentent une nuit à la manière des comédiens italiens, en cadence. Un musicien italien se joint à la musicienne italienne, et chante avec elle les paroles qui suivent:

LE MUSICIEN ITALIEN.

Bel tempo che vola   440
Rapisce il contento:
D'Amor ne la scuola
Si coglie il momento.

LA MUSICIENNE.

Insinchè florida
  Ride l'ètà,
Che pur tropp'orrida,   445
  Da noi sen va:

TOUS DEUX.

Sù cantiamo,
Sù godiamo
Ne'bei dì di gioventù;   450
Perduto ben non si racquista più.

Scaramouche, vom Spanischen *scaramuccio*, aus Spanien stammend; ein Gemisch von Bramarbas und Poltron. Der berühmteste Scaramouchespieler war Tiberio Finelli, 1608 zu Neapel geboren.

Trivelin, eine Theaterfigur aus der alten italienischen Comödie, etwa unser Hanswurst. Arlequin, vom Ital. *al* verändert in *ar* und *lechino*, Diminutiv von *lecco*, Völlerei, so viel wie ein der Völlerei ergebener Mensch. Er belustigte das Publicum in den Zwischenacten durch seine Lazzis und Naivetäten. Er hat in Frankreich alle anderen derartigen Figuren: die Sganarelles, Scapins, Crispins, Jocrisses u. s. w. verdunkelt und ist auch bei uns als Harlekin bekannt.

représenter une nuit etc., eine Italienische Notte tanzen.

439 ff. Die Flucht der schönen Zeit reisst die Freude mit fort. In der Schule der Liebe lernt man den Augenblick benutzen.

So lang das blühende Alter lacht, das ach zu rasch entflieht, lasst uns singen und der Jugend schöne Tage geniessen, denn Verlornes kehrt nicht wieder.

MUSICIEN.

Pupilla ch'è vaga
Mill'alme incatena,
Fà dolce la piaga,
455   Felice la pena.

LA MUSICIENNE.

Ma poichè frigida
Langue l'età,
Più l' alma rigida
Fiamme non ha.

TOUS DEUX.

460   Sù cantiamo,
Sù godiamo
Ne'bei dì di gioventù;
Perduto ben non si racquista più.

(Après les dialogues italiens, les Scaramouches et les Trivelins
dansent une réjouissance.)

CINQUIÈME ENTRÉE.

FRANÇAIS.

DEUX MUSICIENS POITEVINS dansent, et chantent les paroles qui
suivent:

PREMIER MENUET.

464   Ah! qu'il fait beau dans ces bocages!
Ah! que le ciel donne un beau jour!

AUTRE MUSICIEN.

Le rossignol, sous ces tendres feuillages,
Chante aux échos son doux retour!
Ce beau séjour,
Ces doux ramages,
Ce beau séjour
470   Nous invite à l'amour.

Ein schönes Auge fesselt tausend Herzen. Die Wunden, die
es schlägt, sind süss und ein Glück das Uebel, das es anstiftet.
Wenn das eisige Alter heranschleicht, hat das Herz keine Gluthen
mehr.

Lasst uns singen etc.

danser une réjouissance, einen lustigen Tanz aufführen.

Musiciens Poitevins aus Poitiers und der Provinz Poitou.

Die erste *entrée de ballet* hat etwas Komisches durch die Art
und Weise, wie die Leute alle zugleich nach den *librettos* ver-

DEUXIÈME MENUET. — TOUS DEUX ENSEMBLES.

Vois, ma Climène,
Vois, sous ce chène
S'entre-baiser ces oiseaux amoureux:
Ils n'ont rien dans leurs voeux   475
Qui les gêne;
De leurs doux feux
Leur âme est pleine.
Qu'ils sont heureux!
Nous pouvons tous deux,   480
Si tu le veux,
Être comme eux.

Six autres Français viennent après, vêtus galamment à la poite-
vine, trois en hommes et trois en femmes, accompagnés de huit
flûtes et de hautbois, et dansent les menuets.

SIXIÈME ENTRÉE.

Tout cela finit par le mélange des trois nations, et les applaudissements en danse et en musique de toute l'assistance, qui
chante les deux vers qui suivent:

Quels spectacles charmants! quels plaisirs goûtons-nous!
Les dieux mêmes, les dieux n'en ont point de plus doux.

---

langen und sich zudrängen. Der übrige Theil des Ballets giebt
mit den Spanischen, Französischen und Italienischen Versen ein
Bild des damaligen Geschmacks an galanten Subtilitäten und
pastoralen Fadheiten.

ANHANG I.

Die Personen.

Mr. Jourdain. Der Name kommt weiter nicht bei Molière vor, er gehört der Kategorie der bürgerlichen Namen an; man will eine gewisse Aehnlichkeit desselben mit Gaudouin, jenem verschwenderischen Hutmacher, der das Urbild des Jourdain gewesen sein soll (s. Einleitung) finden.

Die Rolle, die eine der glänzendsten und angreifendsten der Molière'schen Bühne ist — Herr Jourdain verlässt dieselbe kaum — wurde vom Dichter selber gespielt. Alle Vorzüge, welche die Zeitgenossen an seinem Spiel rühmen, konnte er hier zur Geltung bringen, wo seine Beweglichkeit und körperliche Gewandtheit, sein ausdrucksvolles Mienenspiel und die ausserordentliche Volubilität seiner Zunge grosse Stützen seiner comischen Darstellungskunst, seines hinreissenden Humors waren. Auch die späteren grossen französischen Comiker feierten in ihr ihre Triumphe, besonders der berühmte Préville, nur hüteten sie sich nicht genug vor Uebertreibungen und von ihnen selber erfundenen improvisirten Spässen. Die Rolle ist vom Dichter so reich mit comischen Motiven bedacht, dass dergleichen Zugaben unnöthig und vom Uebel sind.

Mad. Jourdain. Ueber den Character der Rolle giebt der Commentar mannichfache Andeutungen; sie wurde gespielt von André Hubert, der aus der *troupe du Marais* in die des *Palais royal* bei der Neuorganisation (1685) übergetreten war, sich mit 1000 Francs pensioniren liess und im Jahre 1700 starb. De Visé sagt von ihm: Dieser Schauspieler war der Schöpfer mehrerer Rollen in Molière's Stücken; er war ganz in den Geist des Dichters, von dem er persönlich angeleitet wurde, eingedrungen und hatte glänzende Erfolge. Seine Hauptstärke bestand in der Wiedergabe von Frauenrollen (eine damals noch häufig vorkommende Gewohnheit). In der der Belise der *Femmes savantes* und der Madame Jourdain ärndtete er den grössten Beifall.

Lucile, Herrn Jourdains Tochter. Der aus dem Lateinischen stammende Name war unmittelbar aus der Italienischen *Commedia dell' arte* herübergekommen und schon seit lange ein beliebter Theatername für jugendliche Liebhaberinnen. Er kommt bei Molière einige Male vor, z. B. im *Dép. am.*, wo ihn die Liebhaberin trägt. Die liebenswürdig heitere mit wenig Strichen ausgeführte Rolle wurde von Mlle. Molière, des Dichters reizender Frau (s. Anh. I. zum *Mis.*), gespielt. Dass vor allem in der Schilderung, die ihr Liebhaber Cléonte von ihr macht, der Dichter an sein eigenes eben so treuloses wie reizendes Weib gedacht habe, darüber giebt der Commentar Andeutungen.

Cléonte, Lucile's Liebhaber. Der gräcisirende Name kommt für verschiedenartige Personen einige Male bei Molière vor und ist eine Abart des bei ihm noch gewöhnlicheren Cléante. Die Rolle giebt ein anziehendes Characterbild eines freien, offenen, von leidenschaftlicher Liebe ergriffenen jungen Mannes, der, sich seiner bürgerlichen Herkunft nicht schämend, einen Gegensatz zu Herrn Jourdain bildet und die bessere Seite seines Standes vertritt. Sie wurde gespielt von La Grange, einem der hervorragendsten Schauspieler der Molière'schen Truppe, der sich sowohl in ernsten wie komischen Fächern auszeichnete. Er machte sich dem Director in vielen Punkten nützlich, hielt oft für ihn die Theaterreden ans Publicum, führte die Register und war mit Vinot der Herausgeber der ersten Gesammtausgabe (1682).

Dorimène, *marquise.* Ein gleichfalls gräcisirender
Name, wie er meist vornehmen Personen gegeben wurde
(s. Anh. I. z. *Mis.*). Er scheint herkömmlich eine Coquette,
wenn nicht etwas Schlimmeres, zu bezeichnen. Fritsche in
seinem Namenbuch weist auf ein Ballet: *L'oracle de la
Sibyle de Pansoust* (1645) hin, wo drei Dorimènen von sich
sagen:

> *Nous avons les yeux assez doux*
> *Et ne manquons point de mérite,*
> *Mais la plus sévère de nous*
> *N'est pas autrement hypocrite,*
> *Nous n'affectons point de savoir*
> *Les lois d'honneur ni du devoir,*
> *Mais malheureuses que nous sommes*
> *On se plaint de nous à loisir,*
> *Et cependant il est peu d'hommes*
> *A qui nous n'ayons fait plaisir.*

Dass dieser Character bei aller Feinheit und Würde,
die er beobachtet, doch etwas Zweideutiges habe, darauf
wurde schon hingewiesen. Die Rolle wurde gespielt von
Madem. Debrie, deren ruhiges, natürliches und sanftes
Wesen den Dichter, der oft für seine häuslichen Leiden
Trost bei ihr fand, besonders anzog, und auch zu den
meisten von ihr geschaffenen Rollen: Agnès, Eliante, Isabelle u. s. w. passte. Sie war sehr schön und bewahrte
ihre Schönheit bis in ihr Alter.

Dorante, *comte, amant de Dorimène.* Der gräcisirende Name kommt bei Molière für vornehme Personen,
Cavaliere und Hofleute vor. Die Rolle, das Bild eines der
vornehmen Gauner, von denen die Wirklichkeit zu Molière's
Zeit viele Beispiele bot, z. B. das des Chevalier de Gram-
mont, der sich sogar noch seiner Betrügereien im Spiele
rühmte, wurde von La Thorillère gespielt, einem grossen,
schönen Mann, der früher Cavallerieofficier gewesen war
(s. Anh. I. zum *Mis.*).

Nicole, *servante de Monsieur Jourdain,* ein popu-
lärer Name für Dienerinnen. Die Rolle der bäuerisch-

kecken Magd voll Mutterwitz und Humor wurde gespielt von Mlle. Beauval, der Frau eines sehr begabten Mitgliedes der Molière'schen Bühne, die ihre Aufgabe vortrefflich löste und in der Lachscene: hi! hi! hi! das ganze Publicum zum Mitlachen hinriss. Der Dichter hatte die Rolle besonders für sie geschrieben, und der König, der die Schauspielerin nicht leiden mochte und ihm gerathen hatte, eine andere Schauspielerin für die Rolle zu wählen (ein Rath, den Molière nicht befolgte), war nach der Vorstellung sehr erbaut von ihr und sagte ihm: *Je reçois votre actrice.*

Covielle. Der Italienische Name *coviello* bedeutet Eisen-fresser, Bramarbas, eine der sieben Masken, der alten *commedia dell'arte.* Molière gab diesen Namen dem lustigen, schelmischen Bedienten unseres Stückes, der freilich kein Eisenfresser ist, aber dagegen eine grosse Lebendigkeit und Gewandtheit entfaltet. Der Name des Spielers dieser Rolle ist im Personenverzeichniss nicht angegeben, ebenso wenig wie der Spieler der anderen Rollen, bis auf den *maître d'armes* und den *maître de philosophie.*

Den *maître de philosophie* spielte du Croisy, ein Edelmann aus der Beauce, der 1659 zugleich mit La Grange in die Truppe getreten war, ein Schauspieler von Verdienst, dem der Dichter die Rolle des Tartuffe anvertraute.

Den *maître d'armes* spielte Debrie, der Mann der obengenannten Mlle. Debrie (die verheiratheten Schauspielerinnen pflegten sich mit dem Namen ihres Mannes Mlle. zu nennen). Derselbe wurde meist von Molière, der ihn nicht liebte, mit unbedeutenden Rollen bedacht; er spielte den Loyal im Tartuffe und den Notar in den *Femmes savantes.*

Dass der Musiker Lulli die Rolle des Muphti übernahm, wurde schon erwähnt. Die Namen der Gagisten, die den Tanz, die Pantomimen und die Gesänge besorgten, von denen nur einigen ein gewisser poetischer Werth zuzuschreiben ist, finden sich im Personenverzeichniss aufgeführt, doch ist die Mittheilung dieser für uns gleichgültigen Namen überflüssig.

Nur der Spieler des Arlequin, der berühmte Dominique
Biancoletti, verdient eine Erwähnung.   Auf dem Theater
und unter seiner Maske riss er die Zuschauer zum Lachen
hin, aber im gewöhnlichen Leben war er, wie so viele Comiker, traurig und melancholisch.   Als er einst einen berühmten Arzt wegen seiner hypochondrischen Anfälle
consultirte, meinte dieser, der ihn nicht kannte, er könne
nichts Besseres thun, als häufig in die Bouffonnerien Har-
lekins gehen.   Dann, rief Dominique aus, ist es mit mir
vorbei, denn ich bin Harlekin.   In den Memoiren von
Dangeau steht folgende Notiz über ihn: Am 2. August 1688.
Harlekin ist heute in Paris gestorben.   Man sagt, dass er
300,000 Francs hinterlässt, man hat ihm alle Sacramente
gewährt, denn er hatte versprochen, die Bühne nicht wieder
zu betreten.   Ein Anonymus (Saint Simon) hat als Note
hinzugefügt: Dieser Harlekin war Dominique, ein unter-
haltender, witziger Schauspieler, der improvisirend viel Eignes
hinzuthat und dadurch seinen Rollen oft ihr Bestes gab.
Der erste Präsident Herr von Harlay, der ihn oft auf der
Bibliothek Saint Victor traf, war über sein Wissen und seine
Bescheidenheit so entzückt, dass er ihn umarmte und um
seine Freundschaft bat.   Seit dieser Zeit empfing der Präsident ihn mit besonderer Auszeichnung in seinem Hause.
Die Leute behaupten, Harlequin unterrichtete denselben in
der Mimik und Gesticulation, er wäre gelehrter als dieser
Magistratsbeamte, aber dieser wäre ein noch besserer Co-
mödiant.

ANHANG II.

Urtheile und Polemik.

Die Urtheile über dieses Stück gingen Anfangs weit
auseinander, sowohl in ästhetischer Hinsicht, wie auch hinsichtlich seines Inhalts und seiner Tendenz.

Den Kritikern aus Boileau's Schule war es nicht regel-
recht genug, sie misbilligten die Verschmelzung des Possenhaften mit der Charactercomödie. Die neuere Kritik ist
in dieser Hinsicht, auch in Frankreich, wo jetzt die Gränzen
der Gattung mehr in einander übergehen, freier geworden
und. schon Voltaire meinte: *le Misanthrope est admirable,
le Bourgeois gentilhomme est plaisant.* Dass die deutsche
Kritik mit dieser ungebundeneren Weise des Lustspiels ein-
verstanden sein würde, verstand sich von selbst. Bouter-
weck lobt Molière, dass er sich zeitweilig vom Zwange der
Regeln emancipirte, und was Schlegel etwa Gutes von ihm
sagt, bezieht sich vorzugsweise auf diese halb-possenhaften
Schöpfungen des Dichters.

Das grosse Publicum fand gleich Anfangs Gefallen am
Bourgeois gentilhomme und der Volksmässigkeit, die in ihm
herrscht. Vor allem war es aber der Inhalt und die Tendenz des Stückes, welche ihm zusagen musste. Es sah im
Dorante ein satirisches Bild jener Leute aus dem Adel, die
Volk und Bürger verachteten und in ihnen höchstens einen
Stoff der Ausbeutung sahen (*il fait de vous une vache à
lait*, sagt Mad. Jourdain zu ihrem Manne). Andererseits
macht sich das Stück lustig über die Narren, die im Bürgerstande geboren, durch Glück und Reichthum verzogen, über

ihn hinauswollen und sich ihrer Herkunft schämen; auch dies konnte dem grossen Publicum gefallen.

Dass der *Bourgeois gentilhomme* dem Hofe und dem Adel nicht gefallen konnte (die Connivenz desselben für das Urtheil des Königs beweist Nichts), liegt auf der Hand. Hätte der Dichter hier wie in der Gestalt des Pourceaugnac und der Herrn und Madame Sotenville im Dandin das Krautjunkerthum lächerlich gemacht, so würde es ihnen schon recht gewesen sein. Im Dorante, der aus ihrer Mitte genommen war und nicht als lächerlich, sondern als verderbt und seelengemein dargestellt wird, sahen sie aber einen scharfen, rücksichtslosen Angriff auf ihre Kaste und so konnten sie an den hier gegebenen Enthüllungen unmöglich Gefallen finden. Dass der König, der auf äussere Würde und ein ehrenhaftes Benehmen hielt, der die mancherlei Ausschreitungen, das Spielen und Schuldenmachen seiner Umgebung in hohem Grade misbilligte, den Dichter für seine Kühnheit belobte und an der Satire des Stückes, das sich nicht gegen lächerliche Marquis, sondern gegen hochadlige Gauner richtete, Gefallen fand, ist eine bemerkenswerthe Thatsache.

Rousseau in seinem Briefe an d'Alembert überlässt sich hinsichtlich des *Bourgeois gentilhomme* wieder seiner üblen Laune und ergeht sich in den gewohnten Sophismen: Wer, meint er, ist tadelnswerther, ein geistlos eitler Bürger, der in alberner Weise den Edelmann spielt, oder ein schurkischer Edelmann, der ihn überlistet? Ist im Stücke nicht er der Ehrenmann *(l'honnête homme)*, zieht er nicht alles Interesse auf sich und beklatscht das Publicum nicht alle Streiche, die er jenem spielt? .

Die Anklage ist nicht schwer zu widerlegen: Dorante ist nicht der *honnête homme*, der dem albernen Dummkopf entgegengesetzt wird, sondern Cléonte, der ehrlich genug ist, auf die Gefahr hin, dass er seine Geliebte darüber verlieren würde, zu gestehen, er sei kein Edelmann. Den Dorante stellt der Dichter in seiner ganzen Gemeinheit dar und giebt ihn der Verachtung des Publicums preis, aber dass dieses ihm Theilnahme und Beifall zollen sollte, ist eine sehr gewagte Behauptung. Die Theilnahme gilt der braven, gescheidten Madame Jourdain, die von der Thor-

heit ihres Mannes so viel zu leiden hat, und dem bedrängten und bedrohten Liebespaare. Das Publicum klatscht ·
den Streichen, die Dorante dem Jourdain spielt, Beifall,
weil sie die Strafe für seine Thorheit sind und nicht, weil
sie Streiche eines feinen und gewitzigten Mannes sind.
Hinsichtlich dieses Mannes stimmt dasselbe den Worten der
Madame Jourdain bei, wenn sie ihm sagt: *C'est fort vilain
à vous, pour un grand seigneur, de prêter la main comme
vous faites, aux sottises de mon mari.* ·

Inhalt.

Druck von Bär & Hermann in Leipzig.

VERLAG VON G. VAN MUYDEN, BERLIN.

LITTÉRATURE FRANÇAISE
PENDANT LA GUERRE.

1 vol. in 12°. 15 Sgr.

Im Verlage von **H. A. Pierer** in *Altenburg* erschien:

Collection d'auteurs français. Sammlung französischer Schriftsteller für den Schul- und Privatgebrauch herausgegeben und mit Anmerkungen versehen von Dr. phil. G. van Muyden und Oberlehrer L. Rudolph. In dieser Sammlung erschienen bisher folgende Hefte:

Preis pro Bändchen 5 Sgr.

9 780656 669349